一問一答シリーズ

一問一答
平成30年
商法改正

法務省大臣官房国際課長
（元法務省民事局参事官）
松井信憲
法務省民事局参事官
大野晃宏
編著

商事法務

●はしがき

　商法のうち運送・海商関係の規定について全般的な見直しを図る「商法及び国際海上物品運送法の一部を改正する法律」（改正法）は、平成30年5月18日に成立し、同月25日に公布されました。この改正法は、一部の例外を除き、公布の日から1年を超えない範囲内において政令で定める日から施行されます。

　運送・海商関係の規定については、商法が明治32年（1899年）に制定されて以来、実質的な見直しがほとんどされていませんでしたが、今回の改正は、商法制定以来の社会経済情勢の変化への対応、荷主、運送人その他の運送関係者間の合理的な利害の調整及び海商法制に関する世界的な動向への対応を図るとともに、利用者に分かりやすい法制とするとの観点から、119年ぶりに、これらの規定を全般的に見直すものです。

　運送・海商関係の規定が我が国の基本的な法的インフラであることに鑑みると、国民の日常生活や経済活動に与える影響は少なくありません。また、改正法の施行に当たっては、約款等を改定するなど、多岐にわたる改正項目の趣旨や内容を十分に踏まえた実務対応が必要となります。

　そこで、本書は、改正法による改正項目の趣旨や内容について、一問一答の形式により、分かりやすく解説するものです（なお、改正法は、商法を編や章単位で一括して改正するものであるため、改正法の正式な新旧対照表では、個別の条文の対応関係が明らかではありません。そのため、個別の条文の対応関係を明確にし、改正法の理解を容易にする観点から、巻末に条文の実質的な対応関係を示す新旧対照表を添付しているので、参考にしていただければ幸いです。）。本書の執筆は、編著者である松井と大野のほか、法務省民事局において改正法の立案事務に関与した吉野秀保民事局付、宇野直紀民事局付、青野雅朗民事局付、山下和哉民事局調査員（弁護士）、陶山敦司係長、坂上優晟係員が分担して行い、全体の調整を編著者が行っています。

　改正法は、法制審議会の委員、幹事、関係官をはじめ、数多くの関係者や関係団体の方々の御理解と御協力によって成立しました。特に、笹岡愛美元民事局調査員（横浜国立大学大学院准教授）には、献身的な御尽力を頂きました。改正法の検討に関わった皆様に対し、心より御礼を申し上げます。ま

た、本書の刊行に当たり、株式会社商事法務の岩佐智樹氏、下稲葉かすみ氏から、献身的な御協力を頂戴しました。ここに深く感謝の意を表する次第です。

　本書が運送・海商の実務や研究に携わる多くの方々に利用いただき、理解の一助となれば幸いです。

平成 30 年 10 月
　　　　　法務省大臣官房国際課長（元法務省民事局参事官）　松井　信憲
　　　　　　　　　　　　　　　　　法務省民事局参事官　大野　晃宏

●凡　例

改正法	商法及び国際海上物品運送法の一部を改正する法律（平成30年法律第29号）
第○条	改正法による改正後の商法第○条
新国際海上物品運送法	改正法による改正後の国際海上物品運送法
改正前の商法	改正法による改正前の商法
改正前の国際海上物品運送法	改正法による改正前の国際海上物品運送法
民法改正法	民法の一部を改正する法律（平成29年法律第44号）
改正民法	民法改正法による改正後の民法
民法整備法	民法の一部を改正する法律の施行に伴う関係法律の整備等に関する法律（平成29年法律第45号）
船主責任制限法	船舶の所有者等の責任の制限に関する法律
1924年船荷証券統一条約	千九百二十四年八月二十五日にブラッセルで署名された船荷証券に関するある規則の統一のための国際条約
船荷証券統一条約	千九百六十八年二月二十三日の議定書によって改正された千九百二十四年八月二十五日の船荷証券に関するある規則の統一のための国際条約を改正する議定書による改正後の1924年船荷証券統一条約
モントリオール条約	国際航空運送についてのある規則の統一に関する条約（平成15年条約第6号）

一問一答　平成30年商法改正
もくじ

第1章　総論

- Q1　なぜ今回の運送・海商法制の見直しが行われたのですか。　1
- Q2　改正法の概要は、どのようなものですか。　3
- Q3　改正法案の国会提出に至るまでの経緯は、どのようなものでしたか。　5
- Q4　国会における審議状況は、どのようなものでしたか。　7
- Q5　今回の見直しの対象である運送・海商関係の規定につき、商法の一部改正によることとし、会社法や保険法のように、単行法を制定することとしなかったのは、なぜですか。　8
- Q6　会社法や保険法の制定により、商法第1編及び第2編の多くの規定が「削除」となっており、条文番号は残っていますが、今回の改正を機にこれらの条文番号を詰めなかったのは、なぜですか。　9
- Q7　運送・海商法制に関する近時の諸外国における改正状況は、どのようなものですか。　10
- Q8　法制審議会商法（運送・海商関係）部会で検討された規律のうち、見直しが見送られたものには、どのようなものがありますか。　11

第2章　運送総則

- Q9　運送契約についての総則的規律を創設したのは、なぜですか（第2編第8章関係）。　12
- Q10　「運送人」の定義については、どのような見直しがされていますか（第569条第1号関係）。　13
- Q11　「陸上運送」及び「海上運送」の分類について、どのような見直しがされましたか。また、規定を欠いていた「航空運送」については、どのような定義とされましたか（第569条第2号から第4号まで関係）。　14
- Q12　非航海船による運送を海上運送に分類することによって、港湾運送事業者に加重な負担を課すことになりませんか。　16
- Q13　商法上の航空運送の対象となる「航空機」は、何を指すのですか。無人航空機（ドローン等）について商法の適用を認めないのは、なぜですか（第569条第4号関係）。　17

第3章 物品運送

- Q14 物品運送についての総則的規律の改正の概要は、どのようなものですか（第2編第8章第2節関係）。 18
- Q15 物品運送契約について、どのような冒頭規定が新設されたのですか（第570条関係）。 19
- Q16 運送状の名称や記載事項などについての改正の概要は、どのようなものですか（第571条関係）。 20
- Q17 危険物に関する通知義務に関する規定が新設されたのは、なぜですか（第572条関係）。 21
- Q18 危険物に関する通知義務の対象となる、商法上の「危険物」とは、どのように定義されましたか。また、具体的にどのようなものが危険物に該当しますか（第572条関係）。 22
- Q19 荷送人は、危険物に関する通知義務に違反した場合には、どのような責任を負うことになるのですか（第572条関係）。 23
- Q20 危険物に関する通知義務に違反した荷送人に帰責事由がない場合とは、どのようなケースですか（第572条関係）。 24
- Q21 貨物引換証に関する規定を削除したのは、なぜですか（改正前の商法第571条から第575条まで、第584条関係）。 25
- Q22 運送賃は運送品の引渡しと同時に支払わなければならない旨の規定を新設したのは、なぜですか（第573条第1項関係）。 26
- Q23 運送人の留置権に関する改正の概要は、どのようなものですか（第574条関係）。 27
- Q24 運送人の損害賠償責任に関する改正の概要は、どのようなものですか（第575条関係）。 28
- Q25 運送人の損害賠償の額に関する改正の概要は、どのようなものですか（第576条関係）。 29
- Q26 運送品の延着（運送品の損傷又は一部滅失を伴うものを除く。）の場合における損害賠償の額について、運送品の価額を超えることができない旨の規律を設けなかったのは、なぜですか。 30
- Q27 高価品の特則に関する改正の概要は、どのようなものですか（第577条第2項関係）。 31
- Q28 複合運送人の責任に関する規律の改正の概要は、どのようなものですか

（第578条関係）。 32

Q29 複合運送において、運送品の滅失等の原因が発生した運送区間が不明である場合には、複合運送人はどのような責任を負うのですか（第578条関係）。 34

Q30 相次運送人の権利義務に関する改正の概要は、どのようなものですか（第579条第3項、第4項関係）。 35

Q31 荷受人の権利に関する改正の概要は、どのようなものですか（第581条関係）。 36

Q32 運送品の供託に関する改正の概要は、どのようなものですか（第582条第1項、第583条関係）。 38

Q33 運送品の受取による運送人の責任の消滅に関する改正の概要は、どのようなものですか（第584条関係）。 39

Q34 運送品の滅失等による運送人の責任の除斥期間に関する改正の概要は、どのようなものですか（第585条関係）。 41

Q35 運送人の不法行為責任に関する改正の概要は、どのようなものですか（第587条関係）。 43

Q36 運送人の被用者の不法行為責任に関する規律の改正の概要は、どのようなものですか（第588条関係）。 45

第4章　旅客運送

Q37 旅客運送に関する改正の概要は、どのようなものですか（第2編第8章第3節関係）。 46

Q38 旅客運送契約の冒頭規定の概要は、どのようなものですか（第589条関係）。 47

Q39 損害賠償額の算定に当たり斟酌すべき事項に関する改正前の商法第590条第2項の規定を削除したのは、なぜですか。 48

Q40 旅客の人身損害に関する運送人の損害賠償責任を減免する特約を無効とする規律の概要及び規律を新設した理由は、どのようなものですか（第591条関係）。 49

Q41 安定期の妊婦や軽微な症状の病人について、人身損害に係る運送人の損害賠償責任を減免する特約が結ばれた場合、その効力はどうなりますか（第591条関係）。 51

Q42 引渡しを受けた手荷物（受託手荷物）に関する運送人の責任等についての

改正の概要は、どのようなものですか（第592条関係）。 52

Q43　引渡しを受けていない手荷物（携帯手荷物）に関する運送人の責任等についての改正の概要及び改正の理由は、どのようなものですか（第593条関係）。 53

Q44　旅客運送人の債権の消滅時効についての改正の概要は、どのようなものですか（第594条関係）。 55

第5章　船　　舶

Q45　船舶に関する改正の概要は、どのようなものですか（第3編第1章関係）。 56

Q46　商法第3編における「船舶」とは、どのようなものですか。「船舶」の意義について、改正法による実質的な変更はあるのですか（第684条関係）。 57

Q47　船舶に対する差押え及び仮差押えの執行に関する改正の概要は、どのようなものですか（第689条関係）。 58

Q48　船舶の国籍を喪失しないための業務執行社員の持分の売渡しの請求に関する改正の概要は、どのようなものですか（第691条関係）。 59

Q49　損益の分配は毎航海の終わりに行う旨の規律を削除したのは、なぜですか（改正前の商法第697条関係）。 60

Q50　船舶管理人である船舶共有者の持分の譲渡に関する改正の概要は、どのようなものですか（第696条関係）。 61

Q51　商法第9条（登記の効力）の規定を船舶管理人の登記について準用することとしたのは、なぜですか（第697条関係）。 62

Q52　船舶管理人の計算義務等に関する改正の概要は、どのようなものですか（第699条関係）。 63

Q53　船舶賃借人の修繕義務に関する改正の概要は、どのようなものですか（第702条関係）。 64

Q54　改正前の商法第704条第2項の改正に関し、法制審議会商法（運送・海商関係）部会では、どのような議論がされたのですか。 65

Q55　船舶賃借人の船舶の利用について生じた先取特権の効力は船舶所有者に対しても生ずる旨の規定について、民法上の先取特権の効力は、船舶所有者に対しては生じないこととしなかったのは、なぜですか（第703条第2項関係）。 67

Q56 民法上の先取特権は、1年で消滅する船舶先取特権と異なり長期間存続するため、船舶所有者に多大な負担を強いることとなるのではないですか（第703条第2項関係）。　68

Q57 定期傭船に関する規律の概要は、どのようなものですか（第3編第1章第4節関係）。　69

Q58 定期傭船に関する規律を設けたのは、なぜですか。　70

Q59 定期傭船の法的性質に関する従来の判例及び学説の考え方は、どのようなものだったのですか。　71

Q60 定期傭船契約の冒頭規定の概要は、どのようなものですか（第704条関係）。　72

Q61 定期傭船契約の冒頭規定を、船舶賃貸借に関する規定の次に配置したのは、なぜですか。　73

Q62 各種の契約書式を用いた実務上の「定期傭船」は、第704条の定期傭船契約に該当するのですか。　74

Q63 実務上の「ワントリップ定期傭船」（1 trip time charter）とは何ですか。これは、第704条の定期傭船契約に該当するのですか、それとも航海傭船契約に該当するのですか。　75

Q64 船舶賃貸借（裸傭船）、航海傭船及び定期傭船に関する規律を、「傭船」に関する規律として並列的に規定することとしなかったのは、なぜですか。　76

Q65 定期傭船者による船長に対する指示権に関する規律の概要は、どのようなものですか（第705条関係）。　77

Q66 船舶の利用に関する費用負担に関する規律の概要は、どのようなものですか（第706条関係）。　78

Q67 定期傭船契約に係る船舶により物品を運送する場合について、運送に関する規律を準用する規定を設けたのは、なぜですか（第707条関係）。　79

Q68 船舶賃借人の船舶の利用について生じた先取特権は船舶所有者に対しても効力を生ずる旨の規定を定期傭船について準用する規定を設けたのは、なぜですか（第707条関係）。　80

Q69 定期傭船の傭船料に係る債権の消滅時効期間は、どのようなものですか。　81

Q70 いわゆる安全港担保義務に関する規律を設けなかったのは、なぜですか。　82

Q71 定期傭船者は、船舶の衝突についての責任を負うのですか。 83

第6章 船　　長

Q72 船長に関する改正の概要は、どのようなものですか（第3編第2章関係）。 84

Q73 船長の損害賠償責任に関する規定を削除したのは、なぜですか（改正前の商法第705条関係）。 85

Q74 船籍港外における船長の代理権に関する改正の内容は、どのようなものですか（第708条関係）。 86

Q75 船籍港において船長は海員の雇入れ及び雇止めをする権限を有する旨の規定を削除したのは、なぜですか（改正前の商法第713条第2項関係）。 87

Q76 改正前の商法第709条第1項のうち、船長は運送契約に関する書類を船内に備え置かなければならない旨の規定を削除したのは、なぜですか。 88

Q77 船籍港外で船舶が修繕不能に至った場合に船長がこれを競売することができる旨の規定を削除したのは、なぜですか（改正前の商法第717条関係）。 89

Q78 船長は毎航海の終わりに航海に関する計算をして船舶所有者の承認を求めなければならない等の規定を削除したのは、なぜですか（改正前の商法第720条第2項関係）。 90

第7章　海上物品運送に関する特則

Q79 個品運送及び航海傭船に関する改正の概要は、どのようなものですか（第3編第3章第1節・第2節関係）。 91

Q80 海上物品運送契約の一方当事者を示す用語について、「船舶所有者」とあるのを「運送人」に改めることとしたのは、なぜですか。 92

Q81 個品運送契約における船積み及び陸揚げに関する改正の概要及び理由は、どのようなものですか（第737条等関係）。 93

Q82 堪航能力担保義務に関する改正の概要及び理由は、どのようなものですか（第739条、第756条第1項関係）。 94

Q83 航海傭船における堪航能力担保義務に関する免責特約は、船荷証券の所持人に対抗することができないとしたのは、なぜですか（第756条第2項関係）。 97

Q84 船舶所有者の過失又は船員その他の使用人の悪意重過失による責任に係る

免責特約を無効とする旨の規定を削除したのは、なぜですか（改正前の商法第739条前半部分関係）。　98

Q85　当事者間の個別交渉が想定し難い個品運送において、堪航能力担保義務に関する免責特約を無効とする改正前の商法の規律を維持しつつ、船舶所有者の過失等による責任に係る免責特約を有効とするのは、整合的でないのではないですか。　99

Q86　国際海上物品運送法との均衡を重視するのであれば、個品運送について、堪航能力担保義務に関する免責特約だけでなく、改正前の国際海上物品運送法第15条のような広い範囲の免責特約をも無効とすべきではないですか。　100

Q87　第740条に関連して、商法に改正前の国際海上物品運送法第11条のような危険物の処分及び危険物の荷送人の責任に関する規律を設けなかったのは、なぜですか。　101

Q88　運送賃等支払義務に関する規定の現代語化に当たり、個品運送については「碇泊料（滞船料）」に係る部分を適用しないこととしたのは、なぜですか（第741条関係）。　102

Q89　運送賃の定め方に関する規定を削除したのは、なぜですか（改正前の商法第755条、第756条関係）。　103

Q90　海上運送における運送品の競売に関する改正の概要は、どのようなものですか（第742条関係）。　104

Q91　発航前の任意解除に関する改正の概要は、どのようなものですか（第743条、第753条、第755条関係）。　105

Q92　海上物品運送契約の法定終了及び法定解除権に関する規定を削除したのは、なぜですか（改正前の商法第760条から第763条まで関係）。　107

Q93　船長が積荷を処分等した場合の運送賃に関する改正の概要及び理由は、どのようなものですか（第746条関係）。　109

Q94　個品運送及び航海傭船に関する規定を非航海船によって物品を運送する場合について準用することとしたのは、なぜですか（第747条、第756条関係）。　110

Q95　航海傭船契約の各当事者は相手方の請求により運送契約書を交付しなければならない旨の規定を削除したのは、なぜですか（改正前の商法第737条関係）。　111

Q96　航海傭船において、船積みの準備が完了した場合の傭船者に対する通知の

主体を船長に改めることとしたのは、なぜですか(第748条関係)。 112

Q97 航海傭船において、船積期間及び陸揚期間の起算点及びこれに算入しない期間について、日ではなく、時を基準とすることに改めたのは、なぜですか(第748条、第752条関係)。 113

Q98 航海傭船において、傭船者が再運送契約をした場合の船舶所有者の責任に関する規定を削除したのは、なぜですか(改正前の商法第759条関係)。 114

Q99 船荷証券、複合運送証券及び海上運送状に関する改正の概要は、どのようなものですか(第3編第3章第3節・第4節関係)。 115

Q100 商法上の船荷証券に関する規律を国際海上物品運送法上の船荷証券に関する規律に合わせて整備することとしたのは、なぜですか。 116

Q101 船荷証券の交付義務に関する改正の概要は、どのようなものですか(第757条関係)。 117

Q102 船積船荷証券と受取船荷証券の2種類の船荷証券を発行できることとしたのは、なぜですか(第757条関係)。 118

Q103 船荷証券の記載事項に関する改正の概要は、どのようなものですか(第758条関係)。 119

Q104 船荷証券を発行する場合における荷送人等の通知に関する改正の概要は、どのようなものですか(第759条関係)。 120

Q105 荷送人等の船荷証券の謄本の交付義務に関する規定を削除したのは、なぜですか(改正前の商法第770条関係)。 121

Q106 船荷証券の文言証券性に関する改正の概要は、どのようなものですか(第760条関係)。 122

Q107 船荷証券の譲渡又は質入れに関する改正の概要は、どのようなものですか(第762条関係)。 123

Q108 船荷証券を数通発行した場合における供託に関する改正の概要は、どのようなものですか(第767条関係)。 124

Q109 船荷証券を数通発行した場合についての改正後の規律の概要は、どのようなものですか(第765条から第767条まで関係)。 125

Q110 複合運送証券に関する規律の概要は、どのようなものですか(第769条関係)。 126

Q111 海上運送状に関する規律の概要及びこれを新設したのは、なぜですか(第770条関係)。 127

Q112　海上旅客運送の特則規定を削除したのは、なぜですか（改正前の商法第777条から第787条まで関係）。　128

第8章　船舶の衝突

Q113　規定の配置について、船舶の衝突（第3編第4章）、海難救助（同編第5章）、共同海損（同編第6章）としたのは、なぜですか。　131

Q114　船舶の衝突に関する改正の概要は、どのようなものですか（第3編第4章関係）。　132

Q115　船舶の衝突が生じた場合における船舶所有者間の責任の分担に関する改正の概要は、どのようなものですか（第788条関係）。　133

Q116　船舶の衝突による損害賠償請求権の消滅時効に関する改正の概要は、どのようなものですか（第789条関係）。　135

Q117　「準衝突」とは、どのようなものですか。準衝突に関する改正の概要は、どのようなものですか（第790条関係）。　137

Q118　船舶と非航海船との事故に関する改正の概要は、どのようなものですか（第791条関係）。　138

第9章　海難救助

Q119　海難救助に関する改正の概要は、どのようなものですか（第3編第5章関係）。　139

Q120　海難救助の成立要件に関する改正の概要は、どのようなものですか（第792条第1項関係）。　141

Q121　船舶所有者及び船長に、積荷等の所有者に代わって救助契約を締結する権限を与えることとしたのは、なぜですか（第792条第2項関係）。　142

Q122　救助料の額の算定の考慮要素の例示として、海洋の汚染の防止又は軽減のために要した労力及び費用を追加することとしたのは、なぜですか（第793条関係）。　143

Q123　救助料の上限額の算定に当たり、「救助された物の価額」に、救助された積荷の運送賃の額を加算することとしたのは、なぜですか（第795条関係）。　144

Q124　救助料の額は救助された物の価額から先順位の先取特権者の債権額を控除した額を超えることができない旨の規定を削除したのは、なぜですか（改正前の商法第803条第2項関係）。　145

Q125 　船舶所有者及び船員間における救助料の割合に関する改正の概要は、どのようなものですか（第797条関係）。　146

Q126 　救助料を請求することができない事由として、過失によって海難を発生させた場合及び救助した物品を隠匿し又はみだりに処分した場合を掲げなかったのは、なぜですか（第801条関係）。　147

Q127 　救助料に関する船長の代理権及び法定訴訟担当に関する改正の概要は、どのようなものですか（第803条関係）。　148

Q128 　救助された積荷を第三取得者に引き渡した場合における先取特権の効力に関する規定を削除したのは、なぜですか（改正前の商法第813条関係）。　149

Q129 　特別補償料に関する規律の概要は、どのようなものですか（第805条関係）。　150

Q130 　特別補償料に関する規律を設けることとしたのは、なぜですか（第805条関係）。　151

Q131 　特別補償料の増額に関する規律を設けたのは、なぜですか（第805条第3項関係）。　152

Q132 　特別補償料の減額に関する規律を設けたのは、なぜですか（第805条第5項関係）。　153

Q133 　救助料に係る債権等の消滅時効に関する改正の概要は、どのようなものですか（第806条関係）。　154

Q134 　海難救助に関する規定を非航海船に準用することとしたのは、なぜですか（第807条関係）。　155

第10章　共同海損

Q135 　共同海損に関する改正の概要は、どのようなものですか（第3編第6章関係）。　156

Q136 　船長以外の者が共同危険回避処分をすることができることとしたのは、なぜですか（第808条関係）。　158

Q137 　共同の危険が船舶及び積荷その他の船舶内にある物に対して生じたことを要件とすることとしたのは、なぜですか（第808条関係）。　159

Q138 　共同危険回避処分と船舶又は積荷等の保存の結果との間の因果関係を不要とすることとしたのは、なぜですか（第810条第1項関係）。　160

Q139 　共同海損となる損害又は費用に関する規律の概要は、どのようなものです

か（第809条第1項関係）。　161

Q140　利害関係人が分担することを要しない損害又は費用に関する改正の概要は、どのようなものですか（第809条第3項関係）。　163

Q141　共同海損の分担割合の算定方法に関する改正の概要は、どのようなものですか（第810条関係）。　165

Q142　改正前の商法第792条ただし書及び第793条第3項を削除したのは、なぜですか。　168

Q143　共同海損の分担後に損害が回復した場合の計算規定を削除したのは、なぜですか（改正前の商法第796条関係）。　169

Q144　準共同海損に関する規定を削除したのは、なぜですか（改正前の商法第799条関係）。　170

第11章　海上保険

Q145　海上保険に関する改正の概要は、どのようなものですか（第3編第7章関係）。　171

Q146　保険者は、共同海損の分担額に加えて、海難の救助のため被保険者が支払うべき金額についても塡補する責任を負うこととしたのは、なぜですか（第817条関係）。　173

Q147　海上保険の告知義務に関する改正の概要及び理由は、どのようなものですか（第820条関係）。　174

Q148　告知義務に違反した場合の効果は、どのようなものですか（第829条関係）。　175

Q149　積荷の到達によって得られる利益又は報酬の保険の保険価額に関する規定を削除したのは、なぜですか（改正前の商法第820条関係）。　176

Q150　海上保険の法定保険期間に関する規定を削除したのは、なぜですか（改正前の商法第821条、第822条関係）。　177

Q151　海上保険証券に関する改正の概要は、どのようなものですか（第821条関係）。　178

Q152　船長の変更は保険契約の効力に影響を及ぼさない旨の規定を削除したのは、なぜですか（改正前の商法第826条関係）。　179

Q153　貨物保険の予定保険に関する改正の概要及び理由は、どのようなものですか（第825条関係）。　180

Q154　保険者の免責に関する改正の概要及び理由は、どのようなものですか（第

826条関係)。　181

Q155　少額損害等の免責に関する規定を削除したのは、なぜですか（改正前の商法第830条関係)。　183

Q156　貨物の損傷又は一部滅失の場合における塡補額の計算方法に関する改正の概要及び理由は、どのようなものですか（第827条関係)。　184

Q157　航海の途中に不可抗力により保険の目的物である貨物を売却した場合における塡補額の計算方法について、保険法第19条の規定の適用を妨げない旨の規定を削除したのは、なぜですか（改正前の商法第832条第1項ただし書関係)。　185

Q158　航海の途中に不可抗力により保険の目的物である貨物を売却した場合において買主が代価を支払わないときは保険者がその支払義務を負う旨の規定を削除したのは、なぜですか（改正前の商法第832条第2項関係)。　186

Q159　保険委付に関する規定を削除したのは、なぜですか（改正前の商法第833条から第841条まで関係)。　187

Q160　「運送の遅延」を法定の免責事由としなかったのは、なぜですか。　188

第12章　船舶先取特権及び船舶抵当権

Q161　船舶先取特権に関する改正の概要は、どのようなものですか（第3編第8章関係)。　189

Q162　船舶先取特権の目的から未収運送賃を削除したのは、なぜですか（改正前の商法第842条柱書、第843条関係)。　190

Q163　改正前の商法第842条第1号（競売費用及び競売手続開始後の保存費の船舶先取特権）を削除したのは、なぜですか。　191

Q164　改正前の商法第842条第2号（最後の港における保存費の船舶先取特権）を削除したのは、なぜですか。　192

Q165　商法上の船舶先取特権に、第1順位として、船舶の運航に直接関連して生じた人の生命又は身体の侵害による損害賠償請求権を加えることとしたのは、なぜですか（第842条第1号関係)。　193

Q166　救助料及び船舶の負担に属する共同海損の船舶先取特権を第2順位とすることとしたのは、なぜですか（第842条第2号関係)。　194

Q167　航海に関し船舶に課した諸税の順位を水先料と同一にしたのは、なぜですか（第842条第3号関係)。　195

Q168　改正前の商法第842条第7号の債権（雇用契約によって生じた船員の債

権)の範囲を改正しなかったのは、なぜですか。　196

Q169　改正前の商法第842条第8号（船舶がその売買又は製造後に航海をしていない場合におけるその売買又は製造及び艤装によって生じた債権並びに最後の航海のための艤装、食料及び燃料に関する債権の船舶先取特権）を削除したのは、なぜですか。　198

Q170　船舶先取特権を生ずる債権の順位に関する改正の概要は、どのようなものですか（第843条関係）。　199

Q171　船舶先取特権と船舶抵当権との優劣に関する規律を改正しなかったのは、なぜですか（改正前の商法第849条関係）。　200

Q172　船舶抵当権と船舶先取特権以外の先取特権との競合の場合の規律の概要及び理由は、どのようなものですか（第848条第2項関係）。　201

第13章　国際海上物品運送法

Q173　国際海上物品運送法の改正の概要は、どのようなものですか。　202

Q174　国際海上物品運送法における「運送人」及び「荷送人」の定義の改正の概要及び理由は、どのようなものですか（新国際海上物品運送法第2条関係）。　204

Q175　運送人の損害賠償責任の限度に関する規律の改正の概要及び理由は、どのようなものですか（新国際海上物品運送法第9条第1項関係）。　205

Q176　コンテナ輸送の場合の責任限度額に関する改正の概要は、どのようなものですか（新国際海上物品運送法第9条第3項関係）。　206

Q177　運送人の不法行為責任を減免する規律の適用除外規定を設けた理由は、どのようなものですか（新国際海上物品運送法第16条第2項関係）。　207

Q178　再運送契約の荷送人の船舶先取特権に関する規定（改正前の国際海上物品運送法第19条）を削除した理由は、どのようなものですか。　208

Q179　改正前の国際海上物品運送法第20条の2第2項における「運送人の使用する者」という文言を「運送人の被用者」に改めた理由は、どのようなものですか。また、国際海上物品運送法第3条及び第5条では「運送人の使用する者」という文言が残されている理由は、どのようなものですか（新国際海上物品運送法第16条関係）。　209

第14章　その他の改正事項

Q180　署名に代えて記名押印ができる旨の規定を削除した理由は、どのようなも

のですか（改正前の商法第32条関係）。　210

Q181　運送取扱営業に関する改正の概要は、どのようなものですか（第2編第7章関係）。　211

Q182　運送取扱営業について、危険物に関する通知義務についての規定を準用することとした理由は、どのようなものですか（第564条関係）。　212

Q183　寄託に関する改正の概要は、どのようなものですか（第2編第9章関係）。　213

第15章　施行日、経過措置等

Q184　改正法の施行期日はいつですか（改正法附則第1条関係）。　214

Q185　改正法の施行前に締結された運送契約などについても、改正法が適用されるのですか（改正法附則第2条から第16条まで関係）。　215

Q186　改正法の施行に伴う関係法律の整備の概要は、どのようなものですか（改正法附則第17条から第50条まで関係）。　217

巻末資料　商法及び国際海上物品運送法の一部を改正する法律案新旧対照条文　219

事項索引　319

第1章 総論

Q1 なぜ今回の運送・海商法制の見直しが行われたのですか。

A 商法の運送・海商関係の規定(注1)については、条約の批准に伴い国際海上物品運送法等の特別法が制定・改正された以外には、明治32年（1899年）の商法制定以来、実質的な見直しがほとんどされていませんでした。また、改正前の商法には、片仮名文語体の表記が多く残っていました(注2)。

しかし、この間、陸上運送及び海上運送のほかに航空運送も普及し、国民生活に大きな影響を持つ運送の在り方は、1世紀前と比べて一変しています。また、船舶の衝突や海難救助などの海商分野については、条約等の世界的な動向を踏まえ、規律の在り方を見直す必要がありました。

加えて、平成13年6月の司法制度改革審議会意見書では、「基本的な法令は、……可能な限り分かりやすく、一般にも参照が容易で、予測可能性が高く、内外の社会経済情勢に即した適切なものとすべきである」旨の指摘がされています(注3)。

そこで、今回の改正では、商法制定以来の社会経済情勢の変化に対応し、運送・海商関係の規律の現代化を図るとともに、商法の表記を平仮名口語体に改めるため、商法及び国際海上物品運送法の一部を改正することとしています。

この改正によって、運送に関するルールが現代的・合理的なものとなり、かつ、予測可能性が高まります。その結果、幅広い利害関係者において、合理的な企業経営や法的紛争への対応が容易となり、ひいては、日本経済の成長に寄与することが期待されます。

（注1）海商とは、海上運送、船舶の衝突、海難救助、海上保険、船舶先取特権など、海事に関する特別な私法上の規律をいいます。

（注2）商法には、第1編（総則）、第2編（商行為）、第3編（海商）の3編があります。そのうち、第2編第5章から第9章まで（仲立営業、問屋営業、運送取扱営業、運送営業、寄託）及び第3編は、片仮名文語体の表記のままでした。

（注3）これまで、商法典のうち会社法制については平成17年に、保険法制については平成20年に、それぞれ全面的な見直しが行われており、会社法及び保険法として、単行法が制定されています。

Q2 改正法の概要は、どのようなものですか。

A

1 改正の目的

改正法は、運送・海商関係の規律の現代化及び商法の表記の平仮名口語体化等を目的とするものであり、その内容は、商法の一部改正と国際海上物品運送法の一部改正に分けられます。

2 商法の一部改正

運送・海商関係の規律の現代化を図るための主な改正事項としては、

① 陸上・海上・航空運送及び複合運送にも妥当する運送契約についての総則的規律の創設（詳細はQ9以下参照）
② 危険物についての荷送人の通知義務に関する規定の新設（詳細はQ17～Q20参照）
③ 運送品の滅失等についての運送人の損害賠償責任は、1年以内に裁判上の請求がされないときは消滅するものとすること（詳細はQ34参照）
④ 旅客の生命・身体の侵害についての運送人の損害賠償責任について、これを減免する特約を無効とすること（詳細はQ40、Q41参照）
⑤ 国内海上運送人の堪航能力担保義務違反による責任の過失責任化（詳細はQ82参照）
⑥ 船舶の衝突に基づく不法行為による損害賠償請求権（財産権侵害を理由とするものに限る。）は、不法行為時から2年間で時効により消滅するものとすること（詳細はQ116参照）
⑦ 海難救助に際し海洋汚染の防止のための措置をとった者に認められる特別補償料の制度の創設（詳細はQ129～Q132参照）
⑧ 船舶の運航に直接関連して生じた人の生命・身体の侵害による損害賠償請求権者は、船舶及びその属具につき第1順位の船舶先取特権を有するものとすること（詳細はQ165参照）

等が挙げられます。

また、商法の表記を分かりやすいものとするため、運送・海商関係の規定のみならず、片仮名文語体であった改正前の商法第2編第5章以降の規定に

つき、全て平仮名口語体に改めることとしています。

3　国際海上物品運送法の一部改正

運送・海商関係の規律の現代化を図るため、改正前の国際海上物品運送法第19条第1項の船舶先取特権に関する規定を削除する等の改正をしています（詳細はQ178参照）。

Q3 改正法案の国会提出に至るまでの経緯は、どのようなものでしたか。

A

1 法制審議会に対する諮問と調査審議の経緯

平成26年2月7日に開催された法制審議会第171回会議において、法務大臣から法制審議会に対し、「商法制定以来の社会・経済情勢の変化への対応、荷主、運送人その他の運送関係者間の合理的な利害の調整、海商法制に関する世界的な動向への対応等の観点から、商法等のうち運送・海商関係を中心とした規定の見直しを行う必要があると思われるので、その要綱を示されたい。」との諮問（諮問第99号）がされました(注)。これを受けて法制審議会に商法（運送・海商関係）部会（部会長・山下友信東京大学大学院教授（当時。現同志社大学大学院教授））が設置されました。

商法（運送・海商関係）部会は、同年4月23日から検討を開始し、並行して、旅客運送に関する事項については、同部会のもとに設置された旅客運送分科会において検討が行われました。最終的に、商法（運送・海商関係）部会では、18回の会議と7回の分科会が開催され、議論が重ねられました。

この間、平成27年3月11日に開催された第11回会議では、「商法（運送・海商関係）等の改正に関する中間試案」（以下「中間試案」といいます。）が取りまとめられ、これを公表するとともに、同年4月1日から同年5月22日までの間、パブリック・コメントの手続に付して、広く国民の意見を求めました。これに対しては、団体から135通、個人から8通、合計143通の意見が寄せられました。

その後、この手続に寄せられた意見も踏まえて調査審議がされ、平成28年1月27日に開催された第18回会議において、「商法（運送・海商関係）等の改正に関する要綱案」が取りまとめられました。

そして、同年2月12日に開催された法制審議会第176回会議において、全会一致で、要綱案のとおり、「商法（運送・海商関係）等の改正に関する要綱」が採択され、同日、法務大臣に答申がされました。

2 改正法案の提出

この答申を受けて、法務省民事局では、立案作業を行い、平成28年10月

18日、「商法及び国際海上物品運送法の一部を改正する法律案」が第192回国会(同年臨時国会)に提出されました。

　しかし、同法律案は、平成29年9月28日、衆議院の解散に伴い、全く審議されることがないまま廃案となりました。そのため、法務省民事局では、再度の法案提出を目指して作業を行い、平成30年2月6日、同内容の改正法案が第196回国会(同年通常国会)に提出されました。

　(注)　法制審議会への諮問に先立ち、公益社団法人商事法務研究会において、①平成23年10月から平成24年2月までの間、諸外国の運送法制の調査を行う商事法(運送関係)勉強会が開催され、②平成24年8月から平成25年11月までの間、研究者及び実務家により論点の洗い出しを行う運送法制研究会が開催されました。

　また、平成24年度には、法務省の委託により、運送取引の実態についての調査研究業務が行われました。

Q4　国会における審議状況は、どのようなものでしたか。

A

1　衆議院における審議の経過

　改正法案は、平成30年4月12日、衆議院法務委員会に付託されました。同委員会においては、同月13日に提案理由説明がされた後、同月18日に質疑がされ、質議の後にされた採決において全会一致で可決されました（なお、採決に際し、附帯決議はされませんでした。）。そして、改正法案は、同月19日、衆議院本会議において全会一致で可決され、参議院に送付されました。

　衆議院法務委員会においては、主に危険物に関する通知義務について審議がされました。

2　参議院における審議の経過

　改正法案は、平成30年5月14日、参議院法務委員会に付託されました。同委員会においては、同月15日に提案理由説明がされた後、同月17日に質疑がされ、質議の後にされた採決において全会一致で可決されました（なお、採決に際し、附帯決議はされませんでした。）。そして、改正法案は、同月18日、参議院本会議において全会一致で可決され、改正法が成立しました。

　参議院法務委員会においては、危険物に関する通知義務のほか、商法の在り方などについて審議がされました。

　改正法は、平成30年法律第29号として、同年5月25日、公布されました。

Q5 今回の見直しの対象である運送・海商関係の規定につき、商法の一部改正によることとし、会社法や保険法のように、単行法を制定することとしなかったのは、なぜですか。

A 今回の改正がされると、第2編第8章（運送営業）の規定は、陸上・海上・航空を通じた運送全般を対象とするものとなります。

これに対し、第3編（海商）には、運送営業の一態様である海上物品運送に関する特則が含まれるものの、それのみならず、船舶、船長、船舶の衝突等必ずしも運送全般と関連性が高いとはいえない分野に関する規定も含まれています。

そのため、運送営業に関する規定と海商に関する規定をまとめて一つの独立した法律とすることは困難です。

他方で、運送全般に適用がある運送営業に関する規定と、運送の一形態である海上物品運送に関する特則とを切り離して別個の独立した法律とすることは、分かりやすさの観点から、相当ではありません。

そのため、運送営業に関する規定と海商に関する規定とをそれぞれ独立した法律とすることは、困難です。

また、海商に含まれる海上物品運送に関する規定は、船長に関する規律等他の海商の規定と密接に関連していることから、海上物品運送に関する特則のみを切り出して、運送営業に関する規定と合わせて一つの独立した法律とすることも困難です。

このほか、運送営業や海商に関する規定は、商法に規定されている運送取扱営業等の他の営業類型とも密接に関連しているため、運送取扱営業等に関する規定が置かれている商法に規定を残す方が、利用者にとって分かりやすいともいえます。

そこで、改正法では、商法の一部改正の形式によることとしたものです。

Q6 会社法や保険法の制定により、商法第1編及び第2編の多くの規定が「削除」となっており、条文番号は残っていますが、今回の改正を機にこれらの条文番号を詰めなかったのは、なぜですか。

A 会社法の制定に伴い商法第33条から第500条までが削除とされ、保険法の制定に伴い商法第629条から第683条までが削除とされたように、商法には、「削除」とあるだけの条文が多数あります。

しかし、今回の改正の対象ではない第1編（総則）及び第2編（商行為）の規定の一部については、なお規律の現代化を図るための検討が必要です。そのため、今回の改正で条文番号を詰めてしまうと、将来の改正の際に枝番号を用いることにならざるを得ず、利用者にとって、分かりにくくなるなどの問題があります。また、これらの規定を見直すことにより増減する条文の数は、その見直しの規模、範囲、内容等によるため、あらかじめ必要な条文数を見定めた上で、これを残す形で条文を詰めるということも困難です。

そこで、今回の改正では、「削除」となっている規定の条文番号を詰めないこととしています。

Q7 運送・海商法制に関する近時の諸外国における改正状況は、どのようなものですか。

A 近時、ヨーロッパ諸国や我が国の近隣諸国においても、運送・海商関係の規定の改正が行われています。

例えば、ドイツでは、1998年に商法のうち海上運送を除く運送関係の規定が現代的なものに改正され、2013年には商法のうち海商関係の規定が全面的に改正されました。また、フランスでは、2010年に陸上運送、河川運送、海上運送・海商、航空運送に関する規律を一つにまとめた「運送法典」が制定され、英国では、1992年に海上物品運送法が、1995年には商船法がそれぞれ制定されました。

このほか、中国では、1992年に海商法が、1999年には運送関係の規定を含む契約法がそれぞれ制定されました。また、韓国では、2007年に商法のうち海商関係の規定が全面的に改正され、2011年には商法に航空運送に関する規定が新設されました。

Q8 法制審議会商法（運送・海商関係）部会で検討された規律のうち、見直しが見送られたものには、どのようなものがありますか。

A 法制審議会商法（運送・海商関係）部会で検討された規律のうち、見直しが見送られたものには、例えば、次のようなものがあります。

① 物品運送に関し、運送品の滅失、損傷及び延着の場合における運送人の損害賠償責任の限度額に関する規律を新設すること（詳細はQ26参照）。

② 船舶の衝突に関し、積荷等に生じた損害については、加害者が連帯せずに各自の過失割合に応じて賠償責任を負う旨の規律を新設すること（詳細はQ115参照）。

③ 船員の有する船舶先取特権の被担保債権の範囲の見直し（詳細はQ168参照）

④ 一部の船舶先取特権についてその効力を船舶抵当権に劣後させる旨の規律を新設すること（詳細はQ171参照）。

第2章 運送総則

Q9 運送契約についての総則的規律を創設したのは、なぜですか（第2編第8章関係）。

A 改正前の商法は、陸上運送（同法第2編第8章（第569条から第592条まで））と海上運送（同法第3編第3章（第737条から第787条まで））の規律を各別に設けており、航空運送に関しては規律を欠いていました。

そこで、今回の改正において航空運送の規律を新設するに当たり、利用者に理解しやすい法制とするため、これらの三者に共通する総則的規律を設けることとし、陸上運送に関する改正前の商法第2編第8章の規定を海上運送、航空運送及び複合運送[注]にも妥当する総則的規律として位置付けることとしました。

（注）複合運送とは、陸上運送、海上運送又は航空運送のうち二以上の運送を一の契約で引き受けた場合をいいます（第578条参照）。

Q10 「運送人」の定義については、どのような見直しがされていますか（第569条第1号関係）。

A 改正前の商法第569条では、運送人とは、「陸上又ハ湖川、港湾ニ於テ物品又ハ旅客ノ運送ヲ為スヲ業トスル者ヲ謂フ」とされていました。また、海上運送については運送人という用語が用いられておらず「船舶所有者」等の用語が用いられ、航空運送については規律自体を欠いていました。

しかし、運送人は、陸上運送・海上運送・航空運送を問わず、運送契約の一方当事者として重要な概念です。

また、現代における運送実務に照らすと、海上運送及び航空運送にも「運送人」の概念を及ぼし、かつ、利用運送人[注]も「運送人」に含まれることを明らかにすることが相当であると考えられます。

そこで、改正法では、運送人とは、「陸上運送、海上運送又は航空運送の引受けをすることを業とする者」としました（第569条第1号）。「運送の引受け」という表現を用いることにより、利用運送人も「運送人」に含まれることを明らかにしています。

（注）利用運送人とは、荷送人との間で運送契約を締結した上で実際の運送を下請運送人に委託する者のことです。例えば、自ら輸送手段を持たず、全ての区間の運送を下請運送人に委託する者だけでなく、荷送人からの集荷や荷受人への配達は自らトラック等で行うが、海上運送区間については下請運送人に運送を委託する者なども利用運送人となります。実務上、陸海空のうち最適な輸送手段を利用して貨物の集荷から配達までを一貫して行う輸送サービスが普及しており、利用運送は頻繁に行われています。

Q11 「陸上運送」及び「海上運送」の分類について、どのような見直しがされましたか。また、規定を欠いていた「航空運送」については、どのような定義とされましたか（第569条第2号から第4号まで関係）。

A　1　陸上運送及び海上運送

改正前の商法では、湖、川、港湾その他の平水区域(注1)のみを航行する船舶(注2)による運送は陸上運送に分類されていたため（同法第569条）、同法第2編第8章の陸上運送の規定が適用され、同法第3編第3章の海上運送に関する規定は、適用がありませんでした(注3)。

しかし、平水区域には、瀬戸内海の大部分の海域などが含まれており、このような海域における運送を陸上運送と同様に取り扱うことは、運送契約の実務からみて相当ではありません。

むしろ、湖川などの平水区域を航行する船舶を含め、我が国を航行する船舶は、船舶安全法上堪航性を保持する義務を負っていること（同法第1条、第29条ノ7）等に照らすと、平水区域における運送を海上運送として取り扱い、商法上も堪航能力担保義務を認めることが相当です。

そこで、改正法では、陸上運送の定義について、「陸上における物品又は旅客の運送」としました（第569条第2号）。

また、商行為をする目的で、専ら湖川、港湾その他の海以外の水域において航行の用に供する船舶を「非航海船」と定義した上で（第747条）、海上運送の定義について、第684条に規定する船舶による運送、すなわち、商行為をする目的で航海の用に供する船舶による運送のほか、非航海船による運送を含めることとしました（第569条第3号）。

2　航空運送

次に、航空運送については、改正法では、航空運送事業を規律する航空法との整合性を勘案して、その定義について「航空法第2条第1項に規定する航空機による物品又は旅客の運送」とすることとしました（第569条第4号）。

例えば、人が乗って航空の用に供することができる飛行機、回転翼航空機、滑空機及び飛行船は商法上の航空機に含まれますが、ドローン等の無人

航空機（航空法第2条第22項）は含まれません。

　（注1）改正前の商法第569条では、運送人とは、「陸上又ハ湖川、港湾ニ於テ物品又ハ旅客ノ運送ヲ為スヲ業トスル者ヲ謂フ」とされており、この「湖川、港湾」の範囲は、改正法による改正前の商法施行法第122条、明治32年逓信省令第20号（商法施行法第百二十二条ノ規定ニ依ル湖川、港湾及沿岸小航海ノ範囲ニ関スル件）により平水区域によることとされており、これは、湖、川及び港内の水域並びに船舶安全法施行規則第1条第6項各号に掲げる水域を意味するとされています。例えば、瀬戸内海の大部分の海域は、平水区域とされています。

　（注2）平水区域を航行区域とする船舶は多様であり、例えば、東京湾や瀬戸内海における貨物船、平水タンカー、相当数の旅客及び車両を運送し得るフェリーのほか、湖川における渡し船、港湾のはしけなど、様々な形態の運送が行われている実情にあります。

　（注3）海上運送の規定は、改正前の商法第684条所定の船舶、すなわち、商行為をする目的で航海の用に供する船舶による運送につき適用がありました。

Q12 非航海船による運送を海上運送に分類することによって、港湾運送事業者に加重な負担を課すことになりませんか。

A 改正法では、非航海船による運送についても、海上運送として、第3編第3章（海上物品運送に関する特則）のうち第1節（個品運送）及び第2節（航海傭船）の規定が準用されます。

そのため、港湾運送事業者は、堪航能力担保義務を負うこととなります（第739条第1項、第747条、第756条第1項）。

しかし、堪航能力担保義務は、船舶の規模・設備や積荷の性質等に応じた相対的な義務である上、改正法では、義務違反による運送人の損害賠償責任につき、無過失責任を過失責任に改めることとしており（詳細はQ82参照）、運送人は、一般的に要求される検査等を尽くせば足りることとなります。

これらの事情によれば、非航海船による運送を海上運送に分類することとしても、港湾運送事業者にことさら重い負担を課すことにはならないものと考えられます[注]。

(注) 港湾運送事業者が行う運送の大部分は船舶の全部又は一部を貸し切って行うもの（航海傭船）ですが、航海傭船における堪航能力担保義務は基本的に任意規定となる（第756条第1項括弧書き、第2項）ため、特約によって同義務を減免することも可能です。

Q13 商法上の航空運送の対象となる「航空機」は、何を指すのですか。無人航空機（ドローン等）について商法の適用を認めないのは、なぜですか（第569条第4号関係）。

A 改正法では、商法上の航空運送の対象となる「航空機」とは、航空法第2条第1項に規定する航空機、すなわち、人が乗って航空の用に供することができる飛行機、回転翼航空機、滑空機及び飛行船をいい、ドローン等の無人航空機（同条第22項）を含めないこととされています（第569条第4号）。

これは、航空運送事業を規律する航空法との整合性を図る必要があり、現時点では、航空法上、無人航空機による運送事業を予定していないためです。

ドローン等の無人航空機による運送については、そもそも輸送の安全の確保や事業の適正かつ合理的な運営等の観点から、どのような公法上の規律を設けるかという議論が不可欠であり、このような議論がないまま、商法上の営業形態や契約類型として規律することは、相当とはいえません。また、このような新たな運送形態については、諸外国における検討及び立法の在り方との調和も考慮する必要があります。

そこで、改正法では、ドローン等の無人航空機による運送について、商法の運送営業に関する規律を適用することとはしませんでした。

第3章 物品運送

Q14 物品運送についての総則的規律の改正の概要は、どのようなものですか（第2編第8章第2節関係）。

A 改正法において、改正前の商法第2編第8章を運送契約についての総則的規律に改めるに当たり、同章第2節の物品運送の規定について行った主な改正事項としては、

① 物品運送契約の冒頭規定の新設（詳細はQ15参照）
② 運送状につき、「送り状」という名称に改め、その記載事項を見直した上で、電磁的方法による提供を可能とすること（詳細はQ16参照）
③ 危険物についての荷送人の通知義務に関する規定の新設（詳細はQ17〜Q20参照）
④ 貨物引換証に関する規律の削除（詳細はQ21参照）
⑤ 複合運送人の責任は運送品の滅失等の原因が生じた区間の法令等に従う旨の規定の新設（詳細はQ28、Q29参照）
⑥ 運送品の全部滅失の場合においても、荷受人が運送契約上の権利を取得する旨の規定の新設（詳細はQ31参照）
⑦ 運送品の滅失等についての運送人の損害賠償責任は、1年以内に裁判上の請求がされないときは消滅するものとすること（詳細はQ34参照）
⑧ 物品運送人又はその被用者の荷送人等に対する不法行為責任について、物品運送人の契約責任の減免規定（損害賠償額の定額化、高価品の特則、除斥期間等）と同様の減免の効果を及ぼすものとすること（詳細はQ35、Q36参照）

等が挙げられます。

Q15 物品運送契約について、どのような冒頭規定が新設されたのですか（第570条関係）。

A 改正前の商法は、物品運送契約の基本的な内容を示す規定を欠いていました。そのため、請負契約に関する民法第632条の規定から推知せざるを得ず、分かりにくい状況にありました。

そこで、改正法では、物品運送契約の基本的な内容を示す冒頭規定を設けることとしました(注)。

具体的には、物品運送契約は、

① 運送人と荷送人との合意によって成立する諾成契約であること

や、

② 運送人が荷送人から物品を受け取りこれを運送して荷受人に引き渡す

ことを約し、荷送人が運送賃の支払を約する双務契約であること

を示しています。

（注）運送契約は、運送という仕事の完成を目的とし、請負契約の性質を有するとされるため、物品運送契約の冒頭規定の表現は、請負契約の冒頭規定（民法第632条）にならっています。

Q16 運送状の名称や記載事項などについての改正の概要は、どのようなものですか（第571条関係）。

A 改正前の商法第570条は、荷送人は、運送人の請求により所定の事項を記載し署名した運送状を交付しなければならないとし、「運送状」という名称を用いていましたが、実務上、一般に「送り状」と呼ばれており、「送り状」と規定する法令も多く見られました。

そこで、改正法では、名称を「送り状」に改めることとしました。

また、改正法では、送り状（運送状）の記載事項についても、見直しがされています。改正前の商法では、「荷送人の氏名又は名称」や「発送地」は、運送状の記載事項とはされていませんでした。しかし、これらの情報は、荷受人に知らせるべき情報として重要であり、実務でも一般的です。そこで、改正法では、これらの事項を送り状（運送状）の記載事項として追加することとしました（第571条第1項第4号、第5号）。

他方で、送り状（運送状）の作成地及び作成年月日（改正前の商法第570条第2項第4号）は、契約内容を示すものではありません。そこで、改正法では、これを記載事項から削り、実務の慣行に委ねることとしました[注]。

荷送人の署名についても、実務上の利便性を重視してこれを省略することを可能とするため、法律で義務付けないこととしています（第571条第1項）。また、実務上、送り状に関する情報は、電子メールやファクシミリ等により運送人に提供されることも少なくないため、改正法では、運送人の承諾がある場合にこのような方法を許容することとしました（第571条第2項）。

（注）なお、商法の送り状の交付義務に関する規律は任意規定であり、これと異なる内容の特約も許容されていることから、それぞれの運送事業において必要な特約を設けることも可能です。

Q17 危険物に関する通知義務に関する規定が新設されたのは、なぜですか（第572条関係）。

A 改正前の商法には、運送品が危険物である場合の荷送人の運送人に対する通知義務に関する規定はありませんでした。そのため、個別の事案における具体的な事情の下で、信義則上、荷送人がそのような義務を負う場合があると解されるにとどまっていました。

しかし、現代では、危険物の種類が多様化し、封印されたコンテナによる運送が一般的となるなど、危険物の取扱いが困難になる中で、船舶を始めとする運送機関の大型化等に伴い、危険物の取扱いを誤った場合の損害は極めて大きなものとなっています。

そこで、改正法では、危険物の適切な取扱いによる運送の安全確保を図るため、荷送人の運送人に対する私法上の通知義務を新設し、荷送人は、運送品が危険物であるときは、その引渡しの前に、運送人に対し、危険物の安全な運送に必要な情報を通知しなければならないこととしました（第572条）(注)。

（注）改正法においては、新たに、荷送人に危険物に関する通知義務を課していますが、その通知の方式については、特段の限定をしていません。したがって、法律上は、荷送人は、口頭で危険物に関する通知をすることによって、その通知義務を履行することも可能です。

Q18 危険物に関する通知義務の対象となる、商法上の「危険物」とは、どのように定義されましたか。また、具体的にどのようなものが危険物に該当しますか（第572条関係）。

A 1 改正法では、「危険物」について、改正前の国際海上物品運送法第11条第1項（新国際海上物品運送法第6条第1項）と同様に、「引火性、爆発性その他の危険性を有する」物品と定義しています（第572条）。

これは、民事基本法である商法に規定を設けることが相当であるという考え方を前提に、ある程度抽象的なものとなっても、技術革新等により将来新たに危険物として把握されるべきものが生ずることに対応する必要があること等を踏まえたものです。

商法上の「危険物」への該当性については、基本的に、公法的な規制（消防法、危険物船舶運送及び貯蔵規則、航空法施行規則等）を参考にして判断することができる上、特に新たに製造された化学薬品等につき、安全確保の観点から危険性の有無が慎重に判断されるべきことは当然です。そのため、上記のように「危険物」を定義することとしても、実務に混乱をもたらすことはないと考えられます。

2 改正法における危険物とは、国際海上物品運送法の解釈と同様に、物理的に危険な運送品を指し、例えば、ガソリン、灯油、火薬類、高圧ガス、アルコール濃度の高い化粧品等がこれに該当します。

これに対し、法律的に運送機関又は他の積荷に障害を及ぼすような運送品、例えば、輸入禁止品などの法禁物については、その運送に際して押収手続等による停車・停船に伴う運送遅延等の危険があるとしても、商法上の危険物には当たりません。

Q19 荷送人は、危険物に関する通知義務に違反した場合には、どのような責任を負うことになるのですか（第572条関係）。

A　1　改正法では、荷送人が危険物に関する通知義務に違反した場合の責任については、商法上特段の規定を設けず、債務不履行に関する民法の規律に従うものと整理しています。

そのため、荷送人の通知義務違反により運送人に損害が生じた場合には、荷送人は、債務不履行による損害賠償責任を負いますが、荷送人が、自己に帰責事由がないことを主張立証したときは、その責任を負わないこととなります（改正民法第415条）(注)。

2　この点について、改正法の立案に向けた検討の過程では、運送の安全確保を強調する観点から、通知義務に違反した荷送人は、自己に帰責事由がなくとも責任を負うべきであるとの考え方も検討されました。

しかし、物流においては、製造業者、商社、利用運送事業者など様々な関係者が危険物の荷送人となり得ます。そのため、その賠償責任の有無及び範囲については、それぞれの知識・経験、運送品が危険物であることの認識可能性等を踏まえ、各自の帰責性に応じた弾力的な判断ができるようにすることが相当であると考えられます。

そこで、改正法では、このような考え方は、採られませんでした。

（注）改正前の商法の下では、運送人は、信義則上の注意義務違反の事実を示すため、荷送人から通知がなかったことなどのほかに、事実上、荷送人に帰責事由があることを主張立証しなければなりませんでした。

Q20 危険物に関する通知義務に違反した荷送人に帰責事由がない場合とは、どのようなケースですか（第572条関係）。

A 例えば、コンテナの運送契約を締結し、その運送人が自ら運送するのではなく、更に別の運送人との間で実際の運送をさせるために、自らが荷送人となって運送契約を締結するということが実務上よく行われます。実務上、このような利用運送の場合に、利用運送人がコンテナの中身を自ら確認することはないといわれています。

このような場合において、コンテナの内容物が危険物であって、これにより実際に運送をした運送人に損害が生じたときは、利用運送人の荷送人としての責任が問題となりますが、利用運送人から見て荷送人に当たる者の作成した送り状に危険物との記載がなく、利用運送人として危険物と認識し得る余地もないときなどは、荷送人となる利用運送人に帰責事由がないことがあり得ると考えられます[注]。

（注）ただし、現在の裁判実務は、危険物に関する通知の欠如について、厳しく責任を問う傾向にあります。

例えば、東京高裁平成25年2月28日判決・判例時報2181号3頁は、製造業者の作成したSDS（安全データシート）の国連分類欄及び国連番号欄などが空白であった事案に関し、実運送人から不法行為に基づく損害賠償請求を受けた商社について、海上運送の荷送人には公法上の危険物分類義務が課せられていることを前提に、「製造業者……に危険性評価試験の実施の有無及びその結果を確認し、危険物評価試験が実施されていなかったとすればその実施を指示するか又は自ら試験機関に委託してこれを実施させ、その結果に基づいて危険物該当性の有無を分類、判定すべき注意義務があった」などとして、過失が認められる旨を判示しています。

Q21 貨物引換証に関する規定を削除したのは、なぜですか（改正前の商法第571条から第575条まで、第584条関係）。

A 改正前の商法には、陸上運送について貨物引換証に関する規定（証券の交付義務、記載事項、文言証券性、受戻証券性等）が設けられていました（同法第571条から第575条まで、第584条）。

これは、荷送人が運送中の物品を担保に金融を得る場合などに、運送中の貨物の処分を容易にするためのものといわれています。

しかし、陸上運送に相当の期間を要した商法制定当時と異なり、運送機関や交通網の発達した現代では、陸上運送に要する期間は極めて短くなっており、実務上、貨物引換証が利用される例は見当たりません。

そこで、改正法では、貨物引換証を廃止し、貨物引換証に関する規定（改正前の商法第571条から第575条まで、第584条）を削除することとしました。

Q22 運送賃は運送品の引渡しと同時に支払わなければならない旨の規定を新設したのは、なぜですか（第573条第1項関係）。

A 改正前の商法には、運送賃の支払時期に関する規定はありませんでしたが、一般的な解釈としては、物品運送においては、物品を運送して荷受人に引き渡すことと運送賃の支払とが対価関係にあり、運送品の引渡しと運送賃の支払とが同時履行の関係にあるとされていました。

そこで、改正法では、このような解釈を維持し、任意規定として、商法にこれを明確化する規定を設けることとしました（第573条第1項）。

Q23 運送人の留置権に関する改正の概要は、どのようなものですか（第574条関係）。

A 改正前の商法では、運送人の留置権の被担保債権の範囲は、陸上運送については、運送賃、立替金及び前貸金とされていました（同法第589条、第562条）が、海上運送については、海上運送に特有なもの（碇泊料等）を除くと、運送賃、付随の費用及び立替金とされていました（同法第753条）。

改正法において物品運送についての総則的規律を設けるに当たっては、留置権の被担保債権の範囲を基本的に統一することが簡明であり、合理的と考えられます。そして、現代の実務では、運送品の保管料などの付随の費用が支出されることはありますが、前貸しは一般的ではありません。

そこで、改正法では、留置権の被担保債権として、運送賃、付随の費用及び立替金を掲げ、前貸金を削除することとしました（第574条）。

Q24 運送人の損害賠償責任に関する改正の概要は、どのようなものですか（第575条関係）。

A 改正前の商法第577条は、運送品の滅失、損傷又は延着についての運送人の損害賠償責任を定めていましたが、その立証責任の在り方については、規定上明らかではありませんでした。

そこで、改正法では、判例（大審院大正2年11月15日判決・民録19輯956頁）や一般的な解釈を踏まえ、その立証責任の在り方を明確化することとしました。

具体的には、①荷送人側において、運送人による運送品の受取後引渡しまでの間に運送品の滅失等又はその原因が生じたこと等を証明すれば、運送人は損害賠償責任を負うこととしつつ、②運送人側において、運送品の受取、運送、保管及び引渡しについて注意を怠らなかったことを証明したときは、責任を免れることとしました（第575条）(注)。

（注）民法上、債務者は履行補助者の過失について責任を負うと解されるため、改正法では、改正前の商法第577条の「自己若クハ運送取扱人又ハ其使用人其他運送ノ為メ使用シタル者」という部分を削ることとしています。

Q25 運送人の損害賠償の額に関する改正の概要は、どのようなものですか（第576条関係）。

A 改正前の商法第580条第1項及び第2項では、運送品の滅失又は損傷があった場合の運送人の損害賠償の額は、当該運送品の価格によって定めるとされ（いわゆる損害賠償額の定額化）、運送人は、逸失利益等の特別損害の賠償責任を負わないこととなっていました。

　改正法では、この規律の実質を維持しつつ、改正前の国際海上物品運送法第12条の2第1項（新国際海上物品運送法第8条第1項）と同様の表現に改め、運送品の滅失又は損傷の場合における損害賠償の額は、その引渡しがされるべき地及び時における運送品の市場価格によって定める旨の規定を設けることとしました（第576条第1項）^(注)。

　（注）改正前の商法第580条第2項ただし書は、「運送品の一部滅失又は損傷があった状態で更に延着があった場合」の損害賠償の額につき、その引渡しがされるべき地及び時における価格によって定める旨の規定であると解する見解が有力でした。そこで、第576条第1項では、この見解に立ち、規律の対象に上記の場合が含まれる表現としています。

　この見解によると、「運送品の一部滅失又は損傷がなく単に延着だけがあった場合」については、改正前の商法第580条の規律の対象ではありません。そこで、第576条第1項及び第3項では、この趣旨を表すため、「延着」の文言を用いず、運送品の滅失又は損傷があった場合の規律であることを明確にしています。

Q26 運送品の延着（運送品の損傷又は一部滅失を伴うものを除く。）の場合における損害賠償の額について、運送品の価額を超えることができない旨の規律を設けなかったのは、なぜですか。

A 改正前の商法には、損傷又は一部滅失を伴わない運送品の延着の場合における損害賠償の額に関する規定はなく、運送人は、民法第416条により、相当因果関係の範囲内の損害の賠償責任を負うと解されていました。

この点について、改正法の立案に向けた検討の過程では、運送品の延着の場合に、その全部滅失の場合より多額の損害賠償責任を負う余地があるのは均衡を欠くことを理由に、任意規定として、その損害賠償の額は運送品の価額を上限とする旨の規定を設けるという考え方も検討されました。

しかし、主に次のような理由から、改正法は、この考え方を採用していません。

① 諸外国の法制でも、この考え方による規律は見当たらないこと。
② 実務上、運送品の延着の場合に「運送賃の総額」を損害賠償額の上限とする旨の約款が多く存在するところ、商法にこれと大きく異なる任意規定を設けることは適当でなく、その必要もないこと。

Q27 高価品の特則に関する改正の概要は、どのようなものですか（第 577 条第 2 項関係）。

A 改正前の商法第 578 条は、高価品(注1)について、荷送人が運送を委託するに当たりその種類及び価額を通知しないときは、運送人は損害賠償責任を負わない旨を定めていましたが、どのような場合に例外的にこの規律の適用がないかについては、規定上明らかではありませんでした。

この点について、改正法では、①物品運送契約の締結の当時、運送品が高価品であることを運送人が知っていたときや、②運送人の故意又は重大な過失によって高価品の滅失等が生じたときは、高価品に関する上記の規律の適用がないことを明らかにすることとしました（第 577 条第 2 項）。

これは、上記①については一般的な解釈を踏まえたものであり、また、上記②については、公平の観点から裁判例（東京地裁平成 2 年 3 月 28 日判決・判時 1353 号 119 頁）で示された要件(注2)を踏まえたものです。

(注1) 高価品とは、容積又は重量に比して著しく高価な物品をいうと解されています（最高裁昭和 45 年 4 月 21 日第三小法廷判決・集民 99 号 129 頁）。
(注2) 法制審議会商法（運送・海商関係）部会における議論
中間試案では、高価品の特則の適用除外（通知されない高価品につき運送人が責任を負う場合）の範囲について、運送人保護の観点からこれを限定すべきとして、重大な過失という要件（第 577 条第 2 項第 2 号）ではなく、改正前の国際海上物品運送法第 13 条の 2（新国際海上物品運送法第 10 条）やモントリオール条約第 22 条第 5 項と同様に、「運送人が損害の発生のおそれがあることを認識しながらした無謀な行為によって運送品の滅失等が生じた場合」という要件とする考え方も併記されました。
しかし、主に次のような理由から、改正法では、この考え方を採用していません。
① 運送人に重大な過失があったが、損害発生のおそれがあることを認識していたとまではいえない場合に、高価品の特則によって運送人が責任を負わないという結論は、公平の観点から相当でなく、運送人の責任を認めつつ、荷送人が高価品の通知をしなかったことによる過失相殺をすることにより、妥当な結論が得られること。
② 条約の「無謀な行為」の概念は、条約の審議過程において、各国の裁判所で過失の判断に幅があることを背景とし、条約上の運送人の責任限度額を引き上げる議論の際に、責任限度額を超える賠償を余儀なくされる事例をできる限り減らすことが前提になるとして導入されたものであって、そのような状況にない我が国において商法に導入すべき理由がないこと。

Q28 複合運送人の責任に関する規律の改正の概要は、どのようなものですか（第578条関係）。

A 1 改正前の商法には、複合運送契約、すなわち、陸上運送、海上運送又は航空運送のうち二以上の運送を一の契約で引き受けた場合において、運送品の滅失等が生じた際の運送人の責任に関する規定がありませんでした。

そのため、実務上は、複合運送契約は一般的であるにもかかわらず、運送品の滅失等の原因が生じた運送区間が判明した場合や、その運送区間が不明な場合について、運送人がどのような法的責任を負うかが明らかでなく、法的安定性を欠いていました。

2 そこで、改正法では、次のとおり、複合運送人の責任に関する規律を新設することとしました。

(1) まず、改正法では、陸上・海上・航空運送に共通する物品運送についての総則的規律を設けています（第2編第8章第2節、詳細はQ14〜Q36参照）が、複合運送契約についても、この総則的規律の適用があると整理することとしました。

(2) その上で、複合運送人も、それぞれの運送区間ごとに一般に適用される法令又は条約所定の強行規定の内容と整合的な責任を負うことが相当であるため、運送品の滅失等の原因が生じた運送区間の運送に適用されることとなる法令又は条約(注)の規定に従い、損害賠償の責任を負うこととしました（第578条第1項）。

(3) さらに、陸上運送のみを一の契約で引き受けた場合であっても、商法の適用があるトラック運送と鉄道営業法の適用がある鉄道運送を引き受けた場合のように、区間ごとに異なる法令が適用されることがあるため、このような場合も、複合運送として上記(2)の規律を準用することとしました（第578条第2項）。

(注) 第578条第1項では、「我が国の法令又は我が国が締結した条約」に従い、運送人の責任が定まることとしています。これは、同条の適用があるのは、複合運送契約の準拠

法が日本法となる場合であり、その当事者にとっては、運送品の滅失等の原因が生じた地（外国）の法令又は条約を適用するよりも、我が国の法令又は我が国が締結した条約を適用する方が一般的に予見可能性が高く、これによる不都合があれば、当事者間において同条と異なる合意をすれば足りるからです。

Q29 複合運送において、運送品の滅失等の原因が発生した運送区間が不明である場合には、複合運送人はどのような責任を負うのですか（第578条関係）。

A 複合運送において、運送品の滅失等の原因が発生した運送区間が不明である場合には、複合運送人は、物品運送についての総則的規律（第2編第8章第2節）に基づく責任を負うこととなります[注]。

すなわち、荷主は、請求原因として、この総則的規律に基づき、運送契約の締結及び運送期間中に運送品の滅失等が生じたことを主張し、これに対し、運送人は、運送品の滅失等の原因が発生した運送区間が不明である以上、国際海上物品運送法上の抗弁（責任の限度額等）を主張することなどはできません。

（注）改正法では、主に次のような理由から、運送品の滅失等の原因が発生した運送区間が不明である場合についての規律を設けないこととしています。
① 複合運送契約にも物品運送についての総則的規律の適用があることを前提とすると、これと異なる取扱いを望む当事者において特約をすれば足り、法律上何らかの特別な規律を定める必要性が乏しいと考えられること。
② このような場合の運送人の責任の定め方につき、諸外国には、(a)運送距離が最も長い運送区間に適用される法令に従うとする法制（韓国）、(b)当該原因が生じ得た運送区間に適用される法令のうち、最も高額の損害賠償額を定めるものに従うとする法制（オランダ）、(c)海上運送区間が含まれる限り、これに適用される法令に従うとする法制（中国）などがありますが、上記(a)については、長距離の輸送手段である航空運送の運送中には運送品の滅失が生じにくいともいわれ、その合理性に疑問もあり、また、上記(b)(c)については、当事者間に特約がない場合になぜそのような法令に従うべきなのか、合理的な理由が見出し難いと考えられること。

Q30 相次運送人の権利義務に関する改正の概要は、どのようなものですか（第579条第3項、第4項関係）。

A 改正前の商法では、数人の運送人が相次いで運送をする場合に、各運送人は、運送品の滅失等について連帯責任を負う旨を定めていました（同法第579条）。

この点について、改正法では、判例（大審院明治45年2月8日判決・民録18輯93頁）の趣旨を踏まえ、ある運送人が引き受けた陸上運送についてその荷送人のために他の運送人が相次いで当該陸上運送の一部を引き受けたときは、各運送人が運送品の滅失等について連帯責任を負う旨の規律であることを明確化しています（第579条第3項）。

また、今回の改正において航空運送にも規律を及ぼすに当たり、各運送手段の規律を統一するのが簡明かつ合理的といえます。そこで、改正法では、陸上運送に関する相次運送の規律を海上運送及び航空運送について準用することとしています（第579条第4項）。

Q31 荷受人の権利に関する改正の概要は、どのようなものですか（第581条関係）。

A 改正前の商法では、運送品が到達地に到着した後は、荷受人は、運送契約によって生じた荷送人の権利と同一の権利を取得するとされ（同法第583条第1項）、また、荷受人が運送品の引渡しを請求したときは、荷受人の権利が優先し、荷送人はその権利を行使することができなくなると解されていました（同法第582条第2項の類推適用）。

そのため、運送品の全部が滅失して到達地に到着しなかった場合には、荷受人は、運送契約上の権利を取得せず、運送人に対して契約責任を追及しようとする場合には、荷送人からその権利の譲渡を受けた上で、これを行使する必要がありました。

しかし、一般に、国際売買契約では、運送品の船積み時などにその滅失の危険が買主に移転する旨の契約条件（インコタームズのC類型など）が定められる場合も多く、その場合には、売主である荷送人は、運送中の運送品の滅失について運送人の責任を追及するインセンティブを有しておらず、実務上、荷受人が、外国にいる荷送人と交渉して、その運送契約上の損害賠償請求権の譲渡を受けるには相当の負担があります。

そこで、改正法では、運送品の全部滅失の場合にも、荷受人は、運送契約によって生じた荷送人の権利と同一の権利を取得することとした上で、荷受人が損害賠償の請求をしたときは、荷受人の権利が優先し、荷送人はその権利を行使することができないこととしています（第581条第1項、第2項）(注1)(注2)。

なお、このことは、運送品の所有権が荷送人にある場合にも同様にあてはまります。これは、運送人が運送品の所有権の帰属をめぐる争いに巻き込まれることなく、運送契約上の債務を履行することができるようにする趣旨に基づくものです。

(注1) 本文の規律（荷送人の権利と荷受人の権利との関係）は、船荷証券が発行されているときは、適用がありません（第768条による第581条の適用除外）。

(注2) これに対しては、荷受人が濫用的に損害賠償請求権を行使することになりかね

ないことを危惧する意見もありました。しかし、改正前の商法の下においても、運送品の一部が損傷して到達地に到着した場合に荷送人と荷受人の双方が運送契約上の権利を有していましたが、荷受人の濫用的な権利行使などの弊害は生じていません。また、運送品の滅失又は損傷があった場合には、実際には、運送契約の当事者間や売買契約の当事者間で賠償等に関する協議や交渉がされるため、荷受人が濫用的な権利行使をすることは困難です。これらの事情を踏まえると、荷受人が濫用的に損害賠償請求権を行使するおそれが一般的に認められるとは考えられません。

Q32 運送品の供託に関する改正の概要は、どのようなものですか（第582条第1項、第583条関係）。

A 改正前の商法では、陸上運送については、①荷受人を確知することができない場合及び②運送品の引渡しに関して争いがある場合に、運送人は、運送品の供託権を有するものとされていました（同法第585条第1項、第586条第1項）。他方で、同法では、海上運送については、①の場合又は③荷受人が運送品の受取を拒んだ場合には、船長は、運送品の供託義務を負い、④荷受人が運送品の受取を怠った場合には、船長は、運送品の供託権を有するとされていました（同法第754条）。このように海上運送において陸上運送にはない供託義務の規律が設けられていた趣旨は、海上で船舶内に運送品を留め置くことは危険なためとされていました。

しかし、造船技術が発達した現代では、船舶内に運送品を留め置くことが危険であるとまではいい難く、運送人に運送品を供託するための費用の負担を常に強いることは、適切ではありません。また、陸上、海上及び航空運送の規律は、これを統一することが簡明で合理的であると考えられます。

そこで、改正法では、海上運送における供託義務の規律を廃止するとともに、供託権に基づく供託の要件について、荷受人を確知することができない場合と、荷受人が運送品の受取を拒み、又はこれを受け取ることができない場合とに改めることとしています（第582条第1項、第583条）。

Q33 運送品の受取による運送人の責任の消滅に関する改正の概要は、どのようなものですか（第584条関係）。

A　**1　運送賃等の支払という要件の削除**（第584条第1項本文）

改正前の商法では、運送品の損傷又は一部滅失の場合には、直ちに発見することができない損傷又は一部滅失の場合を除き、運送人の責任は、①荷受人が留保しないで運送品を受け取り、かつ、②運送賃その他の費用を支払ったときに、消滅するとされていました（同法第588条第1項本文）。

しかし、現代の実務では、月末締めの翌月末日払いなどのように、運送賃は掛けの後払いとされることも多く、運送賃等の支払を運送人の責任消滅のための要件とする合理性はないため、改正法では、①の要件を満たせば運送人の責任は消滅することとし、②の要件を不要とすることとしました。

2　「悪意」についての判例の明文化（第584条第2項）

改正前の商法では、運送人に「悪意」がある場合には、運送品の受取による運送人の責任の消滅に関する規律を適用しないものとされていました（同法第588条第2項）。

この「悪意」の意義について、判例（最高裁昭和41年12月20日第三小法廷判決・民集20巻10号2106頁）は、運送人が運送品に損傷又は一部滅失があることを知っていた場合をいう旨判示していますが、そのような趣旨を「悪意」という文言から導くことは必ずしも容易ではないため、商法の条文を分かりやすくする観点から、改正法では、「運送品の引渡しの当時、運送人がその運送品に損傷又は一部滅失があることを知っていたときは、適用しない」（第584条第2項）として、このような場合には、運送人の責任は消滅しないことを明らかにしました。

3　下請運送人を用いた場合における通知期間の延長（第584条第3項）

改正前の商法では、運送品に直ちに発見することができない損傷又は一部滅失があった場合には、荷受人が引渡しの日から2週間以内に運送人に対してその旨の通知を発しない限り、運送人の責任は消滅するとされていました（同法第588条第1項ただし書）。そして、例えば、荷送人が海陸一貫輸送を運

送人に委託し、当該運送人が海上区間及び陸上区間の運送をそれぞれ下請運送人に委託した場合について、この規律をそのまま適用すると、元請運送人は、同項ただし書所定の通知期間である引渡しの日から2週間内に荷受人が通知を発したときは、荷受人に対する損害賠償義務を免れないこととなりますが、その時点で、既に海上区間の下請運送人の引渡しの日から2週間が経過していると、運送品の損傷等を生じさせた当該下請運送人に対する通知期間を遵守してその責任を追及することができなくなり、不合理な結果となってしまいます(注)。

そこで改正法では、このような場合であっても、元請運送人の下請運送人に対する求償を可能にするため、元請運送人が通知を受けた日から2週間を経過する日まで、下請運送人への通知期間が延長されたものとみなすこととし、その期間中には、下請運送人の責任は消滅しないこととしました。

(注) 例えば、次の図のように、元請運送人甲がA地からC地までの運送を引き受け、A地から中継地B地までは下請運送人乙に運送を委託し、B地からC地までは下請運送人丙に運送（所要15日間）を委託したという事例において、C地における荷受人への引渡し後に甲が荷受人から損傷の通知を受けた場合を考えると、甲としては、運送品に損傷を生じさせた乙に対して上記の通知をしようとしても、B地における引渡し時を起算点とする通知期間が満了しており、乙の甲に対する責任は消滅していることとなります。

【図】

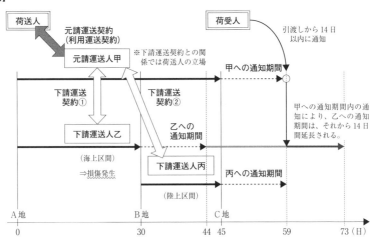

Q34 運送品の滅失等による運送人の責任の除斥期間に関する改正の概要は、どのようなものですか（第585条関係）。

A 改正前の商法では、運送品の滅失等についての運送人の責任は、荷受人が運送品を受け取った日(注1)から1年の消滅時効に服し、運送人に悪意がある場合には、5年の商事消滅時効に服することとされていました（同法第589条、第566条、民法整備法による改正前の商法第522条）。

他方、改正前の国際海上物品運送法では、①運送品の受取の日から1年以内に裁判上の請求(注2)をしなければ運送人の責任は消滅するという、除斥期間の制度が定められていた上、②この期間は、損害発生後に限り合意により延長することができ、また、③元請運送人が下請運送人を用いた場合に、下請運送人に対する求償を可能にするため、下請運送人に対する関係で除斥期間を延長し、元請運送人が請求を受けた日から3か月を経過する日までは、下請運送人の責任は消滅しない(注3)などと定められていました（同法第14条）。

この点について、国内運送においても、大量の貨物を反復継続的に運送する運送人のリスクの予見可能性を高めるべきであること、運送品の引渡し後1年が経過してから運送人の主観的態様が争われることは適当でないこと、荷主が賠償請求に要する準備期間は、運送人の主観的態様によって異ならないことなどを踏まえ、改正法では、上記①から③までについて、商法の規律を改正前の国際海上物品運送法第14条と同様に改めることとしました（第585条）(注4)。

（注1）全部滅失にあっては、消滅時効の起算点は、運送品の引渡しがされるべき日です（改正前の商法第589条、第566条第2項）。
（注2）受取の日から1年以内にすべき「裁判上の請求」には、訴えの提起のほか、支払督促の申立て、民事調停の申立て、破産手続参加、仲裁の申立て等を含むと解されています。
（注3）下請運送人を用いた場合における除斥期間の延長（第585条第3項）
元請運送人は、除斥期間（1年）内に荷受人から裁判上の請求を受けたとしても、その時点で、既に下請運送人に対する除斥期間を遵守してその責任を追及することができず、不合理な結論となる場合があります。

例えば、次の図のように、元請運送人甲がA地からC地までの運送を引き受け、A地から中継地B地までは下請運送人乙に運送を委託し、B地からC地までは下請運送人丙に運送（所要1か月）を委託したという事例において、C地における荷受人への引渡し後11か月以上が経過した後に、甲が荷受人から裁判上の請求を受けた場合を考えると、甲としては、運送品に損傷を生じさせた乙に対して求償しようとしても、B地における引渡し時を起算点とする除斥期間が満了しており、乙の甲に対する責任は消滅していることとなります。

そこで、このような場合であっても、元請運送人の下請運送人に対する求償を可能にするため、改正法では、改正前の国際海上物品運送法第14条第3項を参考に、元請運送人が損害を賠償し又は裁判上の請求をされた日から3か月を経過する日まで、下請運送人に対する関係で除斥期間が延長されたものとみなすこととし、その期間中には、下請運送人の責任は消滅しないこととしました（第585条第3項）。

【図】

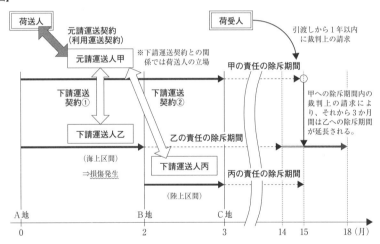

（注4）今回の改正で本文のとおり第585条の規定を設けることとし、これを国際海上物品運送にも適用することとした（新国際海上物品運送法第15条）ことから、改正前の国際海上物品運送法第14条は削除されています。

Q35 運送人の不法行為責任に関する改正の概要は、どのようなものですか（第587条関係）。

A 　1　運送人の不法行為責任の減免（第587条本文）

　改正法では、運送人の契約責任の減免規定として、損害賠償額の定額化、高価品の特則、運送品の受取による責任の消滅、除斥期間の規律（第576条、第577条、第584条、第585条）を定めています。

　そして、判例（大審院大正15年2月23日判決・民集5巻104頁）上、このような運送人の契約責任の減免規定は、運送人の不法行為責任には及ばないとされていました。

　しかし、運送人の契約責任の減免規定の趣旨は、大量の貨物を反復継続的に運送する運送人の責任の範囲を早期かつ画一的に確定する必要性が高いことにあり、これを不法行為責任に及ぼさないのでは、その趣旨を没却しかねません。

　また、契約責任と不法行為責任とを問わず、運送人が同様の責任の減免規定に従うことは、世界の潮流であって、改正前の国際海上物品運送法第20条の2第1項（新国際海上物品運送法第16条第1項）にもその旨の規定がありました。

　そこで、改正法では、運送人の契約責任の減免規定を運送人の荷送人等に対する不法行為責任に準用し、運送人の不法行為責任についても、損害賠償額の定額化、高価品の特則、運送品の受取による責任の消滅、除斥期間の規律を妥当させることとしました（第587条本文）(注1)。

2　例外規定（第587条ただし書）

　改正法では、上記1の例外として、荷受人があらかじめ荷送人の委託による運送を拒んでいたにもかかわらず、運送人が荷送人から運送を引き受けた場合に関し、運送人の荷受人に対する不法行為責任には減免規定が適用されない旨を定めています（第587条ただし書）。

　これは、一般的には、売主が売買の目的物を買主に送付する場合のように、荷受人は、荷送人の委託による運送に同意していることが通常であり、運送人の契約責任の減免規定が荷受人に対する不法行為責任にも及ぶことを

甘受すべきですが、例外的に、あらかじめ荷送人の委託による運送を拒んでいた場合にまで、荷受人の損害賠償請求権を制限することは、公平の観点から相当でないことを踏まえたものです。

例えば、絵画所有者が、美術館から絵画の返還を受けるのに際し、自ら運送を手配する旨明言しており、あらかじめ、美術館が荷送人として委託する運送を拒んでいた場合などが、これに該当すると考えられます[注2]。

(注1) なお、最高裁平成10年4月30日第一小法廷判決・集民188号385頁は、荷受人が運送人に対して宅配便約款における責任限度額を超える額の不法行為責任を追及した事案において、宅配便約款上の責任限度額の定めが運送人の荷送人に対する不法行為責任にも適用されると解するのが当事者の合理的な意思に合致するとし、荷受人についても、少なくとも宅配便によって荷物が運送されることを容認していたなどの事情が存するときは、運送人に対し、信義則上、責任限度額を超えて損害の賠償を求めることは許されないとしています。この判例は、約款の効力が運送人の不法行為責任に及ぶかという意思解釈の問題であるのに対し、第587条は、商法上の運送人の契約責任の減免規定を不法行為に及ぼす規定であるため、両者は、問題となる局面を異にしています。

(注2) 本文記載の例に対し、例えば、荷受人が自らの信頼する運送人Xによる運送のみを許容する趣旨で、荷送人の委託による運送は運送人Xに限るとしていた場合において、荷送人が実際には運送人Yに委託して運送を行ったときには、荷受人は「あらかじめ荷送人の委託による運送を拒んでいた」場合には該当しないと考えられます。

Q36 運送人の被用者の不法行為責任に関する規律の改正の概要は、どのようなものですか（第588条関係）。

A 改正法による改正前は、運送人の被用者(注1)は、その行為により運送品の滅失等が生じたときは、荷送人等に対する不法行為責任を負うとされていました。そして、この責任は、使用者である運送人の荷送人等に対する契約責任が減免されるときでも、影響を受けないものと解されていました。

しかし、①運送人の責任を超えてその被用者が責任を負うのは相当でないほか、②被用者に重い責任を課すと、事実上その最終的な負担が運送人に転嫁され、運送人に責任の減免を認めた立法趣旨が損なわれかねません。

そこで、改正法では、改正前の国際海上物品運送法第20条の2第2項（新国際海上物品運送法第16条第3項）を参考に、運送人の責任が減免される場合には、運送人の被用者の不法行為責任も、当該被用者に故意又は重大な過失がある場合を除き、減免されることとしました（第588条）(注2)。

(注1) 第588条の「被用者」とは、改正前の国際海上物品運送法第20条の2と同様に、運送という事業の執行のため運送人に使用される者であって、運送人の選任及び監督を受ける関係にあるものをいい、民法第715条の被用者と同義です。雇用関係に限られず、実質的に選任・監督の関係があれば足り、船員、水先人等がこれに当たります。

(注2) 改正法では、運送人の被用者と異なり、下請運送人や港湾運送事業者など、運送人から独立した地位を有し、自己の判断によって自己固有の事業を執行する者については、第588条の規律は及ばず、その者の荷送人等に対する不法行為責任は、運送人の荷送人等に対する責任が減免される場合でも、影響を受けないものとしています。

これは、民法上、独立した請負人の故意又は過失によって第三者に損害を与えた場合には、その請負人が独立して当該第三者に対する不法行為責任を負い、注文者は不法行為責任を負わないとされており（同法第716条）、このような独立した請負人の地位や責任関係を踏まえたものです。

第4章 旅客運送

Q37 旅客運送に関する改正の概要は、どのようなものですか（第2編第8章第3節関係）。

A 　1　改正前の商法では、第2編第8章第3節に陸上旅客運送に関する規律が、第3編第3章第2節に海上旅客運送に関する規律が定められており、航空旅客運送に関しては規律がありませんでした。

　改正法では、陸上旅客運送に関する規律を基本として、これに必要な改正を加えつつ、陸上・海上・航空運送に共通する旅客運送についての総則的規律を設けるとともに、改正前の商法の海上旅客運送に関する規律は、現代の取引実態に適応しないことなどから、これを削除することとしています。

　2　主な改正事項としては、
① 旅客運送契約の冒頭規定の新設（詳細はQ38参照）
② 旅客への損害賠償額を定めるに際し、裁判所は被害者及びその家族の情況を斟酌しなければならない旨の規定の削除（詳細はQ39参照）
③ 旅客の生命又は身体の侵害による運送人の責任（運送の遅延を主たる原因とするものを除く。）を減免する特約は無効とする旨の規定の新設（Q40、Q41参照）
④ 旅客の携帯手荷物に関する運送人の責任について、物品運送人の責任の減免規定（損害賠償額の定額化、除斥期間等）を準用する旨の規定の新設（詳細はQ43参照）

等が挙げられます。

Q38 旅客運送契約の冒頭規定の概要は、どのようなものですか（第589条関係）。

A 改正法では、旅客運送契約の基本的な内容を示す冒頭規定を設けることとしました（第589条）。

具体的な内容としては、

① 運送人と相手方との合意によって成立する諾成契約であること

や、

② 運送人が旅客の運送を約し、相手方が運送賃の支払を約する双務契約であること

を示しています。

なお、旅客運送契約は、運送人と旅客以外の者との間で締結されることもあり得ます。例えば、学校法人がバス会社との間でバスを貸し切って学生を旅客とする運送契約を締結する場合には、旅客運送契約の相手方は学校法人であり、実際に運送される旅客は学生です。

Q39 損害賠償額の算定に当たり斟酌すべき事項に関する改正前の商法第590条第2項の規定を削除したのは、なぜですか。

A 改正前の商法第590条第2項は、旅客への損害賠償額を定めるに際し、裁判所は被害者及びその家族の情況を斟酌しなければならないとしており、学説上は、債務不履行の損害賠償の範囲に関する民法第416条第2項の特則であって、当事者の予見可能性を問わず、被害者等の状況を斟酌することを要するものと解する見解が有力でした。

しかし、①その後の裁判実務を見ると、人身損害について損害賠償額の類型化が進められており、旅客運送についてのみ特殊な損害賠償額の算定ルールがあるという状況はうかがわれないこと、②様々な人身損害の中で旅客運送についてのみ上記規律を存置することは合理的でないことなどから、改正法では、これを削除することとしました。

Q40
旅客の人身損害に関する運送人の損害賠償責任を減免する特約を無効とする規律の概要及び規律を新設した理由は、どのようなものですか（第591条関係）。

A

1 免責特約の無効の原則

改正前の商法には、陸上運送については、運送人の損害賠償責任に係る免責特約の効力に関する規定はありませんでしたが、海上運送については、船舶所有者の過失又は使用人の悪意重過失による損害賠償責任に係る免責特約は無効とされていました（同法第786条第1項、第739条前半部分）。

改正法では、主として次に掲げる事情から、陸上・海上・航空運送の別を問わず、旅客の生命又は身体の侵害による運送人の損害賠償責任を減免する特約は、原則として無効とすることとしました（第591条第1項）(注1)(注2)。

① 旅客運送契約は、車両等に旅客を乗せて高速度で場所的に移動するという点で、民商法の定める典型契約の中でも、とりわけ人の生命又は身体に対する危険性が高いものであること。

② 現に、一部の国内航空運送実務では、最近まで、運送人の責任を旅客一人につき2300万円に制限する旨の契約条項が見られ(注3)、また、一部の海上運送実務では、妊婦が乗船する場合に、「乗船中に生じた問題については一切迷惑を掛けない」旨の記載のある誓約書を求める例も見られること。

③ 事業者の軽過失による損害賠償責任の一部を減免する特約は、消費者契約法第10条又は民法第90条によっても無効となり得るが、「信義誠実の原則に反して消費者の利益を一方的に害する」という要件に該当するか等をめぐり、予測可能性が高いとはいえないこと。

2 例外的取扱い

上記1の例外として、免責特約のうち運送の遅延を主たる原因とするものは、一律無効とはしていません（第591条第1項括弧書き）。

列車等の遅延はしばしば発生し、運送人の帰責事由の有無の究明も容易でないところ、免責特約の余地を認めないと、遅延の都度多数の旅客との間に大量の紛争が生じ、運送事業の合理的運営を阻害して、かえって運送賃の上

昇を招きかねないこと等を踏まえたものです。

　また、①大規模な火災、震災その他の災害が発生し、又は発生するおそれがある場合(注4)に運送を行うとき、②運送に伴い通常生ずる振動その他の事情により生命又は身体に重大な危険が及ぶおそれがある者の運送を行うときも、免責特約を一律無効としていません（同条第2項）。

　①にあっては被災地に救援物資を届ける者や報道関係者など、②にあっては転院を求める重病人などについて、運送の必要性が高いのですが、いずれの場合も、免責特約の余地を認めないと、事業者が運送の引受けを躊躇し、真に必要な運送サービスが確保されないおそれがあること等を踏まえたものです(注5)。

　(注1) 中間試案では、「第590条の規定に反する特約（旅客の生命又は身体の侵害に係る運送人の責任に関するものに限る。）で旅客に不利なものは、無効とする。」という規律を設けることも提案されました。

　しかし、実務上典型的な特約は、運送人の損害賠償責任を減免するものであって、旅客の立証責任を加重するような特約は見当たらず、中間試案の要件では、禁止される特約の範囲が不明確であったことなどから、上記の典型的な特約を念頭に、第591条第1項が設けられました。

　(注2) 旅客の財産権侵害による運送人の損害賠償責任を減免する特約については、物品運送について世界的動向を踏まえ船舶所有者の免責特約を許容すること（改正前の商法第739条前半部分の削除）との均衡を図り、一律無効とはしないこととしています。

　(注3) 平成26年末時点では、41社の国内航空運送事業者の運送約款において、賠償額の上限を定める条項が設けられていましたが、法制審議会商法（運送・海商関係）部会における議論の状況を踏まえ、平成27年7月時点では、このような条項は、いずれも削除されたようです。

　(注4) 本文の「災害」には、人災と天災の双方が含まれます。また、上記改正法の趣旨に照らせば、「大規模な火災、震災その他の災害が発生するおそれ」については、我が国では震災が不定期に発生する危険性があるというような一般的、抽象的な可能性にとどまるものはこれに該当せず、例えば、ある地方で実際に地震が発生したことから、その地方では、近日中に更なる地震が発生する危険性がある場合などが該当すると考えられます。

　(注5) 上記2の例外的取扱いとして運送人が免責特約を締結した場合には、第591条第1項の規定により一律に無効とされることはありませんが、当該免責特約の内容、運送人の過失の程度、旅客に生じた損害の程度等の事情を踏まえ、消費者契約法第10条又は民法第90条により無効と判断される余地はあります。

Q41 安定期の妊婦や軽微な症状の病人について、人身損害に係る運送人の損害賠償責任を減免する特約が結ばれた場合、その効力はどうなりますか（第591条関係）。

A 安定期の妊婦や軽微な症状の病人は、第591条第2項第2号の要件、すなわち、「運送に伴い通常生ずる振動その他の事情により生命又は身体に重大な危険が及ぶおそれがある者」に該当しないため、このような者の運送を行う場合における人身損害の免責特約は、無効となると考えられます（同条第1項）。

Q42 引渡しを受けた手荷物(受託手荷物)に関する運送人の責任等についての改正の概要は、どのようなものですか(第592条関係)。

A 1 旅客運送人の責任

改正前の商法第591条第1項(第592条第1項)では、旅客運送人は、受託手荷物について物品運送人と同一の責任を負う旨が定められていました。

したがって、物品運送人の責任に関する今回の改正により、受託手荷物に関する旅客運送人の責任も同様に改正され、例えば、1年以内に裁判上の請求がされないときは責任が消滅し、また、その不法行為責任について契約責任の減免規定(損害賠償額の定額化、除斥期間等)の準用により契約責任と同様に減免されることとなります。

2 旅客運送人の被用者の責任

今回の改正では、物品運送人の被用者の荷送人等に対する不法行為責任について、物品運送人自身の責任の減免規定(損害賠償額の定額化、除斥期間等)と同様の減免の効果が及ぶこととしています(第588条)。

そこで、改正法では、受託手荷物に関する旅客運送人の被用者の不法行為責任についても、物品運送人の被用者と同一の責任を負うものとし、損害賠償額の定額化や除斥期間等の規律を及ぼすこととしました(第592条第2項)。

Q43 引渡しを受けていない手荷物(携帯手荷物)に関する運送人の責任等についての改正の概要及び改正の理由は、どのようなものですか(第593条関係)。

A　1　携帯手荷物の範囲

改正前の商法第592条は「旅客ヨリ引渡ヲ受ケサル手荷物」と規定していましたが、この「手荷物」に、鞄などの明らかな携帯手荷物のほか、衣服や装飾品などの旅客の身の回り品が含まれるかは必ずしも明らかではありませんでした。そのため、身の回り品の滅失又は損傷については、①携帯手荷物の損害に関する同条の適用があり、賠償請求をする旅客が運送人の故意・過失の立証責任を負うとの考え方と、②旅客の損害に関する同法第590条の適用があり、運送人が注意義務違反がないことの立証責任を負うとの考え方が見られました。

携帯手荷物の損害につき旅客が運送人の故意・過失の立証責任を負う理由は、携帯手荷物が運送人の保管の下になく、運送人の責任を軽くすべき点にありますが、これは旅客の身の回り品についても同様です。

そこで、改正法では、身の回り品を同様に取り扱い、上記①の考え方によることを明らかにしました(第593条第1項)。

2　物品運送人の責任の減免規定の準用

受託手荷物については、旅客運送人又はその被用者は、物品運送人又はその被用者と同一の責任を負い、物品運送人の責任の減免規定(損害賠償額の定額化、除斥期間等)と同様の責任の減免の効果が及びます(第592条第1項、第2項、改正前の商法第591条第1項)。

これに対し、携帯手荷物については、改正前の商法にはそのような準用規定がありませんでしたが、運送人の保管の下にない携帯手荷物についての運送人の責任が受託手荷物についての責任より重いことは不均衡であるため、改正法では、性質上適当でない一部の規律を除き、受託手荷物と同様に、物品運送人又はその被用者の責任の減免規定を準用することとしています(第593条第2項)(注1)(注2)。

（注1）携帯手荷物に準用される減免規定は、次のとおりです。
　①　第576条第1項及び第3項：損害賠償額の定額化
　②　第584条第1項：運送品の異議なき受取による運送人の責任の消滅
　③　第585条第1項及び第2項：運送人の責任の除斥期間
　④　第587条：運送人の不法行為責任の減免
　⑤　第588条：運送人の被用者の不法行為責任の減免

（注2）これに対し、以下の規定は、その性質上、携帯手荷物には準用されないこととしています。

　①　第576条第2項

　　同項は、損害賠償額の定額化に関する規律（同条第1項）の適用に際し、運送品の滅失等のために支払うことを要しなくなった運送賃等の費用を控除することを定めていますが、携帯手荷物については、流通する商品等と異なり、一般的にその市場価格の中に運送賃等の費用が含まれないため、これを準用しないこととしています。

　②　第577条

　　物品運送人の高価品に関する責任について、荷送人が運送を委託するに当たりその種類及び価額を通知しないときは、物品運送人は損害賠償責任を負わないこととされていますが、引渡しを受けていない手荷物（携帯手荷物）については、旅客が旅客運送人に対し携帯手荷物を引き渡すことがなく、高価品の種類及び価額を通知する機会が一般に予定されていません。そこで、改正法では、高価品の特則を準用しないこととしています。

　③　第584条第2項

　　同項は、運送品の引渡しの当時、運送人が運送品に損傷等があることを知っていたときは、その責任は消滅しないことを定めていますが、携帯手荷物については運送品の引渡しが予定されていないため、これを準用しないこととしています。

　④　第584条第3項及び第585条第3項

　　これらの規定は、運送人が更に第三者（下請運送人）に運送を委託した場合の下請運送人の責任の消滅時期を定めていますが、旅客運送においては、下請運送契約が利用されることは一般的でないため、これらの規定を準用しないこととしています。

Q44 旅客運送人の債権の消滅時効についての改正の概要は、どのようなものですか（第594条関係）。

A 改正法による改正前は、運送賃に係る債権は1年の短期消滅時効に服するとされていました（民法第174条第3号）が、学説上は、この「運送賃に係る債権」は広く運送に関して生じた債権を意味すると解されており、また、海上旅客運送については、このような考え方に沿う規定がありました（改正前の商法第786条第1項、第765条）。

そこで、改正法では、これらを踏まえ、陸上・海上・航空運送の別を問わず、運送人の旅客運送契約に基づく債権について、1年の短期消滅時効に服する旨の規律を設けることとしています（第594条）(注)。

(注) 民法整備法においても、民法上の短期消滅時効の特例（同法第174条第3号を含む。）の廃止に伴い、陸上運送につき本文と同内容の商法の一部改正を予定していました（同法第592条ノ2の新設）。

しかし、改正法の施行日（公布後1年内の政令で定める日）が民法整備法の施行日（平成32年（2020年）4月1日）より前となることを踏まえ、改正法において本文の改正を行い、民法整備法中の同内容の改正部分を削ることとしています。

第5章 船舶

Q45 船舶に関する改正の概要は、どのようなものですか（第3編第1章関係）。

A 商法は、第3編（海商）の冒頭に船舶に関する章を置き、船舶の定義を始めとして、船舶の所有及び共有に関する規律や船舶の利用契約に関する規律を定めています。

改正法では、この船舶に関する章につき、主に次のような改正を行っています(注)。

① 船舶に対する差押え等の制限に関する見直し

改正前の商法では、発航の準備を終えた船舶に対する差押え等を制限していましたが、改正法では、航海中でない限り、発航の準備を終えたか否かを問わず、差押え等を許容することとしています（第689条）（詳細はQ47参照）。

② 船舶賃借人の修繕義務に関する規定の新設（第702条）（詳細はQ53参照）

③ 定期傭船に関する規定の新設

実務上一般的な定期傭船という契約類型について、船舶の利用に関する契約として、その意義や基本的な法律関係を明らかにする規定を新設しています（第704条から第707条まで）（詳細はQ57〜Q71参照）。

（注）改正前の商法第3編第1章の章名は「船舶及ヒ船舶所有者」とされており、これは、商法制定当時、海上企業経営の中心的な主体が船舶所有者であったことを踏まえたものでしたが、現代では海上企業経営の主体は様々である（利用運送、定期傭船の普及等）ため、改正法では「船舶」のみを章名に掲げています。

Q46 商法第3編における「船舶」とは、どのようなものですか。「船舶」の意義について、改正法による実質的な変更はあるのですか（第684条関係）。

A 改正法においては、商法第3編における「船舶」とは、商行為をする目的をもって航海の用に供する船舶（商行為船かつ航海船）(注1)(注2)であって、ろかい舟以外のものをいうと定義されています（第684条）。

この点について、改正法による実質的な変更はありません。

（注1）改正法による改正後の船舶法第35条第1項は、「商法第三編ノ規定ハ商行為ヲ為ス目的ヲ以テセサルモ航海ノ用ニ供スル船舶ニ之ヲ準用ス但官庁又ハ公署ノ所有ニ属スル船舶ニ付テハ此限ニ在ラス」と規定し、非商行為船（漁船など）であっても、公用船を除く航海船について、商法第3編の規定を準用しています。

（注2）「航海の用に供する」における「海」の意義については、①概念の明確性等を重視して、湖川・港湾その他の平水区域を含まないと解する伝統的な通説と、②海の範囲は社会通念によるべきと解する近時の有力説とが対立しており、改正法は、この点について改正をしていません。

Q47 船舶に対する差押え及び仮差押えの執行に関する改正の概要は、どのようなものですか（第689条関係）。

A 改正前の商法では、発航の準備を終えた船舶に対しては、差押え及び仮差押えの執行は、原則としてすることができないとされていました（同法第689条）。これは、不定期に航行する帆船が中心であった商法制定当時は、発航の準備を終えた船舶が差押え等を受けて航行し得ない状態になるものとすると、他の船舶を確保することが困難であったという時代背景から、積荷関係者や乗客等の被る不利益が甚大であったことを踏まえたものといわれていました。

しかし、船舶が定期的に頻繁に往来する現代では、当初予定していた船舶とは異なる他の船舶を確保することも比較的容易になっており、上記の立法趣旨は妥当しません。ただし、現に航海中の船舶については、寄航地等に停泊中でない限り、差押え等により船舶国籍証書等を取り上げることは現実的ではありません。

そこで、改正法では、発航の準備を終えたか否かを問わず、差押え等を許容することとしつつ、航海中の船舶に対しては、停泊中のものを除き、差押え等をすることができないと改めることとしています（第689条）(注)。

（注）改正前の商法第689条ただし書では、発航の準備を終えた船舶であっても、当該船舶が発航するために生じた債権については、例外的に差押え等を許容していました。しかし、本文のとおり、現に発航するまでの間は一般的に差押え等を許容することとすると、特に上記債権の債権者のみを保護する理由がなくなるため、改正法では、改正前の商法第689条ただし書を削除することとしています。

Q48 船舶の国籍を喪失しないための業務執行社員の持分の売渡しの請求に関する改正の概要は、どのようなものですか（第691条関係）。

A 1　船舶法は、日本船舶の要件について、日本の会社の所有する船舶にあっては、その代表者の全員及び業務執行役員の3分の2以上が日本国民であることを要すると定めています（同法第1条第3号）。

2　日本船舶の国籍の維持は船舶を所有する会社に大きな影響があるため、改正前の商法第702条第2項では、合名会社又は合資会社の社員の持分の移転により会社所有の船舶が日本の国籍を喪失することとなる場合には、当該合名会社の他の社員又は当該合資会社の他の無限責任社員が当該持分の売渡しを請求することができるとされていました。

しかし、船舶法所定の日本船舶の国籍維持のための規律としては、①対象となる社員が業務執行社員に限られていない点、②合同会社に関する規律を欠く点で十分でないため、改正法では、①業務執行社員の持分の移転の場合に、他の業務執行社員が当該持分の売渡しを請求することができ、また、②合同会社を含めた持分会社全般に関する規律に改めることとしています（第691条）。

Q49 損益の分配は毎航海の終わりに行う旨の規律を削除したのは、なぜですか（改正前の商法第697条関係）。

A 改正前の商法第697条では、共有船舶に関する損益の分配は、毎航海の終わりに船舶共有者の持分の価格に応じて行うとされており、これは、商法制定当時、1回の航海が大きな危険を伴う冒険としての性質を有していたことを踏まえたものでした。

しかし、現代では、科学技術の発達等により航海の危険は一定程度減少し、実務上、航海の都度損益の分配をするという実態もなくなっています。そこで、改正法では、毎航海の終わりに損益の分配をするという改正前の商法第697条の規律を削除することとしています[注]。

(注) 改正前の商法第697条のうち、損益の分配時期以外の規律（持分の価格に応じて損益の分配を行うこと）は、民法の一般的な解釈と同様であるため、改正前の商法第697条を削除しても、この点に変更はありません。

Q50 船舶管理人である船舶共有者の持分の譲渡に関する改正の概要は、どのようなものですか（第696条関係）。

A 改正前の商法には、船舶管理人でない船舶共有者について、他の船舶共有者の承諾を得ないでその持分の譲渡ができる旨の規律がありましたが、船舶管理人の持分の譲渡については、当該規律の適用がないとされるにとどまり、その要件が条文上明確ではありませんでした（同法第698条）。

この点について、改正法では、船舶管理人である船舶共有者は、他の船舶共有者の全員の承諾を得なければ、その持分を他人に譲渡することができないこととしています（第696条第2項）。これは、船舶管理人が自由に共有関係から離脱することを認めると、船舶共有者全体の利益に反する結果となりかねないこと等を踏まえ、一般的な解釈を明確化したものです。

Q51 商法第9条（登記の効力）の規定を船舶管理人の登記について準用することとしたのは、なぜですか（第697条関係）。

A 改正前の商法では、船舶管理人の選任及びその代理権の消滅に関する登記をしなければならないとされていました（同法第699条第3項）が、その登記の効力については、条文上明らかではありませんでした。

　この点について、船舶管理人は、包括的代理権を有し、取引の相手方にとって重要な事項である点で、支配人に近い立場にあることから、改正法では、その登記の効力について、支配人に関する登記と同様に、登記事項は登記の後でなければ善意の第三者に対抗することができないなどの規律を設けることとしています（第697条第4項）。

Q52 船舶管理人の計算義務等に関する改正の概要は、どのようなものですか（第699条関係）。

A 改正前の商法では、船舶管理人は、毎航海の終わりに遅滞なく、その航海に関する計算をして、各船舶共有者の承認を求めなければならないとされており（同法第701条第2項）、これは、商法制定当時、1回の航海が大きな危険を伴う冒険としての性質を有していたことを踏まえたものでした。

しかし、現代では、科学技術の発達等により航海の危険は一定程度減少し、実務上も、船舶の利用に関する計算は、航海を単位とせず、船舶共有者と船舶管理人の間の契約で定めるところによって行われています。

そこで、改正法では、船舶管理人が船舶の利用に関する計算をすべき時期について、「一定の期間ごと」と改めることとしています（第699条第2項）。

Q53 船舶賃借人の修繕義務に関する改正の概要は、どのようなものですか（第702条関係）。

A 改正前の商法には、船舶賃貸借における修繕義務に関する規定はなく、民法上は、賃貸人は、賃貸物の使用収益に必要な修繕義務を負うとされています（同法第606条第1項）^(注)。

しかし、現在利用される契約書式によれば、船舶賃借人が修繕義務を負うという取扱いが一般的である上、このような取扱いは、賃借した船舶により海上企業経営を行う船舶賃借人の特徴に照らしても、合理的であると考えられます。

そこで、改正法では、民法第606条第1項の特則として、船舶賃借人は、船舶の受取後にこれに生じた損傷があるときは、その利用に必要な修繕義務を負う旨の規定を新設しています（第702条）。

（注）船舶賃貸借は、動産である船舶を対象とする民法上の賃貸借の一類型であり、商法に特則がない限り、動産を対象とする民法上の賃貸借の規律（同法第3編第2章第7節）が適用されます。

Q54

改正前の商法第704条第2項の改正に関し、法制審議会商法（運送・海商関係）部会では、どのような議論がされたのですか。

A 　1　改正前の商法第704条第2項は、船舶賃借人の船舶の利用について生じた先取特権は、船舶所有者に対しても効力を生ずると定めていました。

　これは、先取特権の対象が債務者の所有物に限られるという原則（民法第311条）の例外であるところ、判例（最高裁平成14年2月5日第一小法廷決定・判時1787号157頁）によれば、船舶賃借人が船舶を所有している場合と同様の効力を認めることによって、債権者を保護しようとするものとされていました。

　2　法制審議会商法（運送・海商関係）部会では、次の2点について議論がされました。

(1)　改正前の商法第704条第2項の「先取特権」の範囲

　上記1の判例によれば、同項の「先取特権」には、船舶先取特権のほか、民法上の先取特権も含まれるとされています。

　これに対し、商法（運送・海商関係）部会では、同項の規律は海商法特有の法理であること、民法上の先取特権は、1年の経過により消滅する船舶先取特権と異なり長期間存続するため、船舶所有者の負担が過大であることなどを理由として、同項の「先取特権」を船舶先取特権に限定するよう改めるべきであるとの指摘があり、議論がされました。

(2)　先取特権の効力が及ぶ期間

　さらに、商法（運送・海商関係）部会では、改正前の商法第704条第2項の「先取特権」に民法上の先取特権を含むとしても、船舶所有者に効力が及ぶ期間を発生後1年間に限定するという案について、議論がされました。

　3　商法（運送・海商関係）部会では、いずれの論点についても意見が対立し、コンセンサスを得るには至りませんでした。

　そこで、改正法では、判例に依拠する現在の実務を維持するため、改正前

の商法第704条第2項については、これを現代語化する改正にとどめることとしています（第703条第2項）。

Q55 船舶賃借人の船舶の利用について生じた先取特権の効力は船舶所有者に対しても生ずる旨の規定について、民法上の先取特権の効力は、船舶所有者に対しては生じないこととしなかったのは、なぜですか（第703条第2項関係）。

A 改正法の立案に向けた検討の過程では、第703条第2項（改正前の商法第704条第2項）の規律は海商法特有の法理であること、民法上の先取特権は、1年の経過により消滅する船舶先取特権と異なり長期間存続するため、船舶所有者の負担が過大であることなどを理由として、民法上の先取特権の効力は、船舶所有者に対しては生じないこととすべきとの意見がありました。

しかし、このような意見とは逆に、判例（Q54参照）の立場を支持し、法定検査に伴い修繕をした修繕業者が動産保存の先取特権（民法第320条）を有する場合に、保存行為による利益を得た船舶所有者が先取特権の負担を負うことも合理的であるとの意見もありました。

このような状況の下、改正法では、判例に依拠する現在の実務を維持するため、改正前の商法第704条第2項を現代語化する改正にとどめることとしています。

Q56 民法上の先取特権は、1年で消滅する船舶先取特権と異なり長期間存続するため、船舶所有者に多大な負担を強いることとなるのではないですか（第703条第2項関係）。

A 改正法の立案に向けた検討の過程では、設問記載のような観点から、船舶賃貸借において民法上の先取特権の効力が船舶所有者に及ぶ期間を発生後1年間に限定する案についても、検討がされました(注1)(注2)。

しかし、この案に対しては、次のような懸念があり、海運業界を含め、反対意見が多数を占めました。

① 内航海運実務では、船舶修繕業者は、中小規模の海運事業者の修繕費の支払を猶予し、1年を超える長期間の分割弁済を許容する商慣行があるが、上記の案によると、早期の支払を求めざるを得ず、このような商慣行に相当の混乱を与えること。

② 早期の支払を求められる船舶賃借人においても、従来の支払慣行を維持することができなくなること。

そこで、改正法では、これらの関係者の利害を踏まえ、改正前の商法第704条第2項の規律を維持することとしたものであり、船舶所有者の一定の負担もやむを得ないものと考えられます。

(注1) 船舶修繕業者が有する動産保存の先取特権の被担保債権の消滅時効期間は、通常5年です（改正民法第166条第1項第1号）。

(注2) 法制審議会商法（運送・海商関係）部会では、6年にわたり修繕費合計2億円以上を累積させ、債務者の破産に際して動産保存の先取特権を主張した船舶修繕業者の例が紹介されました。

Q57 定期傭船に関する規律の概要は、どのようなものですか（第3編第1章第4節関係）。

A 改正法は、新たな典型契約として定期傭船に関する規律を創設し、主に次のような規定を設けて、その基本的な法律関係を明らかにしています。

① 定期傭船の意義

定期傭船契約とは、当事者の一方（船舶所有者等）が艤装した船舶に船員を乗り組ませて当該船舶を一定の期間定期傭船者の利用に供することを約し、定期傭船者が傭船料を支払うことを約する契約をいうこととしています（第704条）。

② 定期傭船者の船舶の利用に関する船長への指示権（第705条）

③ 定期傭船者の船舶の利用に関する通常の費用の負担（第706条）

④ 危険物に関する通知義務、堪航能力担保義務等の規定の準用（第707条）

Q58 定期傭船に関する規律を設けたのは、なぜですか。

A 現代の実務では、世界的に、他人の船舶によって海上企業経営を行う形態として、各種の契約書式を用いた定期傭船が広く利用されています。

しかし、改正前の商法には、定期傭船に関する規定がなく、利用者一般から見て定期傭船をめぐる基本的な法律関係を把握することさえ困難である上、過去の裁判例を踏まえるだけでは、紛争が生じた場合の予測可能性を欠いていました。また、裁判例や学説においても、定期傭船の法的性質を始めとして、種々の争いがあるという状況にありました。

諸外国においても、近年この分野の法改正を行ったドイツ、フランス、中国、韓国などで、定期傭船に関する規律が明文化されています。

そこで、改正法では、内外の社会経済情勢の変化に対応するという観点から、商法に定期傭船に関する規律を新設することとしています。

Q59 定期傭船の法的性質に関する従来の判例及び学説の考え方は、どのようなものだったのですか。

A

1 判例

大審院時代のものですが、判例は、一般に、定期傭船を船舶賃貸借と船員の労務供給契約との混合契約と評価したものと理解されていました（大審院昭和3年6月28日判決・民集7巻519頁）。

もっとも、近時の判例は、定期傭船の法的性質から演繹的に法律関係が定まるものではないという立場を採っているとされていました（最高裁平成10年3月27日第二小法廷判決・民集52巻2号527頁）。

2 学説

定期傭船の法的性質をめぐる学説は、特に定期傭船者が衝突の相手方などの第三者に対してどのような地位に立つかという点を中心に、極めて多岐にわたっていました。

まず、定期傭船を運送契約又はその変形とみて、船舶の使用収益権を持たない定期傭船者については、船舶賃借人に関する規律（改正前の商法第704条第1項）は及ばないとする学説がありました。

他方で、定期傭船を船舶賃貸借と労務供給契約との混合契約とみたり、船舶賃貸借の要素を包含する特殊な契約とみたり、海上企業の有機的組織単位全体の賃貸借契約とみるなどして、定期傭船者について、船舶賃借人に関する規律が及ぶとする学説がありました。

そのほか、定期傭船の法的性質から演繹的に法律関係が定まるものではなく、具体的な問題ごとに検討すれば足りるとする学説も主張されていました。

Q60 定期傭船契約の冒頭規定の概要は、どのようなものですか（第704条関係）。

A 改正法では、定期傭船契約の基本的な内容を示す冒頭規定を設けることとしています（第704条）。

その具体的な内容として、①当事者の一方（船舶所有者等）と相手方（定期傭船者）との合意によって成立する諾成契約であることや、②船舶所有者等が艤装した船舶に船員を乗り組ませて当該船舶を一定の期間定期傭船者の利用に供することを約し、定期傭船者が傭船料を支払うことを約する双務契約であることを示しています。

Q61 定期傭船契約の冒頭規定を、船舶賃貸借に関する規定の次に配置したのは、なぜですか。

A 改正法では、①実務上、定期傭船においては船舶の利用期間に応じて傭船料が支払われること、②定期傭船の利用目的には、海洋資源の開発など運送以外のものもあること等を踏まえ、定期傭船契約を船舶の利用に関する契約として位置付けています。そのため、同じく船舶の利用に関する契約である船舶賃貸借の規定の次に配置することとしています(注)。

(注) 本文のような改正法の体系的整理は、定期傭船契約を運送契約と位置付ける英米法とは異なり、ドイツや中国の法制に近いものです。

Q62 各種の契約書式を用いた実務上の「定期傭船」は、第704条の定期傭船契約に該当するのですか。

A 1 実務上、「定期傭船」とは、船舶所有者等が船員を配乗した特定の船舶を一定の期間定期傭船者に利用させる契約のうち、次のような約定を含む契約書式を用いて締結されるものをいうとされています。

① 船舶の貸渡し及び返還について定める「船舶貸借約款」
② 船舶を定期傭船者の使用に委ねる「船舶使用約款」
③ 船長その他の船員が定期傭船者の指示に従うべき旨を定める「船員使用約款」
④ 船員の行為につき不満があるときは、定期傭船者は船舶所有者等に対してその交替を要求し得る「不満約款」
⑤ 運航経費を定期傭船者が負担すべき旨の「純傭船約款」

2 以上によれば、実務上の「定期傭船」は、第704条所定の定期傭船契約（「当事者の一方が艤装した船舶に船員を乗り組ませて当該船舶を一定の期間相手方の利用に供することを約し、相手方が傭船料を支払うことを約する契約」）ということができ、また、第705条の定期傭船者の指示権に関する規律や、第706条の船舶の利用に係る費用負担に関する規律とも整合的であって、基本的に、商法上の定期傭船契約に該当するということができると考えられます。

Q63 実務上の「ワントリップ定期傭船」(1 trip time charter) とは何ですか。これは、第704条の定期傭船契約に該当するのですか、それとも航海傭船契約に該当するのですか。

A 実務上、「ワントリップ定期傭船」とは、概ね、A港からB港までという特定の航海のために、定期傭船契約で用いられる契約書式を用いて締結された傭船契約であり、その傭船料は、当該航海に要した実際の期間に応じて支払われるといわれています。

具体的な契約内容による部分が大きいものの、当事者が定期傭船契約の契約書式を用いていることや、傭船料が運送の完了の対価としてではなく、船舶の利用期間に応じて支払われることを踏まえると、ワントリップ定期傭船は、基本的に、商法上の定期傭船契約に該当するということができると考えられます[注]。

(注) 定期傭船の冒頭規定(第704条)では「一定の期間」と規定していますが、「特定の航海中」というように、一定の事実の存続期間により期間を定めることも可能です。

Q64 船舶賃貸借（裸傭船）、航海傭船及び定期傭船に関する規律を、「傭船」に関する規律として並列的に規定することとしなかったのは、なぜですか。

A 海運実務上、傭船契約には、①裸傭船契約、②航海傭船契約及び③定期傭船契約の3種類があるとされ、フランスのようにこれらを並列的に規定することが、実務の理解に沿うといわれることもあります。

　しかし、法的にみると、そもそも、裸傭船契約は賃貸借契約、航海傭船契約は運送契約であって、その法的性質は大きく異なるため、3種類の傭船契約に共通する規律を抽出することは困難であり、その実益に乏しいと考えられます。

　そこで、改正法では、裸傭船、航海傭船及び定期傭船に関する規律を、「傭船」に関する規律として並列的に規定することとはしていません。

Q65 定期傭船者による船長に対する指示権に関する規律の概要は、どのようなものですか（第705条関係）。

A 改正法では、定期傭船者は、船長に対し、航路の決定その他の船舶の利用に関し必要な事項を指示することができるとして、定期傭船者の指示権を定めています（第705条本文）。定期傭船者の船舶利用権限は、現実には、当該船舶の船長に対する指示権として具体化され、この指示権は、定期傭船契約の本質から導かれる基本的な権利であるためです。

他方で、改正法では、航海の安全に関する事項については、定期傭船者の指示権が及ばない旨を定めています（同条ただし書）。これは、定期傭船においても、具体的な船舶の運航の安全に責任を負うのは船長であり、航海の安全に関する事項についてまで定期傭船者の指示権を認めるのは相当でないためです(注)。

(注) 例えば、船長は、航海を安全に行うため、発航前に船舶が航海に支障ないかその他航海に必要な準備が整っているかを検査しなければならない（船員法第8条）など各種の義務を負っており、定期傭船者が船舶利用権限を有するとしても、このような手続を省略して発航するよう船長に指示することは許されないと考えられます。

Q66 船舶の利用に関する費用負担に関する規律の概要は、どのようなものですか（第706条関係）。

A 改正法では、船舶の燃料、水先料、入港料その他船舶の利用に関する通常の費用は定期傭船者の負担とするとして、定期傭船者の負担すべき費用を定めています（第706条）(注1)。定期傭船者がこのような通常の費用を負担することは、定期傭船者が船舶利用権限を有するという定期傭船契約の本質から導かれる基本的な関係というべきところ、費用負担の範囲をめぐる争いが生じやすいため、現代の一般的な実務を踏まえ、規律を新設したものです。

これに対し、船舶に関する固定費(注2)や、船舶の利用に関する特別の費用(注3)は、船舶所有者が負担することとなります。

（注1）定期傭船者の負担すべき費用の例は、燃料費、水先料、入港料、ターミナル使用料、貨物積揚費用等です。
（注2）船舶に関する固定費の例は、税金、保険料、船舶備品費、船員費等です。
（注3）船舶の利用に関する特別の費用の例は、船舶修繕費等です。

Q67 定期傭船契約に係る船舶により物品を運送する場合について、運送に関する規律を準用する規定を設けたのは、なぜですか（第707条関係）。

A 荷送人との間で運送契約を締結した海運事業者が、必要な船腹量を調達するため、他の船舶所有者との間で定期傭船契約を締結し、その船舶により物品を運送することは、実務上頻繁にみられます。

【図】

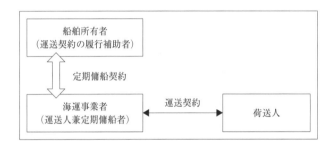

このような場合に、船舶所有者と海運事業者との間の定期傭船契約は運送契約ではありませんが、船舶による運送の安全を確保する必要があることは同様であるため、改正法では、船舶所有者と海運事業者との関係について、運送契約に関する規律のうち次のような運送の安全確保に関する規定を準用することとしています（第707条）^(注)。

① 運送品が危険物であるときは、引渡しの前に、安全な運送に必要な情報を通知しなければならないこと（危険物に関する通知義務。第572条）。

② 運送人は堪航能力担保義務を負うこと（第739条第1項）。

③ 法令に違反して船積みがされた船積品等については、いつでも陸揚げすることができ、船舶等に危害を及ぼすおそれがあるときは、これらを放棄することができること（第740条第1項、第3項）。

（注）例えば、危険物の安全な運送に必要な情報は、運送契約に関する第572条により、荷送人から海運事業者（運送人兼定期傭船者）に通知され、定期傭船契約に関する第707条により、当該海運事業者から船舶所有者に通知されることとなります。

Q68

船舶賃借人の船舶の利用について生じた先取特権は船舶所有者に対しても効力を生ずる旨の規定を定期傭船について準用する規定を設けたのは、なぜですか（第707条関係）。

A　1　第703条第2項は、船舶賃借人の船舶の利用について生じた先取特権は、船舶所有者に対しても効力を生ずると定めています。

　その趣旨は、判例（最高裁平成14年2月5日第一小法廷決定・判時1787号157頁）によれば、船舶賃借人が船舶を所有している場合と同様の効力を認めることによって債権者を保護しようとするものとされています。

　2　実務上、定期傭船は広く利用されているところ、寄港地における取引の相手方などから見ると、当該船舶が船舶所有者により運航されているのか、又は船舶賃貸借ないし定期傭船に供されているのかにつき、判然としないことも多くあります。

　債権者を保護するという第703条第2項の趣旨を踏まえると、定期傭船者の取引相手についても同様に保護すべきであるため、改正法では、第703条第2項を定期傭船者の船舶の利用について生ずる先取特権について準用し、定期傭船者の船舶の利用について生ずる先取特権は船舶所有者に対しても効力を生ずることとしています（第707条）(注)。

（注）定期傭船者の取引相手が先取特権を有する場合とは、典型的には、定期傭船に係る船舶の航海継続のために燃料油を供給した燃料油供給業者が船舶先取特権（第842条第4号）を有する場合が挙げられます。

Q69 定期傭船の傭船料に係る債権の消滅時効期間は、どのようなものですか。

A 定期傭船の傭船料に係る債権の消滅時効期間は、消滅時効の原則に従い、通常は5年と整理しています（改正民法第166条第1項第1号）。

これは、同じく船舶の利用に関する契約である船舶賃貸借における賃料債権が消滅時効の原則に服することを踏まえたものです[注]。

（注）定期傭船料に係る債権の消滅期間は、ドイツ及びフランスでは1年、中国及び韓国では2年ですが、英国では、一般的な6年の出訴期間に服すると解されています。

Q70 いわゆる安全港担保義務に関する規律を設けなかったのは、なぜですか。

A 改正法の立案に向けた検討の過程では、実務の約定の在り方を前提として、定期傭船者が安全な港を指定する義務（安全港担保義務）を負う旨の規律を設けるべきとの意見がありました。

しかし、このような安全港担保義務の具体的内容は、必ずしも明らかでなく、ドライ・カーゴ（乾貨物）に関する契約書式では絶対的義務とされ、タンカーに関する契約書式では相当な注意を尽くすべき相対的義務とされるなど、契約書式によってその内容は異なるようでした。

また、定期傭船者のみならず、船舶所有者の被用者である船長も、定期傭船者が指定した港の安全性に関する情報を入手し得る立場にあることを踏まえると、商法上、定期傭船者にのみ安全港担保義務を課すことが相当であるとはいい難いと考えられます。

そこで、改正法では、安全港担保義務に関する規律を設けず、当事者間の合意に委ねることとしています(注)。

(注) 英米の裁判例では、「安全な港」とは、「特定の船舶が、異常な事態が発生しない場合に、適切な操船と航海技術によっても避けることのできない危険にさらされることなく、当該期間中、入港し、使用し、出港することができる港」と定義されるようです。「安全な港」かどうかは、船舶ごとに判断され、また、季節によっても変わり得るとされています。

このように、指定すべき「安全な港」という概念が一義的には定まらないことなどを理由として、規律の新設に反対する意見も有力でした。

Q71　定期傭船者は、船舶の衝突についての責任を負うのですか。

A　改正法では、同じく船舶の利用に関する契約である船舶賃貸借と異なり、船舶の衝突の場合を始めとして、定期傭船者の第三者に対する責任に関する規定を設けておらず、定期傭船者は、基本的に、船員の過失によって生ずる船舶の衝突についての責任を負わないものと整理しています。これは、定期傭船者は船舶を艤装したり船員を乗り組ませたりする立場にないことや、諸外国の法制等を踏まえたものです(注1)。

なお、判例の中には、船舶の衝突についての定期傭船者の責任を認めたものがあります。これは、定期傭船者が船舶を自己の企業組織の一部として日常的に指揮監督していたなどの事実関係の下での判断であり、改正法は、このような判断の余地を否定するものではありません(注2)。

(注1) 英国、米国、ドイツ及びフランスでは、本文と同様に、定期傭船者は、船舶の衝突のような運航上の問題についての責任を負わないとされています。

(注2) 最高裁平成4年4月28日第三小法廷判決・集民164号339頁は、定期傭船者が船舶の運航について日常的に具体的な指示命令を発しており、当該船舶をその企業組織の一部として日常的に指揮監督しながら、継続的かつ排他的、独占的に使用して、その事業に従事させていたなどの事実関係の下において、当該定期傭船者は、船舶所有者と同様の企業主体としての経済的実体を有していたものであるから、船舶の航行の過失によって生じた損害について、改正前の商法第704条第1項の類推適用により、同法第690条による船舶所有者と同一の損害賠償義務を負担すべきであるとした原審の判断について、「正当として是認することができる」と判示しています。

第6章 船　長

Q72 船長に関する改正の概要は、どのようなものですか（第3編第2章関係）。

A 改正法は、船長について、主に次のような改正を行っています。

① 船長についての厳格な損害賠償責任に関する規定（改正前の商法第705条）の削除（詳細はQ73参照）

② 船長の代理権の範囲から、船舶抵当権の設定、船籍港における海員の雇入れ及び雇止め、修繕不能な船舶の競売等に関する権限を除外すること（第708条、改正前の商法第717条の削除）（詳細はQ74、Q75、Q77参照）。

Q73 船長の損害賠償責任に関する規定を削除したのは、なぜですか（改正前の商法第705条関係）。

A 改正前の商法第705条では、船長は、その職務を行うについて注意を怠らなかったことを証明しなければ、船舶所有者、傭船者、荷送人その他の利害関係人に対して損害賠償の責任を負うとされていました。これは、商法制定当時、船長に絶対的な権限があったことを背景として、船長に厳格な責任を課したものでした。

しかし、現代では、船長は、船舶所有者の被用者であることが多く、絶対的な権限を有している実態はないため、改正法では、船長の厳格な責任に関する改正前の商法第705条を削除し、民法の一般原則に委ねることとしています(注1)(注2)。

(注1) 民法の一般原則による場合には、傭船者・荷送人のような船長と契約関係にない者は、船長に対し不法行為責任を追及するには、船長の故意・過失の立証責任を負います。

なお、実務上、船長の職務上の不注意により損害を受けた者は、船舶所有者（船舶賃貸借にあっては、船舶賃借人）に対して責任を追及するのが通常であり、船長個人の責任を追及することは少ないとされています。

(注2) 本文とは異なり、船長が海員の監督について注意を怠らなかったことを証明しなければ、海員の職務執行に当たり損害を受けた者に対して損害賠償の責任を負う旨を定める改正前の商法第706条は、存置しています（第713条）。船舶所有者の使用者責任については、民法第715条第1項の特則として改正前の商法第690条（第690条）の規定があり、そのために、船長の監督者責任については、民法第715条第2項と同趣旨ではあるものの疑義を避けるために確認的に改正前の商法第706条の規定が置かれていたところ、今回の改正後も、この点について変更はないためです。

Q74 船籍港外における船長の代理権に関する改正の内容は、どのようなものですか（第708条関係）。

A　1　改正前の商法では、船長は、船舶所有者の代理人として、船籍港外において航海のために必要な一切の行為をする権限を有する（同法第713条第1項）が、船舶抵当権の設定及び借財については、船舶の修繕費等の費用を支弁するためでなければ、することができない（同法第715条第1項第1号、第2号）とされていました。また、船長は、船舶の修繕費等の費用を支弁するためであれば、積荷所有者の代理人として、積荷の売却又は質入れをすることもできる（同項第3号）とされていました。

2　しかし、現代では、情報通信技術や送金制度の発達により、航海中の船舶にあっても、船舶所有者の意思の確認や振込送金が可能であり、実際に、船長が個別に代理権の授与を受けることなく、船舶抵当権の設定・借財や積荷の売却・質入れをすることもありません。

そこで、改正法では、船長にこれらの代理権を認めないこととし、①船舶所有者の代理人としての法定権限から船舶抵当権の設定・借財を除外する（第708条第1項）とともに、②積荷所有者の代理人としての積荷の売却・質入れの代理権（改正前の商法第715条第1項第3号）を削除することとしています。

Q75 船籍港において船長は海員の雇入れ及び雇止めをする権限を有する旨の規定を削除したのは、なぜですか（改正前の商法第713条第2項関係）。

A 改正前の商法第713条第2項では、船籍港において、船長は、海員の雇入れ及び雇止めをする権限のみを有するとされていました。これは、船籍港には概ね船舶所有者の営業所があるものの、航海のために必要な海員の雇入れ及び雇止めについては、船長にその権限を認めることが便宜であったためとされていました。

しかし、現代では、一般的に、海員の配乗権は、船長ではなく船舶所有者にあり、船長がその権限で海員を選択するという実態にはないため、改正法では、改正前の商法第713条第2項を削除することとしています。

Q76 改正前の商法第709条第1項のうち、船長は運送契約に関する書類を船内に備え置かなければならない旨の規定を削除したのは、なぜですか。

A 改正前の商法第709条第1項では、船長は、属具目録及び運送契約に関する書類を船内に備え置かなければならないとされていました(注)。

しかし、運送契約に関する書類については、特に国内航路を中心に、これを船内に備え置く実例は少なく、法律上の義務とする意義に乏しいことから、改正法では、改正前の商法第709条第1項のうち、運送契約に関する書類に係る部分を削除することとしています（第710条）。

（注）運送関係書類の備置義務の立法趣旨は必ずしも明らかではありませんが、沿革的には、傭船契約書や船荷証券の写しを備え置くことが想定されていたようです。

Q77 船籍港外で船舶が修繕不能に至った場合に船長がこれを競売することができる旨の規定を削除したのは、なぜですか（改正前の商法第717条関係）。

A 改正前の商法第717条では、船籍港外で船舶が修繕不能に至った場合に、船長は、管海官庁の認可を得て、これを競売することができるとされていました。

しかし、情報通信技術の発達により、現代では、船長が船舶所有者の意思を確認することが容易であり、また、船舶所有権の帰すうという船舶所有者の重大な利害に関わる事項について、法律上、船長に船舶の競売申立ての代理権を認めることは相当でないため、改正法では、改正前の商法第717条を削除することとしています。

Q78 船長は毎航海の終わりに航海に関する計算をして船舶所有者の承認を求めなければならない等の規定を削除したのは、なぜですか（改正前の商法第720条第2項関係）。

A 改正前の商法第720条第2項では、船長は、各航海の終わりに航海に関する計算をして、船舶所有者の承認を求めなければならないなどとされていました。

しかし、現代では、実務上、船舶の利用に係る損益の計算は、船長ではなく船舶所有者が行うことが一般的であり、原則として船長に計算義務を課す改正前の商法第720条第2項は、実務上の取扱いとかい離していました。また、このような損益計算に関する事項について、個別に船長が行うこととしたいのであれば、船長と船舶所有者との間の雇用契約又は雇入契約において定めることが可能であって、改正前の商法のように、法律上の義務とする必要はないと考えられます。

そこで、改正法では、改正前の商法第720条第2項を削除することとしています。

第7章 海上物品運送に関する特則

Q79 個品運送及び航海傭船に関する改正の概要は、どのようなものですか(第3編第3章第1節・第2節関係)。

A 改正法は、個品運送及び航海傭船について、主に次のような改正を行っています(注1)。

① 海上物品運送契約の一方当事者を示す用語について、「船舶所有者」を「運送人」に改めること(詳細はQ80参照)。

② 堪航能力担保義務に関する見直し

堪航能力担保義務違反による責任につき、無過失責任を過失責任に改めるとともに、航海傭船においては、この責任に関する免責特約を許容することとしています(第739条第1項、第756条第1項括弧書き)(注2)(詳細はQ82、Q83参照)。

③ 免責特約の許容範囲の拡大

船舶所有者の過失等により生じた損害賠償責任に関する免責特約を許容することとしています(改正前の商法第739条前半部分の削除)(詳細はQ84参照)。

④ 合理性を失った規律の削除

現代における契約の多様化等を踏まえ、運送賃の計算に関する詳細な規定(改正前の商法第755条、第756条)や、海上物品運送契約の終了に関する詳細な規定(同法第760条から第763条まで)を削除することとしています(詳細はQ89、Q92参照)。

(注1) 規定の配置について、改正前の商法は、航海傭船を中心に規定を設けており、個品運送に関してはわずかな規定を設けるほかは航海傭船の規定を準用していましたが、改正法では、近代的な運送形態である個品運送の規定を先に設けることとしています。

(注2) 個品運送においては、改正法でも、堪航能力担保義務違反の責任に関する免責特約を無効としています(第739条第2項)。

Q80 海上物品運送契約の一方当事者を示す用語について、「船舶所有者」とあるのを「運送人」に改めることとしたのは、なぜですか。

A 改正前の商法では、海上運送は船舶所有者が行うものとして規律され、船舶賃借人につき準用規定が設けられていました（同法第3編第3章、第704条第1項）。

しかし、現代では、定期傭船者や利用運送人など、船舶所有者及び船舶賃借人以外の者も荷送人との間で海上物品運送契約を締結しているため、改正法では、その一方当事者を示す用語について、「船舶所有者」を「運送人」に改めることとしています。

Q81 個品運送契約における船積み及び陸揚げに関する改正の概要及び理由は、どのようなものですか（第737条等関係）。

A 改正前の商法では、個品運送契約について、船積みに関しては荷送人が、陸揚げに関しては荷受人が、それぞれ船長の指図に従ってこれを行わなければならず、荷送人が船積みを怠ったときは、船長は直ちに発航することができるとされていました（同法第749条、第752条第4項）。

しかし、現代の個品運送の実務では、荷送人又は荷受人ではなく、運送人が船積み及び陸揚げを行うのが一般的です。

そこで、改正法では、運送人が荷送人から運送品を受け取ったときは船積みの義務を負うことを明示し、これを前提として、荷送人が運送品の引渡しを怠ったときに、船長の発航権が生ずるように改めることとしています（第737条）。他方で、運送人が陸揚げの義務を負うことは、特段の規定がなくても、運送人が物品を運送して荷受人に引き渡すことを約していること（第570条の冒頭規定）から当然であり、これを前提とする他の規律も存在しないため、端的に改正前の商法第752条第4項を削除することとしています(注1)(注2)。

（注1）本文の改正のほか、改正法では、運送品の積付け（運送品を保護するとともに、船舶の安全を図るため、運送品を船内に計画的に配置する作業）についても、個品運送の実務上争いを生ずることが多いことから、運送人がその義務を負うことを明示することとしています（第737条第1項）。

（注2）本文に対し、航海傭船については、改正前の商法では、荷主側（傭船者・荷受人）が運送品の船積み及び陸揚げを行う義務を負うとされ（同法第741条、第752条）、実務上も、そのような取扱いが一般的です。そこで、改正法では、個品運送と異なり、改正前の商法の規律を維持することとしています。

Q82
堪航能力担保義務に関する改正の概要及び理由は、どのようなものですか（第739条、第756条第1項関係）。

A

1 堪航能力担保義務の意義

堪航能力担保義務とは、発航の当時、船舶が予定された航海に堪える能力を有することを担保する運送契約上の運送人の義務をいいます（改正前の商法第738条）[注1]。

2 無過失責任から過失責任への改正

改正前の商法では、堪航能力担保義務違反による責任は、判例（最高裁昭和49年3月15日第二小法廷判決・民集28巻2号222頁）上、無過失責任とされていました。これは、堪航能力担保義務が、船舶の安全性の確保という公益的な目的に基づくことなどを理由とするものといわれていました[注2]。

しかし、外航に適用される国際海上物品運送法では、堪航能力担保義務違反による責任は過失責任とされており、内航と外航の責任の在り方が不均衡でした。そして、現代では、船舶の安全性の確保という公益的な目的のために船舶安全法等の公法上の規制が定められている上、船舶の構造が複雑化・大型化し、相当の注意を尽くしても船舶の設備等の瑕疵を発見し得ないケースがある中で、一般的な契約責任と異なり、内航の運送人にのみ結果責任を負わせる合理性にも乏しくなっていました。

そこで、改正法では、内航に関しても、堪航能力担保義務違反による責任を過失責任に改めることとしています（第739条第1項、第756条第1項）。

3 航海傭船における免責特約の許容

改正前の商法では、堪航能力担保義務に関する免責特約は無効であるとされていました（同法第739条）。これは、商法制定当時、船舶所有者の責任をあまりに広く免除する船荷証券中の約款の利用が横行し、その弊害が顕著であったことや、このような状況を受けて免責約款制限運動が起こり、1888年のブリュッセル国際商法会議では、改正前の商法第739条と同様の規律の採用を各国に勧告する議決がされたこと等によるとされていました。

しかし、その後に成立した1924年船荷証券統一条約の国内法である国際

海上物品運送法では、航海傭船において免責特約が許容されており（改正前の国際海上物品運送法第16条）、その趣旨は、航海傭船の当事者は、海上企業取引に関する知識を十分に有するため、法の後見的監督を及ぼす必要がなく、当事者自治に委ねる点にあるとされていました。この点については、我が国の内航においても基本的に同様であり、現に、貨物の積付け等を傭船者が行う場合に船舶所有者の免責特約の必要性が高いといわれることから、改正法では、航海傭船において、堪航能力担保義務に関する免責特約を許容することとしています（第756条第1項括弧書き）(注3)(注4)。

他方で、改正前の国際海上物品運送法でも、個品運送については堪航能力担保義務に関する免責特約を許容していませんでした（同法第15条第1項）。個品運送においては、一般的にこのような免責特約の必要性に乏しく、各荷送人と個別交渉がされることも考え難いことから、船舶の安全性に関わるこの義務について、当事者自治に委ねるのは相当でないと考えられます。そこで、改正法では、個品運送におけるこのような免責特約を無効とする規律を維持することとしています（第739条第2項）。

（注1）堪航能力の内容には、①船体能力（船舶自体が安全な航海に堪える状態にあること）、②運航能力（船員が乗り組み、船舶が航海に必要な装備を備え、航海に要する必需品が準備されていること）、③堪貨能力（運送品を積み込む場所が運送品の受入れ、運送及び保存に適する状態にあること）があるとされています（改正前の国際海上物品運送法第5条第1項）。

（注2）本文2の判例は、堪航能力について、「単に船舶自体が安全に航海できることにかぎられるものではなく、その船舶による運送委託をうけた貨物を、通常の海上危険に耐えて安全に目的地にまで運送できる能力をもいうものであるところ、船舶の構造に欠陥があり、これに加うるに通常の海上危険によつて海水が船艙内に侵入し、そのために貨物が損傷をうけたような場合には、その船舶は堪航能力を有しなかつたというべきであり、また、船舶所有者は、船舶が堪航能力を欠如していることによつて生じた損害については、同条〔筆者注：改正前の商法第738条〕により、過失の有無にかかわらず賠償責任を負担すべきものと解するのが相当である」と判示していました。

（注3）我が国の内航海運においては、中小規模の運送人が多数であり、航海傭船の各当事者につき、傭船者の方が運送人より経済的に優越的な地位にあるといわれることが多くあります。そのため、商法上、運送人に有利となる免責特約が許容されても、その濫用のおそれは少ないと考えられます。

（注 4）堪航能力担保義務に関する免責特約として、例えば、貨物の積付けや滑り止めの措置等を傭船者の責任で行う場合に、固縛不十分な貨物の移動により船舶の航行不能が生じた場合の損害につき、船舶所有者が免責される旨の特約が考えられます。

Q83

航海傭船における堪航能力担保義務に関する免責特約は、船荷証券の所持人に対抗することができないとしたのは、なぜですか（第756条第2項関係）。

A 改正法では、航海傭船において、堪航能力担保義務に関する免責特約を許容しつつ、運送人は、その特約をもって船荷証券の所持人に対抗することができないこととしています（第756条第1項括弧書き、第2項）。

これは、船荷証券が発行される場合には、その流通の保護を図るべく、個品運送契約と航海傭船契約とで運送人の責任につき不均衡が生ずることを避けることとしたとの理由によるものです。なお、改正前の国際海上物品運送法でも、航海傭船において免責特約を許容しつつ、船荷証券の所持人との関係では、改正法と同様の取扱いがされていました（改正前の国際海上物品運送法第16条ただし書）(注)。

（注）改正前の国際海上物品運送法第16条ただし書により保護される船荷証券の所持人は、その善意・悪意を問わないと解されています。これは、「免責特約につき悪意の所持人である」旨の運送人からの主張を防ぎ、船荷証券の流通の保護を図るためであるとされています。

Q84

船舶所有者の過失又は船員その他の使用人の悪意重過失による責任に係る免責特約を無効とする旨の規定を削除したのは、なぜですか（改正前の商法第739条前半部分関係）。

A 改正前の商法では、船舶所有者の過失又は船員その他の使用人の悪意重過失による責任に係る免責特約は無効とされていました（同法第739条前半部分）。これは、商法制定当時、船舶所有者の責任をあまりに広く免除する船荷証券中の約款の利用が横行し、その弊害が顕著であったことや、このような状況を受けて免責約款制限運動が起こり、1888年のブリュッセル国際商法会議では、改正前の商法第739条前半部分と同様の規律の採用を各国に勧告する議決がされたこと等によるとされています。

しかし、その後に成立した1924年船荷証券統一条約の国内法である国際海上物品運送法には、個品運送と航海傭船とを問わず、同様の規律はありません。むしろ、同法には、一般に「航海上の過失免責」といわれるように、運送人は、船舶の操縦などその使用人の航行又は船舶の取扱いに関する行為から生じた損害につき免責される旨の規定（同法第3条第2項）がありますが、内航においてこの規定に沿う内容の免責特約が無効とされることは、外航との均衡を失し、合理的とはいえないと考えられます。

そこで、改正法では、当事者自治を尊重する観点から、改正前の商法第739条の前半部分を削除し、内航に関し、船舶所有者の過失又はその使用人の悪意重過失による責任に係る免責特約を許容することとし、ひいては、このような免責特約が商法上禁止されていない国内の陸上・航空運送とのバランスをも図ることとしています(注)。

（注）商法に「航海上の過失免責」の規定を設けるべきとの考え方については、近時この免責事由に批判的な見解も存するため、採用されませんでした。

Q85

当事者間の個別交渉が想定し難い個品運送において、堪航能力担保義務に関する免責特約を無効とする改正前の商法の規律を維持しつつ、船舶所有者の過失等による責任に係る免責特約を有効とするのは、整合的でないのではないですか。

A 堪航能力担保義務は、船舶の安全性に関わる運送人の基本的な義務であるところ、個品運送においては、一般的にこの義務に関する免責特約の必要性に乏しい上、各荷送人と個別交渉がされることも考え難く、当事者自治に委ねるのは相当でないため、このような免責特約を無効としています。

これに対し、船舶所有者の過失等による責任に係る免責特約については、個品運送においても、例えば、外航で認められる「航海上の過失免責」に沿う内容の免責特約を内航で可能にするなどの必要性が認められます。また、現在、国内の陸上・航空運送においては、このような免責特約が商法上禁止されてはおらず、これらとのバランスを図ることも考慮すべきであるほか、仮に、荷送人の利益を一方的に害する極端な免責特約がされた場合には、公序良俗違反により無効とみる余地もある（民法第90条）ため、商法上、国内海上運送人によるこのような免責特約を一律に禁止しないことが相当であると考えられます。

このような観点から、改正法は、運送人の各責任の趣旨等を踏まえ、その免責特約の許容性につき差異を設けたものであり、合理的な規律であると考えられます（第739条第2項）。

Q86

国際海上物品運送法との均衡を重視するのであれば、個品運送について、堪航能力担保義務に関する免責特約だけでなく、改正前の国際海上物品運送法第15条のような広い範囲の免責特約をも無効とすべきではないですか。

A 国際海上物品運送法では、個品運送について、運送人の責任に関する様々な規定（航海上の過失免責、責任限度額等）を定めた上で、それ以上に荷送人側に不利益な特約は広く無効としており（改正前の国際海上物品運送法第15条）、運送人の責任について、基本的に強行法規の枠組みを採用しています。

これに対し、改正法では、国内の陸上・海上・航空運送の運送人の責任の在り方につきバランスを図る必要があり、また、例えば、運送人の責任限度額につき合理的な規律を画一的に設けることが困難であったこと等の理由から、国際海上物品運送法と同様の強行法規の枠組みを採用せず、基本的に特約による免責を許容する任意法規の枠組みを採用したものであり、民事法一般における私的自治の原則に照らしても、合理的な規律であると考えられます。

Q87 第740条に関連して、商法に改正前の国際海上物品運送法第11条のような危険物の処分及び危険物の荷送人の責任に関する規律を設けなかったのは、なぜですか。

A 改正法では、主に次のような理由から、商法に改正前の国際海上物品運送法第11条（新国際海上物品運送法第6条）のような危険物の処分及び危険物の荷送人の責任に関する規律を設けることとはしていません。

① 改正前の商法の下では、危険物が法令に違反して船積みされた場合等につき、同法第740条による処分が可能であり、同条の適用がない場合でも、危険物の破壊・無害化等の処分について、正当防衛又は緊急避難（民法第720条）として賠償責任を負わないところ、特段の支障は生じていないこと。

② 改正前の国際海上物品運送法第11条第2項の解釈については、危険物に関する通知義務に違反した荷送人の責任に関し、過失責任又は無過失責任のいずれかという深刻な意見の対立があるところ、これを含む同条の規律を商法に設けることは、かえって混乱をもたらしかねないこと。

Q88
運送賃等支払義務に関する規定の現代語化に当たり、個品運送については「碇泊料（滞船料）」に係る部分を適用しないこととしたのは、なぜですか（第741条関係）。

A　改正前の商法第753条第1項では、荷受人は、運送品を受け取ったときは、運送賃などのほか、「碇泊料」（常用漢字では「停泊料」）を支払わなければならないと定めていました。

しかし、停泊料は、停泊期間経過後の停泊に対して運送人が請求するものであって、航海傭船に特有の規律であり、停泊期間の規律のない個品運送について同項の適用はないと一般に解されており、実務上も、個品運送について停泊料が収受される実態はありません[注1]。

そこで、改正法では、上記の一般的な解釈を踏まえ、個品運送について、停泊料に係る規律を設けないこととしています（第741条第1項）[注2]。

（注1）個品運送について停泊期間の規律を設けなかった趣旨は、立法当時の資料によれば、貸切形態でない個品運送にあっては、各別の運送品に対応する停泊期間は個別の契約又は慣習によって定まるものであり、法律上一律には観念することができない点にあるとされています。

（注2）航海傭船における停泊料は、実務上「滞船料」と呼ばれることから、法律上も同様の名称に改めています（第748条第3項等）。なお、停泊料の法的性質については、①衡平の観念から認められた法定の特別報酬とみる見解と、②損害賠償とみる見解とが対立していますが、改正法は、いずれかの見解を採るものではありません。

Q89 運送賃の定め方に関する規定を削除したのは、なぜですか（改正前の商法第755条、第756条関係）。

A 改正前の商法では、①運送品の重量又は容積により運送賃を定めた場合には、その額は、運送品の引渡し当時の重量又は容積により定まるものとされ（同法第755条）、②期間により運送賃を定めた場合についても、その期間の計算の在り方が詳細に規定されていました（同法第756条）。これは、運送賃の額が契約又は商慣習によることを前提としつつ、補充的規定を設けたものでした。

しかし、現代では、運送賃の定め方は、運送品の重量、容積又は期間によるもの以外にも様々であり、必要に応じて詳細な特約がされているため、法律上一定の補充的規定を置くよりも、当事者間の合意に委ねることが相当であると考えられます(注)。

そこで、改正法では、改正前の商法第755条及び第756条を削除することとしています。

（注）運送品の重量・容積又は期間による定め方以外に、近時、個品運送の運送賃は、コンテナ又はトラックの長さにより定まることが多いようです。

Q90 海上運送における運送品の競売に関する改正の概要は、どのようなものですか（第742条関係）。

A 改正前の商法では、船舶所有者は、運送賃等の支払を受けるため、裁判所の許可を得て運送品を競売することができ、その競売権は、船長が荷受人に運送品を引き渡した後でも、引渡しの日から2週間以内又は第三者がその占有を取得するまでの間は行使することができるが、これを行使しないときは、運送賃等の請求権自体を失うとされていました（同法第757条、第758条）。

改正法では、運送品の競売権に関する規律を存置しつつ、以下の3点の改正を行っています（第742条）。

① 競売権行使の前提要件として、裁判所の許可を得ることを不要としています。これは、運送品の占有を有しない運送人は、裁判所の許可による競売開始の手続（民事執行法第195条、第190条第2項、同条第1項第3号）を採る必要があるところ、当該手続により司法審査の機会は保障されており、これに加えて、運送人に許可の手続を重ねて行う負担を課す意義に乏しいためです。

② 引渡しの日から2週間という競売権の行使期間の制限を廃止しています。これは、実務上、運送賃は掛けの後払いとされることも多いところ、引渡しの日から2週間の経過により競売権を失うとするのは相当でないためです。

③ 運送人が競売権を行使しない場合に、運送賃等の請求権を失う旨の規律を廃止しています。これは、競売権を行使しないことにより、実体法上の運送賃等の請求権自体が消滅するのは、運送人の権利を過度に制約しているためです。

Q91 発航前の任意解除に関する改正の概要は、どのようなものですか（第743条、第753条、第755条関係）。

A 改正前の商法では、発航前に傭船者又は荷送人が任意解除をするには、全部航海傭船にあっては、原則として運送賃の半額（往復航海における復路の発航前であれば運送賃の3分の2）の支払を要し（同法第745条）、また、一部航海傭船又は個品運送にあっては、原則として運送賃の全額（代品の運送賃を得た場合にはこれを控除した額）の支払を要する（同法第748条第1項、第750条）とされていました(注1)。

しかし、現代では、海上運送契約の内容は様々であり、航海の態様という画一的な区分に応じた規律は相当ではありません。

そこで、発航前の任意解除には、原則として運送賃の全額の支払を要するとしつつ(注2)、解除によって運送人に生ずる損害の額がこれを下回るときは、その額の支払で足りることとしています(注3)。改正法では、個品運送に関する第743条第1項ただし書においてこのような規律を定め、一部航海傭船に関する第755条においてこの規律を準用し、また、全部航海傭船に関する第753条において、航海の態様に応じた規律を廃止しています(注4)。

(注1) 改正前の商法における発航前の任意解除の要件は、次のとおりでした。

海上運送契約の種類	支払金額	他の傭船者等の同意
全部航海傭船契約	①運送賃の半額（往復航海等の場合は2/3） ②船積み後の場合は船積・陸揚費用	不要 （全部貸切りのため他の傭船者等はなし。）
一部航海傭船契約又は個品運送契約	①運送賃の全額（代品の運送賃は控除） ②船積み後の場合は船積・陸揚費用	船積み後の場合は必要

　（※）一部航海傭船契約又は個品運送契約であっても、全ての傭船者及び荷送人の同意を得て解除を行う場合には、全部航海傭船契約と同様の規律と解されています。

(注2) なお、航海傭船にあっては、運送賃の全額及び滞船料の支払を要します（第753条第1項本文、第755条）。滞船料は、停泊期間経過後の停泊に対して運送人が請求し得るものであり、これがある場合に運送賃の全額のみの支払により任意解除を認めるのは相当でないためです。

(注3) 本文の規律は、請負契約において、請負人が仕事を完成しない間は、注文者

は、いつでも損害を賠償して契約を解除することができること（民法第641条）も、踏まえたものです。

　（注4）本文の改正のほか、改正前の商法では、航海傭船について、傭船者が船積期間内に船積みをしなかったときは、契約の解除をしたものとみなされるとされていました（同法第745条第4項、第748条第3項）が、実務では、船積期間を経過しても、当事者が一定の滞船期間を合意することも多いため、一律に契約の解除を擬制するのではなく、契約の解除をしたものとみなすことができることとしています（第753条第3項、第755条）。

Q92 海上物品運送契約の法定終了及び法定解除権に関する規定を削除したのは、なぜですか（改正前の商法第760条から第763条まで関係）。

A 改正前の商法では、海上物品運送契約の終了に関し、船舶の沈没などをその法定終了事由とし、航海が法令違反となったことなどをその法定解除事由とするなどの規律を設けていました（同法第760条第1項、第761条第1項、第763条）^(注1)。

しかし、現代では、代船の手配が比較的容易となっているため、船舶の沈没などの事態が生じても、一律に海上物品運送契約の履行が不可能になるわけではありません。また、通信技術の発達により、例えば、航海が法令違反となっても、到達港の変更を指示するなどして、契約の目的を達成することが可能な場合もあります。そのため、これらの硬直的な規律によるのではなく、民法の一般原則どおり、それぞれの契約で定められた債務の内容に従い、その履行が不能であるときは、無催告解除をすることができると整理するのが相当であると考えられます。

そこで、改正法では、海上物品運送契約の法定終了及び法定解除権に関する規定を削除することとしています^{(注2)(注3)}。

(注1) 改正前の商法における法定終了及び法定解除事由は、次のとおりでした。

法定終了事由 （第760条第1項 各号、第763条）	①船舶の沈没 ②船舶の修繕不能 ③船舶の捕獲（船舶の拿捕、没収等をいう。） ④運送品の不可抗力による全部滅失
法定解除事由 （第761条第1項、 第763条）	①航海又は運送の法令違反その他不可抗力による契約目的不達成 ②運送品の不可抗力による一部滅失

(注2) 本文の改正のほか、改正前の商法では、法定終了等の場合に、運送人が割合運送賃を請求し得る旨を定めていました（同法第760条第2項、第761条第2項、第763条第1項）が、実務上、これと異なる約定によることも多いため、これらの規律を削除することとしています。

(注3) 本文の改正のほか、改正前の商法では、全部航海傭船の運送品の不可抗力によ

る一部滅失等の場合に、一定の範囲で傭船者に他の運送品（代品）の船積みを認めていました（同法第762条）が、実務上、代品の船積みを許容するか否かは契約によって様々であり、当事者間の合意に委ねるべきであるため、同条を削除することとしています。

Q93 船長が積荷を処分等した場合の運送賃に関する改正の概要及び理由は、どのようなものですか（第746条関係）。

A 改正前の商法第764条では、その各号で3つの場合を掲げ、①船長が同法第715条第1項の規定により積荷の売却又は質入れをした場合（同法第764条第1号）、②船長が航海を継続するために積荷を航海の用に供した場合（同条第2号）、③船長が共同危険回避処分による積荷の処分をした場合（同条第3号）においても、運送賃の全額を請求することができると定めていました。

このうち、改正前の商法第764条第1号については、同法第715条第1項第3号の船長の権限の削除に伴い、これを削除することとしています。また、同法第764条第3号については、実務上、共同危険回避処分による積荷の処分をした場合には、運送賃の全額を請求し得ないことが一般的であるため、これを削除することとしています。

以上の結果、改正法では、改正前の商法第764条第2号を現代語化することとしています（第746条）。

Q94 個品運送及び航海傭船に関する規定を非航海船によって物品を運送する場合について準用することとしたのは、なぜですか（第747条、第756条関係）。

A 改正法では、非航海船（商行為をする目的で海以外の水域において航行の用に供する船舶）による運送も海上運送に含めることとした（第569条第3号）ことから、個品運送及び航海傭船に関する規定を、非航海船によって物品を運送する場合についても準用することとしています（第747条、第756条第1項）。

Q95 航海傭船契約の各当事者は相手方の請求により運送契約書を交付しなければならない旨の規定を削除したのは、なぜですか（改正前の商法第737条関係）。

A 改正前の商法では、航海傭船契約を締結した場合に、各当事者は、相手方の請求により運送契約書を交付しなければならないとされていました（同法第737条）。

しかし、契約書は、当事者が双方合意の上で作成するのが通常であり、同条のように、各当事者が相手方の請求によって相互に契約書の交付義務を負うという規律は、法制上も一般的ではありません。

そこで、改正法では、これを法律上の義務ではなく、個別の契約や実務慣行に委ね、改正前の商法第737条を削除することとしています。

Q96 航海傭船において、船積みの準備が完了した場合の傭船者に対する通知の主体を船長に改めることとしたのは、なぜですか（第748条関係）。

A 改正前の商法では、航海傭船において、船積通知と呼ばれる船積みに必要な準備が完了した旨の通知は、船舶所有者が行うとされていました（同法第741条第1項、第748条第3項）が、現代の実務上、船積通知は船長によってされていることから、改正法では、その主体を船長に改めることとしています（第748条第1項）^(注)。

（注）改正前の商法でも、①船長が第三者から運送品を受け取る場合に、その第三者を確知し得ないときなどの傭船者に対する通知（同法第742条）や、②陸揚通知と呼ばれる陸揚げに必要な準備が完了した旨の通知（同法第752条第1項）は、船長が行うとされており、船積通知とは主体が異なっていましたが、その理由は必ずしも明らかでありませんでした。

この点につき、改正法では、船舶上の具体的な状況を前提に判断を要する事項は、船長を主体として規定することとしています（第749条第1項、第752条第1項）。

Q97 航海傭船において、船積期間及び陸揚期間の起算点及びこれに算入しない期間について、日ではなく、時を基準とすることに改めたのは、なぜですか（第748条、第752条関係）。

A 改正前の商法では、船積期間又は陸揚期間は、「日」を基準として定められ、船積通知又は陸揚通知があった日の翌日から起算し、不可抗力により作業ができなかった日は算入しないとされていました（同法第741条第2項、第3項、第748条第3項、第752条第2項、第3項）。

しかし、現代では、24時間体勢で船積み及び陸揚げのための荷役作業が行われており、実務上、これらの期間を日を基準として定めることは少なく、時間単位で定めることが一般的であるとされています。

そこで、改正法では、船積期間及び陸揚期間について、「時」を基準とすることとしています（第748条第2項、第752条第2項）。

Q98
航海傭船において、傭船者が再運送契約をした場合の船舶所有者の責任に関する規定を削除したのは、なぜですか（改正前の商法第759条関係）。

A 改正前の商法では、航海傭船の傭船者が、その船腹を用いて運送を行うため、更に第三者と運送契約（再運送契約）を締結したときは、その契約の履行が船長の職務に属する範囲内である限り、傭船者ではなく船舶所有者だけが再運送契約上の債務を履行する責任を負うとされていました（同法第759条）。これは、船舶所有者が中心的な海上企業経営の主体であり、船舶所有者と再運送契約の荷送人との間に直接の法律関係を認めることにより、求償関係の簡略化を図ったものといわれていました。

しかし、外航については、同条の適用はなく（改正前の国際海上物品運送法第20条第1項）、再運送契約上の運送人としての債務は、傭船者のみが負い、船舶所有者はその履行補助者となることとされており、内航と外航とで責任の在り方が不均衡でした。そして、現代では、傭船者も海上企業経営の主体としての実態を有しているような場合も多く、再運送契約の荷送人が傭船者を信頼して契約を締結したにもかかわらず、傭船者が当然に責任を免れることは相当でないと考えられます。

そこで、改正法では、改正前の商法第759条を削除し、再運送契約の荷送人は、傭船者に対しては契約責任及び不法行為責任を追及し、船舶所有者に対しては不法行為責任を追及するように改めることとしています。

Q99 船荷証券、複合運送証券及び海上運送状に関する改正の概要は、どのようなものですか（第3編第3章第3節・第4節関係）。

A 改正前の商法には、船荷証券に関する規律はありました（同法第3編第3章第1節第2款）が、複合運送証券及び海上運送状についての規律はありませんでした。

改正法は、船荷証券、複合運送証券及び海上運送状について、主に次のような改正を行っています。

① 商法及び国際海上物品運送法の船荷証券の規律の統一

商法上の船荷証券に関する規定を国際海上物品運送法を参考にして次のように見直すとともに、これに相当する同法の規定を削除し、国内運送及び国際運送の別を問わず、商法上の船荷証券に関する規定を適用することとしています。

　ア　船積船荷証券のほか、受取船荷証券の規律を設けること（第757条）（詳細はQ101、Q102参照）。

　イ　船荷証券の記載事項の見直し（第758条）（詳細はQ103参照）

　ウ　運送人は、運送品の種類、個数等につき荷送人等から通知があったときは、その通知に従って船荷証券に記載しなければならず、荷送人等はその通知が正確でないことによって生じた損害を賠償する責任を負う旨の規定の新設（第759条）（詳細はQ104参照）

② 複合運送証券に関する規律の新設（第769条）

陸上・海上運送を一の契約で引き受けた複合運送において発行される複合運送証券につき、その交付義務、記載事項等に関する規律を新設することとしています（詳細はQ110参照）。

③ 海上運送状に関する規律の新設（第770条）

海上運送状とは、海上物品運送契約による運送品の受取又は船積みを証し、かつ、運送契約の内容を知らせるため、船荷証券に代えて、運送人が荷送人等に発行する運送書類であり、有価証券性を有しないものであるところ、その交付義務、記載事項等に関する規律を新設することとしています（詳細はQ111参照）。

Q100 商法上の船荷証券に関する規律を国際海上物品運送法上の船荷証券に関する規律に合わせて整備することとしたのは、なぜですか。

A 改正法による改正前は、商法上の船荷証券とは別に、国際海上物品運送法上の船荷証券に関する規定が定められ、両者は異なる規律に服していました。これは、1924年船荷証券統一条約を批准すべきとの要望がされた昭和30年頃において、早急にこれを実現するために、国際海上物品運送に限り、同条約に従った特別法を制定することとされ、その際に商法の見直しがされなかったことによります。

このような経緯から、商法上の船荷証券については、例えば、船積船荷証券のほかに受取船荷証券が認められていないなど、現代の実務に即していない規定が多くありました。

そこで、改正法では、商法第3編の海商に関する規律の現代化を図るに当たり、商法上の船荷証券に関する規定を国際海上物品運送法を参考にして見直すとともに、これに相当する同法の規定を削除し、国内運送及び国際運送の別を問わず、商法上の船荷証券に関する規定を適用することとしています。

Q101 船荷証券の交付義務に関する改正の概要は、どのようなものですか（第757条関係）。

A 改正前の商法第767条は、船長は、荷送人等の請求により、運送品の船積み後遅滞なく、船荷証券を交付しなければならないと定めていました。

改正法では、改正前の国際海上物品運送法第6条の規律を踏まえ、①運送人又は船長を船荷証券の交付主体とし(注)、②船積船荷証券のほかに受取船荷証券に関する規律を設け、③受取船荷証券が交付されたときは、受取船荷証券の全部と引換えでなければ、船積船荷証券の交付を請求し得ないこととしています（第757条第1項、第2項）。

また、同一の運送品につき船荷証券と海上運送状とが同時に流通すると、法律関係を複雑にし、無用の混乱を招くことから、現に海上運送状が交付されているときは、船荷証券の交付義務がないこととしています（同条第3項）。

（注）改正前の商法第768条は、船舶所有者が船荷証券の交付につき代理人を選任し得ることを定めていましたが、このような規定がなくとも当然の規律であるため、改正法では、改正前の商法第768条を削除することとしました。

Q102 船積船荷証券と受取船荷証券の2種類の船荷証券を発行できることとしたのは、なぜですか（第757条関係）。

A 改正法では、船積船荷証券だけでなく、受取船荷証券も発行することができることとしています（第757条第1項）。

これは、コンテナ・ターミナルでコンテナの引渡しがされた時点で、船舶の到着やコンテナの船積みを待たずに船荷証券の交付を受けられるという荷送人の便宜を考慮したためです。

Q103 船荷証券の記載事項に関する改正の概要は、どのようなものですか（第758条関係）。

A

1 船荷証券の記載事項

改正法では、船荷証券の記載事項について、現に利用されている国際海上物品運送法上の船荷証券に関する規律を踏まえ、改正を行っています（第758条第1項）。

具体的には、記載事項として、「外部から認められる運送品の状態」や「船積みの年月日」などを追加し、荷造りの種類、船長の氏名などを削除しました[注]。

2 受取船荷証券を船積船荷証券に転換させる簡便な方法

受取船荷証券を交付した後、荷送人から船積船荷証券の交付の請求がされたときは、運送人は、交付済みの受取船荷証券を回収し、船積船荷証券を交付することとなります（第757条第2項）が、これは煩雑です。

そこで、改正法では、改正前の国際海上物品運送法第7条第2項の規律を踏まえ、受取船荷証券を船積船荷証券に転換させる簡便な方法として、受取船荷証券に「船積みがあった旨」、「船舶の名称」、「船積港及び船積みの年月日」を記載し、かつ、署名又は記名押印をすれば足りることとしています（第758条第2項）。

（注）ただし、改正前の商法第769条第1号及び改正前の国際海上物品運送法第7条第1項第7号のうち船舶の国籍については、実務上船荷証券に記載されないため、改正法では、記載事項から削除しました。

Q104 船荷証券を発行する場合における荷送人等の通知に関する改正の概要は、どのようなものですか（第759条関係）。

A 改正法では、改正前の国際海上物品運送法第8条の規律を踏まえ、次のような規律を設けることとしました。

まず、改正法では、運送人は、運送品の特定のために重要である「運送品の種類」や「運送品の容積若しくは重量又は包若しくは個品の数及び運送品の記号」について、原則として、荷送人等からの通知に従って船荷証券を作成する義務を負うとするとともに、荷送人等は、運送人に対し、その通知が正確でないことによって生じた損害を賠償する責任を負うこととしています（第759条第1項、第3項）。この趣旨は、荷送人等がその通知の正確性を担保することにより、船荷証券の記載が正確となり、船荷証券の信頼性を高め、その流通の保護を図る点にあります。

なお、実務上、当該通知が電子メール、ファクシミリ等を用いてされる事例も少なくないため、電磁的方法による通知を明文で許容しています（同条第1項）。

また、改正法では、荷送人等からの通知が正確でないと信ずべき正当な理由がある場合などには、例外的に、運送人は、当該通知に従って船荷証券を作成する必要がないこととしています（同条第2項）。運送人は、善意の所持人に対しては、船荷証券の記載どおりの責任を負っています（文言証券性。第760条）が、このような場合にまで、運送人に荷送人等からの通知に従って船荷証券を作成する義務を負わせるのは酷であるためです。

Q105 荷送人等の船荷証券の謄本の交付義務に関する規定を削除したのは、なぜですか（改正前の商法第770条関係）。

A 改正前の商法では、荷送人等は、船長の請求により、船荷証券の謄本に署名してこれを交付しなければならないとされていました（同法第770条）。

しかし、実務上、荷送人等は、運送人に対し、船積みの前に運送品に関する情報を記載した船積申込書を交付し又はデータ送信しており、このような事情などから、現に船長から船荷証券の謄本の交付請求がされることはありません。

そこで、改正法では、改正前の商法第770条を削除することとしています。

Q106 船荷証券の文言証券性に関する改正の概要は、どのようなものですか（第760条関係）。

A 船荷証券の文言証券性について、改正前の商法は、「運送に関する事項は、運送人と所持人との間においては船荷証券の定めるところによる」旨を規定していました（同法第776条、第572条）。

しかし、この表現では、悪意の所持人との関係でも文言証券性が認められると解されるおそれがあるほか、善意の所持人側が自ら船荷証券の記載と異なる真実を主張立証することが認められないと解されるおそれもあり、相当ではありません。

そこで、改正法では、改正前の国際海上物品運送法第9条を踏まえ、運送人は、船荷証券の記載が事実と異なることをもって善意の所持人に対抗することができないと規定し、その趣旨を明確化することとしています（第760条）。

Q107 船荷証券の譲渡又は質入れに関する改正の概要は、どのようなものですか（第762条関係）。

A 改正前の商法では、船荷証券は法律上当然の指図証券であり、記名式であるときでも、裏書を禁止する旨の記載(注)がない限り、裏書によって譲渡することができるとされていました（同法第776条、第574条）が、改正法では、譲渡に加え、質入れについても規律を及ぼすこととしています（第762条）。

これは、①法律上当然の指図証券とすることにより高度の流通性を付与するという趣旨は、譲渡のみならず質入れについても妥当すること、②民法改正法においても、有価証券の譲渡に係る裏書の方式等に関する民法整備法による改正前の商法第519条の規律を見直し、質入れに関する規律を補っていること（改正民法第520条の7）等によるものです。

（注）裏書を禁止する旨の記載とは、具体的には、「裏書禁止」、「Non-negotiable」等をいいます。

Q108 船荷証券を数通発行した場合における供託に関する改正の概要は、どのようなものですか（第767条関係）。

A 改正前の商法は、船荷証券を数通発行した場合において、複数の所持人から運送品の引渡しの請求がされたときは、船長は、遅滞なく、運送品を供託し、各所持人に対してその通知を発しなければならないと定めていました（同法第773条）。この供託義務の趣旨は、複数の船荷証券所持人があるために引渡しが遅れて損害を被ることになる運送人を保護することにあるとされていました。

しかし、運送人を保護する趣旨からは、供託義務を課すのではなく、債権者不確知の場合（改正民法第494条第2項）と同様に供託権に基づく供託を認めれば足りることから、改正法では、供託義務を廃止し、供託権を認めることとしています（第767条第1項）。

Q109 船荷証券を数通発行した場合についての改正後の規律の概要は、どのようなものですか(第765条から第767条まで関係)。

A 1 船荷証券は数通の発行が認められており(第757条第1項)、実務上は、送付途中での紛失や延着に備えるため、通常、3通の原本を作成しています(注)。

この場合に、運送人は、陸揚港において1通の船荷証券の所持人から運送品の引渡しの請求を受けたときは、その引渡しを拒むことができません。これに対し、陸揚港外においては、船荷証券の全部の返還を受けなければ、運送品の引渡しをすることができません(第765条)。

1通の船荷証券の所持人が運送品の引渡しを受けたときは、他の所持人の船荷証券は、その効力を失います(第766条)。

これらの点については、改正前の商法から変更はありません。

2 運送人は、複数の所持人から運送品の引渡しの請求を受けた場合には、その運送品を供託することができ、その場合には、運送人は、遅滞なく、請求をした各所持人に対してその旨の通知を発しなければなりません(第767条第1項、第2項)。これらの各所持人間においては、最も先に発送され、又は引き渡された船荷証券の所持人が他の所持人に優先します(同条第3項)。

この点については、改正前の商法では、運送品の供託は義務とされていましたが、改正法では、供託する権利に改めることとしています。

(注) 数通の船荷証券を作成したときは、その数を証券上に記載します(第758条第1項第11号)。

Q110 複合運送証券に関する規律の概要は、どのようなものですか（第769条関係）。

A 実務上、陸上運送及び海上運送を一の契約で引き受ける複合運送について、運送品引渡請求権を表章する有価証券である複合運送証券が発行されていますが、改正前の商法には、その法律関係をめぐる明文の規定はありませんでした。

そこで、改正法では、複合運送証券について、法律上の根拠を明示して法律関係を明確化するため、次のような規律を設けることとしています（第769条）[注]。

① 運送人は、複合運送を引き受けたときは、荷送人の請求により、遅滞なく、船積み又は受取があった旨を記載した複合運送証券の1通又は数通を交付しなければならないこと。

② 複合運送証券の記載事項は、実務に沿って、船荷証券の記載事項に「発送地及び到達地」を加えたものとすること。

③ 複合運送証券に関する法律関係について、船荷証券に関する規定を準用すること。

（注）実務上、航空運送を含む複合運送契約については、運送に要する期間も短く、有価証券を発行する例がないようであるため、そのような複合運送証券に関する規律は、設けていません。

Q111 海上運送状に関する規律の概要及びこれを新設したのは、なぜですか（第770条関係）。

A

1 規律を新設した理由

改正前の商法には、海上運送状（Sea Waybill）に関する規定はありませんでした。

しかし、現代では、船舶の高速化により、船舶が到達港に到着した時に船荷証券が荷受人に届いていない事態が生じ、1990年代以後、貿易実務では、受戻証券性を有しない海上運送状の利用が拡大し、既に幅広い取引で利用されるに至っています。

そこで、改正法では、貿易実務で重要な地位を占める海上運送状について、新たに規定を設け、その記載事項を明らかにするとともに、船荷証券の交付義務との関係を規律するなどしています（第770条）。

2 規律の概要

(1) 海上運送状の交付義務及び記載事項（第770条第1項、第2項）

実務上、海上運送状は、運送品の受取又は船積みを証し、運送契約の内容を知らせるという船荷証券と同様の機能を有し、その記載事項も船荷証券と同様であるため、これを踏まえ、運送人又は船長の海上運送状の交付義務及びその記載事項について、船荷証券と同様の規律を設けることとしています。

(2) 電磁的方法による提供（第770条第3項）

実務上、海上運送状については、電子メールやファクシミリ等を用いてその情報が伝達される事例も少なくないことから、相手方である荷送人又は傭船者の承諾があるときは、このような方法を許容することとしています。

(3) 現に船荷証券が交付されている場合（第770条第4項）

同一の運送品につき船荷証券と海上運送状の双方が発行されると、法律関係を複雑にし、無用の混乱を招くことから、現に船荷証券が交付されているときは、海上運送状の交付義務がないこととしています。

Q112　海上旅客運送の特則規定を削除したのは、なぜですか（改正前の商法第777条から第787条まで関係）。

A　改正前の商法は、海上旅客運送について、記名乗船切符の非譲渡性（同法第777条）、旅客に対する食料等の無償提供義務（同法第778条、第783条）、旅客が乗船時期までに乗り込まない場合の取扱い（同法第780条）、旅客運送契約の解除及び法定終了（同法第781条、第782条、第784条）、旅客運送のための傭船契約（同法第787条）等の規律を定めていました。

しかし、これらの規律の大半は、現代の取引実態に適応せず、不合理なものとなっており、実際には、運送約款により詳細な約定が定められています。

そこで、改正法では、海上旅客運送に特有の規律（改正前の商法第777条から第787条まで）は、存在意義に乏しいものとして、削除することとしています(注)。

(注)　各海上旅客運送の特則規定を削除した個別の理由は、次のとおりです。
　(1)　改正前の商法第777条
　　同条は、海上旅客運送について、記名の乗船切符の譲渡禁止を定めていましたが、陸上・航空旅客運送につき同種の規定はなく、必要に応じて、切符に譲渡又は転売を禁ずる旨を記載すれば足り、実務上もそのような取扱いがされています。そのため、改正法では、同条を削除することとしています。
　(2)　改正前の商法第778条
　　同条は、旅客の航海中の食料は船舶所有者の負担とすることを定めていましたが、実務では、運送賃の中に基本的に食料の代金は含まれておらず、別途有償で提供されています。そのため、改正法では、同条を削除することとしています。
　(3)　改正前の商法第779条
　　同条は、旅客の手荷物について、原則として別に運送賃を請求し得ないことを定めていましたが、実務では、通常、運送約款において、手荷物の数量、重量及び容積に応じて、携帯可能かどうか、無償か有償か、有償の場合にはその額等が詳細に定められています。そのため、改正法では、同条を削除することとしています。
　(4)　改正前の商法第780条
　　同条は、旅客が乗船時刻までに船舶に乗り込まないときは、船長は発航することができ、この場合には、旅客は運送賃全額の支払義務を負うことを定めていましたが、

これらは当然の規律です。そのため、改正法では、同条を削除することとしています。
(5) 改正前の商法第781条
　同条第1項は、発航前において、旅客は、運送賃の半額を支払って契約の解除をすることができることを定めていましたが、実務では、ほぼ全額の払戻しに応ずることが通常です。そのため、改正法では、同項を削除することとしています。
　同条第2項は、発航後において、旅客は、運送賃の全額を支払って契約の解除をすることができることを定めていましたが、これは当然の規律です。そのため、改正法では、同項を削除することとしています。
(6) 改正前の商法第782条
　同条は、旅客が死亡等の不可抗力により航海をし得なくなったときは、船舶所有者は運送賃の4分の1を請求することができることなどを定めていましたが、実務では、旅客が不可抗力により乗船し得なかったときは運送賃を請求せず、発航後に乗船を継続し得なかったときは運送の割合に応じた運送賃を請求することが多くあります。そのため、改正法では、同条を削除することとしています。
(7) 改正前の商法第783条
　同条は、航海途中で船舶を修繕すべきときは、船舶所有者は、旅客に相当の住居及び食料を提供しなければならないことを定めていましたが、実務では、そのような取扱いは行われておらず、運送を中止して運送賃を請求しないか、又は他の船舶により運送を継続しています。そのため、改正法では、同条を削除することとしています。
(8) 改正前の商法第784条
　同条は、船舶が修繕不能となったとき等は、旅客運送契約が終了することなどを定めていましたが、代わりの船舶を手配し易くなった現代では、修繕困難なエンジントラブル等の場合に、一律に運送契約を終了させるまでの必要はありません。そのため、改正法では、同条を削除することとしています。
(9) 改正前の商法第785条
　同条は、旅客が死亡したときは、船長は、最もその相続人の利益に適すべき方法によって手荷物を処分する義務を負うことを定めていましたが、船長が執るべき手続については、船員法及び同法施行規則に詳細に定められています。そのため、改正法では、同条を削除することとしています。
(10) 改正前の商法第786条
　同条は、陸上旅客運送及び海上物品運送の規定の一部を海上旅客運送に準用していました。しかし、①旅客運送契約に関する総則的規律（第2編第8章第3節）を設けたこと（改正前の商法第590条、第591条第1項、第592条、第765条の準用関係）、②旅客運送人の人身損害に係る責任については免責特約を無効とする旨の規定（第591条第1項）を新設したこと（改正前の商法第738条、第739条の準用関係）、③船員法第27条により、旅客が危険物を所持する場合には、放棄その他の処置が可

能であること（改正前の商法第740条の準用関係）、④実務では、船長が旅客の手荷物を航海の用に供することは想定し難いこと（同法第764条の準用関係）等を踏まえ、改正法では、改正前の商法第786条を削除することとしています。

(11)　改正前の商法第787条

　同条は、旅客運送のために傭船契約を締結した場合につき、海上物品運送に関する規定を準用していました。商法制定当時は、出稼人などの大人数を船舶で移動させるために傭船契約が利用されていたようですが、現代では、そのような傭船契約は一般的・典型的ではありません。そのため、改正法では、同条を削除することとしています。

第8章 船舶の衝突

Q113 規定の配置について、船舶の衝突（第3編第4章）、海難救助（同編第5章）、共同海損（同編第6章）としたのは、なぜですか。

A 改正前の商法は、第3編の中に「第4章　海損」と「第5章　海難救助」を置き、第4章の中に共同海損と船舶の衝突に関する規定を置いていました。これは、海損には、①共同海損（座礁した船舶につき重量を軽くして離礁させるために積荷を投棄した場合のように、船舶、積荷及び運送賃に対する共同の危険を免れるために生じた損害であって、これらにより共同して負担すべきもの）と、②単独海損（船舶の衝突によって生じた損害のように、関与者のみが単独で負担すべき損害）とが存在するという理念に基づいていました。

しかし、時系列としては、船舶の衝突（第3編第4章）が生じ、その衝突に際して海難救助（同編第5章）が行われ、海難救助後にこれらに関する精算（共同海損。同編第6章）が行われることが一般的です。また、船舶の衝突に関する規律は、不法行為に関する民法の特則を定めていますが、共同海損に関する規律とはその性質が大きく異なり、同一の章で規律することは相当ではありません。さらに、共同海損の計算に際しては、救助された船舶の船舶所有者が支払うべき救助料の額を確定しておくことが、論理的な前提となっています。

そこで、改正法では、時系列や論理的な関係等に配慮し、第3編の中に第4章として船舶の衝突を、第5章として海難救助を、第6章として共同海損を規定することとしています。

Q114 船舶の衝突に関する改正の概要は、どのようなものですか（第3編第4章関係）。

A 1 改正法は、船舶の衝突について、次のような改正を行っています(注)。

① 衝突船舶の双方に過失がある場合には、裁判所が過失の軽重を必要的に考慮して損害賠償の責任及びその額を定める旨の規律の新設（第788条前段）（詳細はQ115参照）

② 船舶の衝突を原因とする不法行為による損害賠償請求権のうち、財産権が侵害されたことによるものについては、不法行為の時から2年の消滅時効に服するものとすること（第789条）（詳細はQ116参照）。

③ 船舶の準衝突（他の船舶に著しく接近して損害を加える場合）について、船舶の衝突に関する規定を準用する旨の規定の新設（第790条）（詳細はQ117参照）

④ 航海船と非航海船との事故について、船舶の衝突及び準衝突に関する規定を準用する旨の規定の新設（第791条）（詳細はQ118参照）

2 なお、我が国は、船舶衝突ニ付テノ規定ノ統一ニ関スル条約（以下「衝突条約」といいます。）の締約国です。

したがって、改正法の規律が及ぶのは、衝突条約の適用がない場合、すなわち、我が国で裁判が行われる場合において全ての利害関係人が日本国籍又は日本法人であるときや、非締約国に船籍を有する船舶の衝突の場合などです。

（注）改正法による改正後の船舶法第35条第1項により、漁船等の非商行為船（公用船を除く。）についても、上記改正の効力が及ぶこととなります。

Q115 船舶の衝突が生じた場合における船舶所有者間の責任の分担に関する改正の概要は、どのようなものですか（第788条関係）。

A 衝突したいずれの船舶についてもその船舶所有者又は船員に過失があった場合の損害賠償責任の在り方について、改正前の商法には特段の規律はありませんでした(注1)が、衝突条約には、各自の過失の軽重による旨の規定があります（衝突条約第4条第1項）。この規定の趣旨は、損害の負担及びその決定方法を公平かつ明確にする点にあり、当該規定の適用がある場合には、民法第722条第2項の過失相殺に関する規定（裁判所が被害者の過失を裁量的に考慮して損害賠償の額を定め得る旨の規定）の適用はないと解されていました。

衝突条約の上記規定の趣旨は、我が国の商法が適用される船舶の衝突についても合理的であるため、改正法では、このような場合の損害賠償責任の在り方について、裁判所はこれらの過失の軽重を必要的に考慮して各船舶所有者の損害賠償の責任及びその額を定める旨の規律を設けることとしています（第788条前段）(注2)(注3)(注4)。

(注1) 改正前の商法第797条は、衝突した船舶間で過失の軽重を定めることができない例外的な場合について、衝突によって生じた損害は各船舶所有者が等分して負担する旨を定めていましたが、同法には、過失の軽重を定めることができる原則的な場合についての規律がありませんでした。

(注2) 第788条は、衝突した二以上の船舶の各所有者が第三者（積荷所有者、漁業者等）に対し不真正連帯債務を負う場合において各自の負担部分を定めるときや、船舶所有者が衝突相手船に対し損害賠償請求をした場合において認容額を定めるときに、その適用があります。

(注3) 第788条は、損害の負担の公平という観点から、裁判所が「損害賠償の額」だけでなく、「責任」についても定める旨を規定しています。

(注4) 改正法の立案に向けた検討の過程では、衝突条約第4条第2項の規律に沿って、船舶の衝突により船舶、積荷等の財産に損害が生じたときは、民法第719条第1項の規定にかかわらず、各船舶所有者は、その負担部分についてのみ当該損害を賠償する責任を負うものとするとの考え方も検討されました。

積荷については、運送契約の当事者間において、航海上の過失免責等の免責に関する規

律が及ぶことが多いところ、積荷所有者が積載船舶の衝突の相手方に対してその負担部分を超える額を請求する場合には、当該相手方はその全額の賠償を余儀なくされ（民法第719条第1項）、その結果、当該負担部分を超える額の求償を積載船舶の所有者（当該積荷の運送人）に対して請求することとなり、運送契約上の免責に関する規律の意義が失われることなどを理由とするものです。

しかし、主に次のような理由から、改正法では、この考え方を採用していません。

① 各船舶所有者の負担部分は必ずしも明らかでなく、被害者である積荷所有者から各船舶所有者に対して行う賠償請求に困難を伴いかねないこと。

② 商法が適用される内航では、航海上の過失免責に関する約定がないケースもあり、上記の考え方の根拠が広く妥当するわけではないこと。

③ 実務上、衝突の相手方からその負担部分を超える部分につき求償された積載船舶の船主は、これを荷主に対して再求償し得る旨の約定が運送契約においてされることがあり、これによっても適切な解決を図ることができること。

Q116 船舶の衝突による損害賠償請求権の消滅時効に関する改正の概要は、どのようなものですか（第789条関係）。

A 1 財産権侵害に関する消滅時効の改正

改正前の商法第798条第1項は、船舶の衝突によって生じた債権につき、1年の短期消滅時効に服する旨を定めていました。この点について、判例（最高裁平成17年11月21日第二小法廷判決・民集59巻9号2558頁参照）では、同項は消滅時効の期間につき不法行為に関する民法第724条の特則を設けたにすぎないとして、消滅時効の起算点については、民法に従い、被害者が損害及び加害者を知った時とされていました。

しかし、衝突条約は、事故があった日から2年の短期消滅時効を定めています（衝突条約第7条第1項）。船舶の衝突においては、多数の利害関係人との間で権利関係を早期に画一的に確定させる必要性が高いのですが、上記判例の事案のように、事故に関する調査に1年以上を要することも見られ、改正前の商法の1年の時効期間は短いといわざるを得ませんでした。そして、財産権の侵害による損害賠償請求権について、船舶上の貨物の所有者など、利害関係人ごとに時効の起算点が異なることも相当ではありません。

そこで、改正法では、衝突条約の規律に合わせ、船舶の衝突を原因とする不法行為による損害賠償請求権のうち財産権の侵害によるものについて、消滅時効の起算点及び期間を改正し、不法行為の時から2年の短期消滅時効に服することとしています（第789条）。

2 人身損害に関する改正前の商法の規律の維持

これに対し、このような損害賠償請求権のうち人身損害に係るものについては、判例（大審院大正4年4月20日判決・民録21輯530頁参照）上、改正前の商法第798条第1項所定の1年の短期消滅時効の適用はないとされていました。

今回の改正では、人命尊重の見地から、財産的損害に限らず人身損害についても一律に短期消滅時効を定める衝突条約とは異なり、第789条の損害賠償請求権の消滅時効については、その対象を財産権を侵害したことによるものに限ることを明示し、人身損害については民法の規定によるとの改正前の

商法下における判例及び一般的な解釈を維持しています。したがって、改正民法に従い、原則5年の消滅時効に服することとなります（同法第724条の2）。

Q117 「準衝突」とは、どのようなものですか。準衝突に関する改正の概要は、どのようなものですか（第790条関係）。

A 1 船舶の準衝突とは、船舶の物理的な衝突には至らないものの、航行に関する行為等により他の船舶に著しく接近し、当該他の船舶又は当該他の船舶内の人や物に損害を加えることをいいます。

例えば、船舶が他の船舶に著しく接近したことにより、強力な渦巻きを発生させて当該他の船舶内の人や物に損害を加えたり、当該他の船舶が衝突を回避しようとして第三船に衝突し又は座礁したりする場合をいいます。

2 改正前の商法では、船舶の準衝突に関する規律はありませんでした。

しかし、衝突条約は、船舶の準衝突の場合にも、衝突条約の適用がある旨を定めています（衝突条約第13条）。また、船舶の準衝突の場合も、船舶の衝突の場合と比べ、その利益状況はほとんど変わりません。

そこで、改正法では、衝突条約の規律に合わせ、船舶の衝突に関する規律を準用することとしています（第790条）。

Q118 船舶と非航海船との事故に関する改正の概要は、どのようなものですか（第791条関係）。

　改正前の商法では、同法第684条第1項の船舶（航海船）と、非航海船との衝突及び準衝突に関する規律はありませんでした。

　しかし、衝突条約は、航海船と非航海船との衝突及び準衝突の場合にも、衝突条約の適用がある旨を定めています（衝突条約第1条、第13条）。商法第3編（海商）は、基本的に航海船を適用対象としていますが、少なくとも一方の船舶が航海船であれば、多数の利害関係人との間における権利関係の早期かつ画一的な確定という短期消滅時効等の趣旨が妥当することなどを踏まえ、改正法では、衝突条約の規律に合わせ、航海船と非航海船との事故について、航海船同士の事故に関する規律を準用することとしています（第791条）(注)。

（注）これに対し、改正法では、非航海船同士の衝突に関する規律を商法に設けてはいません。その主な理由は、次のとおりです。
　① 衝突条約では、非航海船同士の衝突に関する規律は存しないこと。
　② 非航海船同士の衝突については、多数の利害関係人との間における権利関係の早期かつ画一的な確定という短期消滅時効等の趣旨は妥当しないこと。

第9章 海難救助

Q119 海難救助に関する改正の概要は、どのようなものですか（第3編第5章関係）。

A 1 改正法では、海難救助について、主に次のような改正を行っています。

① 契約に基づかないで救助した場合（任意救助）のほか、契約に基づいて救助した場合（契約救助）についても、海難救助の規定を適用すること（第792条第1項）（詳細はQ120参照）。

② 救助料の額の決定に際して裁判所が考慮すべき事情として、海洋の汚染の防止又は軽減のために要した労力及び費用を加えること（第793条）。

環境保護の観点から、救助料の額の決定に際して海洋汚染の防止等のための労力及び費用を考慮すべきこととすることにより、海洋汚染をもたらす船舶の救助を促進することとしました（詳細はQ122参照）。

③ 救助料の上限額につき、救助された積荷の「運送賃」の額を含むこととすること（第795条）（詳細はQ123参照）。

④ 救助に従事した船舶における救助料の割合につき、汽船・帆船の区分を廃止し、3分の2を船舶所有者に、3分の1を船員に支払うこととするが、救助者が救助業者であるときは、全額をその救助者に支払うこととすること（第797条）（詳細はQ125参照）。

⑤ 海洋の汚染の防止又は軽減のための措置をとった者に特別補償料の支払請求権を認める旨の規律の新設（第805条）

環境保護の観点から、海難救助における不成功無報酬の原則を一部修正し、救助に成功しなかった場合等であっても、海洋の汚染の防止又は軽減のための措置として必要又は有益であった費用（特別補償料）の支払を請求することができることとしました（詳細はQ129～Q132参照）。

⑥ 救助料又は特別補償料に係る債権が救助作業終了時から2年の消滅時

効に服するものとすること（第806条）（詳細はQ133参照）。
⑦ 非航海船又は積荷等の救助について、海難救助に関する規定を準用する旨の規定の新設（第807条）（詳細はQ134参照）

2 なお、我が国は、1910年の海難ニ於ケル救援救助ニ付テノ規定ノ統一ニ関スル条約（以下「10年救助条約」といいます。）の締約国です。

したがって、改正法の規律が及ぶのは、10年救助条約の適用がない場合、すなわち、我が国で裁判が行われる場合において全ての利害関係人が日本国籍又は日本法人であるときや、救助船及び被救助船がいずれも非締約国に船籍を有する場合です。

.

Q120 海難救助の成立要件に関する改正の概要は、どのようなものですか（第792条第1項関係）。

A 改正前の商法第800条は、船舶又は積荷の全部又は一部が海難に遭遇した場合において、義務なくしてこれを救助した者は、その結果に対して相当の救助料を請求することができると定めていました。

これに対し、改正法では、海難救助の成立要件につき、次の2点の改正を行っています（第792条第1項）。

① 契約に基づかない救助（任意救助）のほか、契約に基づく救助（契約救助）についても、海難救助に該当するものとしています。これは、1989年の海難救助に関する条約（以下「89年救助条約」といいます。なお、我が国は、89年救助条約を締結していません。）が契約救助も適用対象としていることや、契約救助の救助者にも、救助された積荷や船舶についての先取特権（第802条、第842条第2号）などの海難救助に関する規律を及ぼす必要があること等を踏まえたものです。

② 救助の対象を「船舶又は積荷その他の船舶内にある物」とし、船舶又は積荷だけでなく、例えば燃料など、積荷以外の船舶内にある物を救助した場合にも、海難救助が成立することとしました（第792条第1項）。これは、10年救助条約及び89年救助条約を踏まえたものです。

Q121
船舶所有者及び船長に、積荷等の所有者に代わって救助契約を締結する権限を与えることとしたのは、なぜですか（第792条第2項関係）。

A 改正法では、契約救助に関する規律の新設に伴い、89年救助条約の規律に合わせ、船舶所有者及び船長は、積荷等の所有者に代わって救助契約を締結する権限を有する旨の規律を新設することとしています（第792条第2項）。

これは、積荷等の所有者が著しく多数に及ぶ中で、船長又は船長退船後などの船舶所有者において迅速に救助契約を締結するために必要であることを踏まえたものです。

Q122 救助料の額の算定の考慮要素の例示として、海洋の汚染の防止又は軽減のために要した労力及び費用を追加することとしたのは、なぜですか（第793条関係）。

A 改正前の商法第801条は、救助料につき特約がない場合において、その額につき争いがあるときは、裁判所は、危険の程度、救助の結果、救助のために要した労力及び費用その他一切の事情を考慮してこれを定めると規定していました。

しかし、89年救助条約では、海洋汚染をもたらす船舶に関して、従前よりも多額の救助料を認めることによりその救助を促進するため、救助料の決定に関する考慮事情として、「環境損害を防止し又は軽減するための救助者の技能及び努力」を掲げています。

そこで、改正法では、89年救助条約と同様に、海洋汚染をもたらす船舶の救助を促進するため、救助料の決定に関する裁判所の考慮事情として、海洋汚染の防止又は軽減のための労力及び費用を追加することとしています（第793条）。

Q123 救助料の上限額の算定に当たり、「救助された物の価額」に、救助された積荷の運送賃の額を加算することとしたのは、なぜですか（第795条関係）。

A 改正前の商法第803条第1項は、救助料の額は、特約がないときは、救助された物の価額を超えることができないと定めていました。これは、救助料の額が救助された物の価額を超えるのであれば、被救助者は救助を欲しないと考えられることによるものです。

　これを前提にすると、10年救助条約及び89年救助条約と同様に、積荷が救助されてその運送賃の消滅を免れた場合には、その額をも考慮して救助料の上限額を定めることが合理的です。

　そこで、改正法では、救助料の上限額の算定に当たり、救助された積荷の運送賃の額を加算することとしています（第795条）。

Q124 救助料の額は救助された物の価額から先順位の先取特権者の債権額を控除した額を超えることができない旨の規定を削除したのは、なぜですか（改正前の商法第803条第2項関係）。

A 改正前の商法第803条第2項は、先順位の先取特権があるときは、救助料の額は、その先取特権者の債権額を控除した残額を超えることができないと定めていました。この趣旨は、救助料の債務者が救助された財産以外の財産から支出をすることを迫られることがないようにするためといわれていました。

しかし、①このような規律は、10年救助条約、89年救助条約、実務上利用される救助契約書式にはいずれも存在しない上、②救助者が知り得ない先順位の先取特権の存在により、救助料の額が予想外に低額になり得るという点で、救助を促進するのに適切ではありません。

そこで、改正法では、改正前の商法第803条第2項を削除することとしました。

Q125
船舶所有者及び船員間における救助料の割合に関する改正の概要は、どのようなものですか（第797条関係）。

A

1　改正前の商法第805条は、船舶所有者と船員（船長・海員）との間における救助料の割合について、①汽船にあっては3分の2を、帆船にあっては2分の1を船舶所有者に支払い、その残額を折半して船長及び海員に支払わなければならず、②各海員に支払うべき金額の割合の決定は船長が行い、③これらに反する契約は無効とすると定めていました。

2　改正法では、主に次のような改正を行っています（第797条）。

(1) 汽船・帆船の区分及び船長・海員の区分の廃止

現代では、帆船の利用はまれである上、船長のほかに機関長等の重要な役職もあり、船員の構成が商法制定当時とは相当に異なるため、帆船に関する規律を削除するとともに、船長と海員とを区分してそれぞれ救助料の各6分の1を支払うのではなく、これらの者に対し合わせて救助料の3分の1を支払うように改めることとしています（同条第1項）。

これに伴い、各船員に支払うべき金額の割合の決定は、直接の利害関係のない船舶所有者が行うこととしています（同条第4項）。また、救助料の割合に関する規律が船員保護の観点によることを踏まえ、同条第1項が片面的強行規定であることを明らかにすることとしています（同条第2項）。

(2) 救助料割合の増減請求権の新設

事案によっては、救助料の割合が著しく不相当であることもあり得るため、船舶所有者又は船員の一方は、他の一方に対してその増減を請求することができ、その場合には、裁判所は危険の程度、救助の結果等の一切の事情を斟酌して割合を定めることとしています（同条第3項）。

(3) 救助業者に関する特例の新設

実務上一般的な救助業者による救助の場合には、船員は救助業者から給料等として労務提供の対価を得るため、被救助者から船員に対し救助料の3分の1を支払うのではなく、救助業者に対し救助料の全額を支払わなければならないこととしています（同条第5項）。

Q126 救助料を請求することができない事由として、過失によって海難を発生させた場合及び救助した物品を隠匿し又はみだりに処分した場合を掲げなかったのは、なぜですか（第801条関係）。

A 改正前の商法では、①過失によって海難を発生させた場合及び②救助した物品を隠匿し又はみだりに処分した場合には、救助者は、救助料を請求することができないと定めていました（同法第809条第1号、第3号）。

しかし、10年救助条約及び89年救助条約では、これらの場合には、裁判所が救助料の額を減額することができる旨を定めており、このような規律とすることで事案に即した柔軟な処理をすることが相当であると考えられます。

そこで、改正法では、条約の規律にならい、これらの場合について、救助料を請求することができない事由（第801条）に掲げるのではなく、救助料の額の決定に際して裁判所が考慮する一切の事情（第793条）に含まれるものとして整理することとしています。

Q127　救助料に関する船長の代理権及び法定訴訟担当に関する改正の概要は、どのようなものですか（第803条関係）。

A
1　判例の明文化

改正前の商法第811条は、救助された船舶の船長は、積荷所有者などの救助料の債務者のためにその支払に関する裁判上又は裁判外の代理権を有し、また、法定訴訟担当として訴訟当事者となることができる旨を定めていました。その趣旨は、債権者にとって救助料を回収するための手続を明確かつ容易にすることにより、救助を促進することにあります。

この点について、判例（大審院昭和8年1月24日判決・法学2巻9号104頁）は、同条の解釈として、救助に従事した船舶の船長は、船舶所有者及び海員を代理して救助料の請求をすることができ、また、自ら原告となって訴えを提起することができる旨判示しました。

そこで、改正法では、改正前の商法の規定と同旨の規定を設けるとともに、この判例の趣旨を明文化した規定を加えることとしています（第803条第3項）。なお、法定訴訟担当における判決効の拡張を定める改正前の商法第811条第2項ただし書は、民事訴訟法第115条第1項第2号により明らかなので、削除することとしています。

2　契約救助に関する適用除外

契約救助については、主に次のような点で、上記1とは事情が異なるため、船長の代理権及び法定訴訟担当に関する規律を適用しないこととしています（第803条第4項）。

① 救助された船舶の船長についてみると、救助料の債務者となる積荷所有者等にとって、救助料の額が幾らかは重要であり、実務上も、これに関する交渉を当然に船長に委ねてはおらず、個別に代理権を授与することが一般的であること。

② 救助に従事した船舶の船長についてみると、救助者は自ら締結した契約に基づき救助に従事するため、法律の規定により債権回収の便宜を図る必要性に乏しいこと。

Q128 救助された積荷を第三取得者に引き渡した場合における先取特権の効力に関する規定を削除したのは、なぜですか（改正前の商法第813条関係）。

A 改正前の商法第813条は、救助された積荷についての救助者の先取特権は、その積荷が第三取得者に引き渡されたときは行使し得ない旨を定めており、その意義は、民法第333条と同一です。

改正前の商法は、救助された積荷についての先取特権をめぐる法律関係に関し、船舶先取特権の規定を包括的に準用しつつ（同法第810条第2項）、第三取得者との関係については、追及効のある船舶先取特権(注)とは異なる規律として、その包括的準用規定の特則を設け、民法第333条と同一の意義を有する改正前の商法第813条を定めていました。

改正法では、救助された積荷等についての先取特権に関し、包括的準用規定を置かないこととした（第802条第2項）ため、第三取得者との関係は民法第333条の適用に委ね、改正前の商法第813条を削除することとしたものであり、同法の規律の実質を何ら変更するものではありません。

（注）船舶先取特権は、基本的に第三取得者に対する追及効を有するとされています（民法第333条の不適用）。

Q129 特別補償料に関する規律の概要は、どのようなものですか（第805条関係）。

A 特別補償料に関する第805条は、89年救助条約を踏まえて新設する規律であり、救助従事者が海洋汚染をもたらす船舶の救助作業をする場合には、海難救助における不成功無報酬の原則(注1)を一部修正し、結果として船舶又は積荷等の救助に成功しなかったときでも、特別補償料の支払を請求することができることとするものです。

具体的な規律の内容は、次のとおりです。

① 救助従事者は、海難に遭遇した船舶から排出された油などにより海洋環境等に障害を及ぼすおそれがある場合において、その防止・軽減のための措置をとったときは、船舶所有者に対し、特別補償料として、当該措置として必要又は有益であった費用の支払を請求することができます（同条第1項、第2項）。

② 救助従事者の措置により実際に海洋環境等の障害を防止・軽減した場合には、特別補償料は、当事者の請求により、上記①の費用の額に30％を増額した額以下の範囲内で、また、特別の事情があるときは100％を増額した額以下の範囲内で、裁判所が定めます（同条第3項）。

③ 救助従事者が同一の海難についての救助料債権を有するときは、特別補償料の額は、当該救助料の額を控除した額とします（同条第4項）(注2)。

④ 救助従事者の過失により海洋環境等の障害を防止・軽減し得なかった場合には、裁判所は、これを考慮して、特別補償料の額を定めることができます（同条第5項）。

(注1) 実際に救助が成功した場合に限り救助料の請求が可能であるという原則を、「不成功無報酬（no cure no pay。ノーキュア・ノーペイ）の原則」といいます。

(注2) 本文③の趣旨は、救助従事者が救助に成功した場合には、海洋環境等の障害防止等の措置に要した費用をも考慮して相当な救助料が定められるべきです（第793条）が、他方、救助料は、救助された物の価額の合計額が上限となり（第795条）、救助従事者の要した費用に足りないおそれがあるため、救助料によって補塡されない損失につき特別補償料の支払請求権を認め、海洋環境等の障害防止等の措置を促進することとするものです。

Q130 特別補償料に関する規律を設けることとしたのは、なぜですか（第805条関係）。

A 89年救助条約では、環境損害を生じさせるおそれのある船舶に関し救助作業をした場合において、救助者がその合理的な支出額を補塡するに足りる額の救助料を得ることができないときは、当該合理的な支出額のうち救助料によって補塡されない額に等しい特別補償料の支払を請求することができるとされています（89年救助条約第14条第1項、第3項、第4項）。

これは、海難に伴う船舶からの油の排出等による海洋汚染の増加を背景として、そのような船舶の救助のために多大な費用を支出した者に対し、救助が成功しない場合や救助料が低額である場合であっても、当該支出した費用の特別補償料による補塡を可能にすることにより、海洋汚染の防止又は軽減のための措置を促進しようとするものです。

我が国においても、①海難に伴う船舶からの油の排出等による海洋汚染のおそれがある場合に、その防止又は軽減のための措置を促進すべきことは当然であり、また、②契約に基づかない救助（任意救助）についても、救助従事者に特別補償料を認めることとする等の理由から、改正法では、89年救助条約を踏まえ、特別補償料に関する規律を設けることとしています（第805条）。

Q131 特別補償料の増額に関する規律を設けたのは、なぜですか（第805条第3項関係）。

A 89年救助条約では、海洋汚染の防止・軽減のための措置を促進するため、救助作業により実際に環境損害を防止・軽減した場合には、特別補償料は、最大で救助者の支出額の30％まで増額することができ、裁判所が公平かつ正当と判断するときは、最大で救助者の支出額の100％まで増額することができるとされています。

そこで、改正法では、この規律を踏まえ、救助従事者の措置により実際に海洋環境等の障害を防止・軽減した場合には、特別補償料は、当事者の請求により、当該措置として必要又は有益であった費用の額に30％を増額した額以下の範囲内で、また、特別の事情があるときは100％を増額した額以下の範囲内で、裁判所が定めることとしています（第805条第3項）。

Q132 特別補償料の減額に関する規律を設けたのは、なぜですか（第805条第5項関係）。

A 89年救助条約では、救助者の支出額に相当する額が特別補償料として支払われることを奇貨として不適切な作業がされることは適当でないため、救助者の過失により環境損害を防止・軽減し得なかった場合には、特別補償料の全部又は一部を減額することができるとされています。

そこで、改正法では、この規律を踏まえ、救助従事者の過失によって海洋環境等の障害を防止・軽減し得なかった場合には、裁判所は、これを考慮して、特別補償料の額を定めることができることとしています（第805条第5項）。

Q133 救助料に係る債権等の消滅時効に関する改正の概要は、どのようなものですか（第806条関係）。

A 改正前の商法第814条は、救助料請求権につき、「救助ヲ為シタル時」から1年の短期消滅時効に服する旨を定めていました。

この点につき、改正法では、救助料又は特別補償料に係る債権につき、救助の作業が終了した時から2年の消滅時効に服することとしています（第806条）。

これは、コンテナ船等の場合に実荷主が多数に及び、解決に時間を要する事案があること等を踏まえ、89年救助条約と同様の規律としたものです。

Q134 海難救助に関する規定を非航海船に準用することとしたのは、なぜですか(第807条関係)。

A 改正前の商法には、非航海船の救助に関する規律はありませんでした。

しかし、10年救助条約は、非航海船の救助の場合にも、条約の適用がある旨を定めています。商法第3編(海商)は、基本的に航海船を適用対象としていますが、非航海船にあっても救助の促進の必要性は同様であることなどを踏まえ、改正法では、非航海船又はその積荷等の救助について、海難救助の規律を準用することとしています(第807条)。

第10章 共同海損

Q135 共同海損に関する改正の概要は、どのようなものですか（第3編第6章関係）。

A 改正法では、共同海損について、実務上一般に用いられるヨーク・アントワープ規則(注1)を踏まえ、主に次のような改正を行っています(注2)。

① 船長以外の者による共同危険回避処分を可能とすること（第808条第1項）（詳細はQ136参照）。

② 共同の危険が船舶及び積荷に対して生じた場合だけでなく、積荷以外の船舶内にある物、例えば燃料などに対して生じた場合も含むこととすること（同項）（詳細はQ137参照）。

③ 共同危険回避処分と船舶又は積荷の保存の結果との間の因果関係を不要とすること（第810条第1項）（詳細はQ138参照）。

④ 共同海損を分担する運送賃債権について、定型的にその半額とするのではなく、陸揚げ時点で現に存する運送賃債権の額から「船舶・積荷が全損となったならば支払を要しなくなる航海に必要な費用」(注3)を控除した残額、いわゆる純運送賃としたこと（同項第4号）（詳細はQ141参照）。

⑤ 船舶が不可抗力により発航港等において停泊をするために要する費用について、単独海損に当たるとしても共同海損の規定を準用する旨の規定（準共同海損、改正前の商法第799条）の削除（詳細はQ144参照）

(注1) ヨーク・アントワープ規則（YAR）は、数次の改訂を経ていますが、改正法では、基本的に、実務上用いられることが多い1994年の規律を踏まえ、これと整合しない改正前の商法の規律を改めることとしています。

(注2) 規定の順番の整理

改正前の商法は、基本的に、共同海損の分担割合の定め方に関する規律（同法第789条

から第792条まで）を規定した後に、共同海損となる損害等に関する規律（同法第793条、第794条）を規定し、また、両者の規律が混在する箇所もありました（同法第792条、第793条、第795条）。

　改正法では、規律を分かりやすくする観点から、まず、共同海損となる損害又は費用に関する規律（第809条）を置き、その後に、この損害又は費用（共同海損）の分担割合の定め方に関する規律（第810条、第811条）を置き、また、両者の規律が混在しないように整理しました。

　（注3）この「航海に必要な費用」とは、船員の給料などの経費相当額を意味します。

Q136 船長以外の者が共同危険回避処分をすることができることとしたのは、なぜですか（第808条関係）。

A 改正前の商法では、共同海損の成立要件として、船舶及び積荷に対する共同の危険を免れさせるための処分（共同危険回避処分）は、船長が行わなければならないとされていました（同法第788条第1項）。

しかし、現代では、例えば、船舶所有者が救助契約を締結して救助料の支払債務を負う場合など、船長以外の者が共同危険回避処分をすることがあり、また、ヨーク・アントワープ規則も、共同危険回避処分の主体を船長に限定していません。

そこで、改正法では、共同海損の成立要件として、船長以外の者も共同危険回避処分をすることができることとしています（第808条第1項）。

Q137 共同の危険が船舶及び積荷その他の船舶内にある物に対して生じたことを要件とすることとしたのは、なぜですか（第808条関係）。

A 改正前の商法では、共同海損の成立要件として、船舶及び積荷に対する共同の危険が生じたことを定めており、積荷以外の船舶内にある物については、特段の規定がありませんでした（同法第788条第1項）。

しかし、現代では、例えば、定期傭船に係る船舶及び燃料に対する共同の危険が生じた場合に、これを避けるための処分がされたときも、船舶所有者と燃料の所有者である定期傭船者との間でその損害等を分担することが、公平の理念に合致します。また、ヨーク・アントワープ規則も、「海上冒険を共にする財産」に対する危険が生じたことを要件としており、その財産の範囲を船舶及び積荷に限定していません。

そこで、改正法では、共同海損の成立要件として、共同の危険が船舶及び積荷に対して生じた場合だけでなく、その他の船舶内にある物に対して生じた場合も含むこととし、「積荷その他の船舶内にある物」を意味する「積荷等」の語（第792条第1項）を用い、「船舶及び積荷等に対する共同の危険を避けるため」とすることとしています（第808条第1項）。

Q138 共同危険回避処分と船舶又は積荷等の保存の結果との間の因果関係を不要とすることとしたのは、なぜですか（第810条第1項関係）。

A 改正前の商法では、共同海損の成立要件として、共同危険回避処分と船舶又は積荷の保存の結果との間に因果関係があることを定めていました（同法第789条）。

しかし、例えば、座洲した船舶を浮揚させるために投荷をしたが、船舶が浮揚せず、引き続き、これを引き船によって離洲させた場合に、投荷による損害を被った荷主が共同海損分担金の支払請求権を有しないのでは、その荷主だけに危険を負わせるものであり、不公平な結果となります。また、ヨーク・アントワープ規則も、このような因果関係を要件としていないと解されています。

そこで、改正法では、共同海損の成立要件として、共同危険回避処分と船舶又は積荷等の保存の結果との間に因果関係があることを必要とせず、共同危険回避処分の後に船舶又は積荷等が残存していれば足りることとしています（第810条第1項）。

Q139 共同海損となる損害又は費用に関する規律の概要は、どのようなものですか（第809条第1項関係）。

A

1　船舶又は積荷についての損害

改正前の商法では、共同海損となる損害の額の算定につき、到達又は陸揚げの地及び時における船舶又は積荷の価格による旨を定めていました（同法第794条第1項）。この規律は、ヨーク・アントワープ規則と同趣旨であるため、改正法では、これを維持することとしています（第809条第1項第1号、第2号）。

2　積荷以外の船舶内にある物についての損害

改正法では、積荷以外の船舶内にある物について共同海損の成立を認めており、これに伴い、共同海損となる損害の額の算定につき、上記1と同様の規律を設けることとしています（第809条第1項第3号）。

3　運送賃債権についての損害

改正前の商法では、船長が共同危険回避処分により積荷を処分した場合でも運送賃の全額を請求し得ると定めており（同法第764条第3号）、運送賃債権についての損害に関する規定はありませんでした。

しかし、ヨーク・アントワープ規則では、共同危険回避処分による場合であっても、積荷の損傷等が生じたときは、運送賃債権について損害が生ずることを前提として、その損害の額の算定に関する規律を設けています。

そこで、改正法では、改正前の商法第764条第3号を削除し、共同危険回避処分による積荷の処分により請求し得なくなった運送賃債権も共同海損とするとともに、その額の算定につき、陸揚げの地及び時において請求し得る運送賃債権の額から「運送人において積荷の滅失等のために支払うことを要しなくなった一切の費用」(注)を控除することとしています（第809条第1項ただし書、第4号）。

4　費用

共同危険回避処分により救助料等の債務を負担するなどして費用を支出す

るときは、その費用の額が共同海損の額となります（第808条第1項、改正前の商法第788条第1項）。

（注）本文の「運送人において積荷の滅失等のために支払うことを要しなくなった一切の費用」とは、積荷の滅失等により不要となった経費相当額などをいいます。

Q140 利害関係人が分担することを要しない損害又は費用に関する改正の概要は、どのようなものですか（第809条第3項関係）。

A 改正法では、次の損害又は費用につき、利害関係人が分担することを要せず、自己負担となる旨を定めていますが、その趣旨及び改正の理由は、次のとおりです（第809条第3項各号）。

① 船舶所有者に無断で船積みがされた積荷（同項第1号イ）
② 船積みに際して故意に虚偽の申告がされた積荷（同号ロ）

改正前の商法では、積荷の価格を評定するに足りる書類がなく船積みがされた積荷が掲げられていました（同法第793条第1項）が、これと同趣旨のヨーク・アントワープ規則に合わせ、上記①及び②のとおり規定の表現を改めることとしています。

③ 高価品である積荷であって、荷送人等が運送を委託するに当たりその種類及び価額を通知していないもの。ただし、物品運送契約の締結の当時、運送品が高価品であることを運送人が知っていた場合を除く（第809条第3項第1号ただし書及びハ）。

改正前の商法第794条第2項の規律を維持し、現代語化することとしています。

④ 甲板上の積荷。ただし、例えば、木材やコンテナの運送、沿岸の小航海における運送などのように、甲板積みをする商慣習がある場合を除く（第809条第3項第1号ただし書及びニ）。

基本的には、改正前の商法第793条第2項の規律を維持しつつ、ヨーク・アントワープ規則において、共同海損として利害関係人による分担の対象となるためには、積荷が承認された商慣習に従い運送される必要があるとされていることを踏まえ、「甲板積みをする商慣習がある場合を除く」というように、規定の表現を改めることとしました。

⑤ 属具目録に記載がない属具（第809条第3項第1号ホ）

改正前の商法第793条第1項の規律を維持し、現代語化することとしました。

⑥ 特別補償料（第809条第3項第2号）

ヨーク・アントワープ規則において、特別補償料は共同海損として認容しないとされていることを踏まえ、同趣旨の規律を設けることとしました。

Q141 共同海損の分担割合の算定方法に関する改正の概要は、どのようなものですか（第810条関係）。

A 1 改正前の商法では、共同海損は、①共同危険回避処分によって保存し得た船舶・積荷の価格、②運送賃債権の半額、③共同海損となる損害の各割合に応じて利害関係人が分担し、このうち、船舶・積荷の価格は、到達又は陸揚げの地及び時における価格によるとされていました（同法第789条、第790条）。

2 基本的な分担割合

改正法では、共同海損の基本的な分担割合について、次のとおり改めることとしています（第810条第1項）。

(1) 船舶の利害関係人（第810条第1項第1号）

改正前の商法第790条の規律を維持し、到達の地及び時における船舶の価格を基準とすることとしました。

(2) 積荷の利害関係人（第810条第1項第2号）

改正前の商法第790条の規律を維持し、陸揚げの地及び時における積荷の価格を基準としつつ、他方で、到達地における積荷の引渡しを支払条件とする運送賃債権については、積荷の利害関係人ではなく運送人が危険を負担しているため、「共同危険回避処分の時において積荷の全部が滅失したとした場合に当該積荷の利害関係人が支払うことを要しないこととなる運送賃その他の費用の額」を控除することとしています。

(3) 積荷以外の船舶内にある物（船舶に備え付けた武器を除く。）の利害関係人（第810条第1項第3号）

改正法では、積荷以外の船舶内にある物について共同海損の成立及び分担を認めており（第808条第1項）、これに伴い、共同海損の分担割合の算定につき、上記(1)と同様の規律を設けることとしました。なお、船舶に備え付けた武器を除く点は、改正前の商法第792条本文の規律を維持するものです。

(4) 運送人（第810条第1項第4号）

改正前の商法において、定型的に、運送人が運送賃債権の半額の割合で共同海損を分担するとされていたのは、計算の煩雑さを回避する趣旨によるも

のでした。

　しかし、ヨーク・アントワープ規則では、そのような定型的処理を行わず、運送人が危険を負担した総運送賃から「船舶及び積荷が全損となったならば支払を要しなくなる航海に必要な費用（共同海損となる費用を除く。）」を控除した純運送賃を基準としているため、改正法でも、このような総運送賃から「航海に必要な費用（共同海損となる費用を除く。）のうち、共同危険回避処分の時に船舶及び……積荷の全部が滅失したとした場合に運送人が支払うことを要しないこととなる額」を控除する旨の規律に改めることとしています。

(5)　船員及び旅客（第810条第1項柱書）

　改正前の商法では、船員の給料や、船員及び旅客の食料及び衣類は、共同海損を分担しないとされていました（同法第792条本文）が、実務上、分担額の回収が煩雑かつ困難であることなどから、船員及び旅客が共同海損の分担をしないのが一般的であるため、船員及び旅客は共同海損の分担をしないように改めることとしています。

3　共同危険回避処分後に必要費等を支出した場合（第810条第2項）

　共同危険回避処分の後、到達前に船舶の修繕等により必要費又は有益費が支出された場合には、ヨーク・アントワープ規則によれば、その費用（共同海損となる費用を除く。）の額を控除するとされているため、改正法では、同様の規律を設けることとしています。

4　共同海損となる損害の取扱い（第810条第3項）

　改正前の商法では、保存し得た船舶・積荷の利害関係人と、共同海損となる損害を受けた者が共同海損をそれぞれ分担するように見えますが、これらは同一の者であり、実務上は、利害関係人の冒険終了時の財産の価額にその者の損害の額を加算した上で分担割合を計算するとの計算方法が採られているため、改正法では、第810条第3項を新設し、これに沿う整理に改めることとしています(注)。

(注) 第810条第3項における括弧書きの意味

同項では、利害関係人の冒険終了時の財産の価額にその者の損害の額を加算するに当たり、「当該財産について必要費等を支出した場合にあっては、共同海損となる費用の額を超える部分の額」に限って加算することとしています。

例えば、荒天に遭遇して浸水し、そのままでは船舶及び貨物が沈没するおそれがある場合に、①共同危険回避処分によって船舶を故意に近くの浅瀬に座洲させ（共同海損となる損害3000万円）、②その後避難した港において、到達港まで航海するための必要最低限の仮修繕（共同海損となる費用1000万円）をした結果、③もともと3億円の価値のあった船舶が到達港において2億8000万円になったという想定事例について、2億8000万円に上記①の損害3000万円を加算すると、船舶の利害関係人が共同海損を分担する割合が不当に大きくなってしまいます。

そこで、共同海損となる損害が、共同海損となる費用によって修繕されるなどした場合には、それを超える部分（上記の例では、3000万円－1000万円＝2000万円）に限って、加算することとしました。

Q142　改正前の商法第792条ただし書及び第793条第3項を削除したのは、なぜですか。

A　**1　改正前の商法第792条ただし書の削除**

改正前の商法第792条ただし書は、船員及び旅客の食料及び衣類などに加えた損害は他の利害関係人が分担する旨を定めていましたが、これは、確認的な意味しか有しておらず、この規定がなくとも、共同海損となる損害について定める第808条及び第809条により同様の結論となります。

そこで、改正法では、改正前の商法第792条ただし書を削除することとしています。

2　改正前の商法第793条第3項の削除

改正前の商法第793条第3項は、属具目録に記載しない属具などの利害関係人も共同海損を分担する旨を定めていましたが、これは、確認的な意味しか有しておらず、この規定がなくとも、共同海損の分担義務について定める第810条により同様の結論となります。

そこで、改正法では、改正前の商法第793条第3項を削除することとしています。

Q143 共同海損の分担後に損害が回復した場合の計算規定を削除したのは、なぜですか（改正前の商法第796条関係）。

A 改正前の商法第796条は、利害関係人が共同海損を分担した後、船舶、積荷等がその所有者に回復した場合につき、当該所有者が「償金中ヨリ救助料及ヒ一部滅失又ハ毀損ニ因リテ生シタル損害ノ額ヲ控除シタルモノ」の返還義務を負う旨を定めていました。

しかし、同条の規律については、具体的な計算方法が明らかでなく、民法上の不当利得の法理によって処理すれば足りるため、改正法では、改正前の商法第796条を削除することとしています[注]。

（注）改正前の商法第796条の「償金」とある文言をそのまま「共同海損による受取金額」と読むと、共同海損の精算を再度やり直した場合と同様の結論を導くことができず、不合理な結果を招くこととなりました。

そのような結論を避けるためには、「償金」とある文言を「当該所有者について共同海損とされた損害額」として解釈する必要がありましたが、同法の文言では、そのような解釈は容易ではありませんでした。

Q144 準共同海損に関する規定を削除したのは、なぜですか（改正前の商法第799条関係）。

A 改正前の商法では、船舶が検疫、公的処分等の不可抗力により停泊を余儀なくされた、いわゆる準共同海損の場合について、共同海損に関する規定を準用する旨を定めていました（同法第799条）。これは、当該不可抗力は船舶及び積荷に対する共同の危険に当たるとはいい難いが、その停泊費用を船舶所有者だけが負担することは酷であることを踏まえたものといわれていました。

しかし、一般法理によれば、不可抗力によって支出した費用は支出者の負担となるのが原則であるほか、実際にも、船舶所有者は、不可抗力の発生を想定して運送賃の額を定め、特約し、保険に付すれば足りると考えられます。

そこで、改正法では、改正前の商法第799条を削除することとしています。

第11章 海上保険

Q145 海上保険に関する改正の概要は、どのようなものですか（第3編第7章関係）。

A 改正前の商法は、保険法の特則として、第3編第6章に「保険」の章を設け、海上保険に関する規律を設けていました。

改正法は、このような海上保険に関する規律の位置付け自体は維持しつつ、主に次のような改正を行っています(注)。

① 自発的申告義務に関する規律の新設

保険法では、契約締結時の重要事項の告知義務について、保険者側が告知を求めたものに保険契約者側が答えれば足りるという「質問応答義務」とされていますが、海上保険については、保険契約者側が自ら重要事項を告知しなければならないという「自発的申告義務」が世界的に一般的なことなどから、保険法の特則として、自発的申告義務に関する規律を設けることとしています（詳細はQ147参照）。

② 希望利益保険に関する規定の削除

現代の保険実務等を踏まえて、積荷の到達によって得られる利益等についての保険（希望利益保険）に関する規定を削除することとしています（詳細はQ149参照）。

③ 海上保険証券の記載事項に関する見直し

現代の保険実務等を踏まえて、契約締結時に交付すべき書面（海上保険証券）の記載事項につき見直しを行うこととしています（詳細はQ151参照）。

④ 免責事由に関する見直し

現代の保険実務等を踏まえて、免責事由につき見直しを行うこととしています（詳細はQ154、Q155参照）。

⑤ 保険委付の制度の廃止

改正前の商法では、船舶の沈没などの場合に、被保険者が保険の目的物

についての権利を保険者に移転して、保険金全額を請求し得るという「保険委付」の制度がありましたが、現代の保険実務では利用実態がないため、これを廃止することとしています（詳細はQ159参照）。

（注）改正前の商法第3編第6章の章名は「保険」とされていましたが、保険法の特則であることがより明確となるように、改正法では、「海上保険」に改めることとしています。

Q146 保険者は、共同海損の分担額に加えて、海難の救助のため被保険者が支払うべき金額についても塡補する責任を負うこととしたのは、なぜですか（第817条関係）。

A 改正前の商法では、保険者は、被保険者が支払うべき共同海損の分担額を塡補する責任を負うとされており（同法第817条）、その趣旨は、保険の目的物に損傷がなく、被保険者が共同海損による支払義務を負うにとどまる場合にも、保険者が塡補責任を負うことを明らかにする点にあるとされていました。

この点について、改正法では、保険者は、海難の救助のため被保険者が支払うべき金額についても塡補する責任を負うこととしています（第817条）。これは、現代の保険実務では、保険の目的物に損傷がない場合に、共同海損の分担額のほか、海難の救助のため被保険者が支払うべき金額についても、被保険者が塡補責任を負うのが一般的となっているためです[注]。

（注）第817条第1項にいう「海難の救助（中略）のため被保険者が支払うべき金額」とは、救助料（第792条第1項）のほか、特別補償料（第805条第1項）を含むものです。

Q147 海上保険の告知義務に関する改正の概要及び理由は、どのようなものですか（第820条関係）。

A 海上保険の告知義務について、改正前の商法には特段の規定がありませんでした。この点について、一般法である保険法第4条では、いわゆる質問応答義務の規律を定め、保険契約者又は被保険者になる者は、損害保険契約の締結に際し、危険に関する重要な事項のうち保険者になる者が告知を求めたものについて、事実の告知をしなければならないとされています。

しかし、海上保険については、火災保険等と異なり、危険の個別性が強く、その内容及び程度を一般的に推定することが困難である上、危険開始までの期間が短く、質問応答義務による対応が時間的に困難な場合が少なくありません。そのような事情から、英国の海上保険法を始めとして、いわゆる自発的申告義務の規律が定められ、保険者になる者が告知を求めることを前提とせず、保険契約者又は被保険者になる者は、自ら危険に関する重要な事項について事実の告知をしなければならないとされることが一般的です。そして、近時の保険実務からは、自発的申告義務に関する明文の規定が存しないと、国際的な再保険等の関係で支障を生ずるおそれがあるとの懸念が表明されていました(注)。

そこで、改正法では、保険法の特則として、商法に自発的申告義務に関する規律を設けることとしています（第820条）。

（注）海上保険について、保険法第4条所定の質問応答義務と異なる特約をすることは許容されています（片面的強行規定の適用除外。同法第36条第1号）が、保険実務からは、質問応答義務を原則とする法制は世界標準と異なっており、再保険を引き受ける外国事業者の理解を得るのに困難が多いと指摘されていました。

Q148 告知義務に違反した場合の効果は、どのようなものですか（第829条関係）。

A 改正法では、海上保険の保険契約者等が告知義務に違反した場合に関し、保険法第28条の適用がないことを前提としつつ^(注)、同法上の告知義務違反と同様に、次のような規律を定めることとしています（第829条）。

① 保険契約者等が故意又は重大な過失により告知義務に違反した場合には、保険者は、海上保険契約を解除することができること。

② 海上保険契約の締結の時において、保険者が事実を知り、又は過失によって知らなかったときは、解除権が制限されること（保険法第28条第2項第1号の準用）。

③ 解除権は、保険者が解除の原因があることを知った時から1か月間行使しない場合等に消滅すること（同条第4項の準用）。

④ 保険者は、海上保険契約の解除をした場合には、告知すべき事実に基づかずに発生した損害を除き、解除がされた時までに発生した損害を塡補する責任を負わないこと（同法第31条第2項第1号の準用）。

なお、保険法では、保険媒介者が保険契約者等の告知義務違反に関与した場合の解除権の制限に関する規律があります（同法第28条第2項第2号、第3号、第3項）が、海上保険について保険媒介者が関与する実態はみられないため、改正法では、これに相当する規律は設けていません。

（注）保険法上の「告知事項」は、質問応答義務を前提として、「危険に関する重要な事項のうち保険者になる者が告知を求めたもの」をいう（同法第4条）ため、このような告知事項に関係する同法の規律、具体的には、本文に記載した同法第28条及び第31条第2項第1号のほか、同法第29条及び第31条第2項第2号（告知事項についての危険増加による解除と免責）は、海上保険契約には適用されません。

これに対し、告知事項を前提としない保険法の規律、具体的には、同法第30条（重大事由による解除）、第31条第1項（解除の将来効）などの規定は、海上保険契約にも直接適用されます。

Q149
積荷の到達によって得られる利益又は報酬の保険の保険価額に関する規定を削除したのは、なぜですか（改正前の商法第820条関係）。

A 改正前の商法では、積荷の到達によって得られる利益又は報酬についての保険（希望利益保険）の保険価額に関する規律が定められていました（同法第820条）。

しかし、現代の保険実務では、希望利益については、これを貨物の約定保険価額に加算して貨物保険契約を締結することがあるにとどまり、独立してこれのみを保険に付することはほとんどありません。

そこで、改正法では、希望利益保険を独自の海上保険の類型として位置付けないこととし、改正前の商法第820条を削除することとしています。

Q150 海上保険の法定保険期間に関する規定を削除したのは、なぜですか（改正前の商法第821条、第822条関係）。

A 改正前の商法では、船舶保険、貨物保険及び希望利益保険のそれぞれについて、当事者間に約定がない場合に適用される法定保険期間に関する規律（同法第821条、第822条）が定められていました。

しかし、保険法では、当事者間で保険期間の約定がされることを当然の前提として、保険期間を保険証券の法定記載事項としており（同法第6条第1項第5号）、法制的に、法定保険期間に関する規律を維持することは適当ではありません(注)。

そこで、改正法では、改正前の商法第821条及び第822条を削除することとしています。

（注）保険法制定前の商法第649条第2項第6号は、保険証券の記載事項として「保険期間ヲ定メタルトキハ其始期及ヒ終期」と規定し、保険期間の約定がない場合があり得ることを前提としていました。

Q151 海上保険証券に関する改正の概要は、どのようなものですか（第821条関係）。

A 改正前の商法では、保険者は、海上保険契約を締結したときは、遅滞なく、保険契約者に対し、一定の事項を記載した書面（いわゆる海上保険証券）を交付しなければならず、この書面には、保険法で定める事項のほか、船舶保険又は貨物保険の区分に応じ、商法で定める事項を記載しなければならないとされていました（改正前の商法第823条、保険法第6条第1項）。その趣旨は、海上保険において重要な事項を書面の形で証拠化しておくことで、後の紛争を防止する点にありました。

改正法では、現代の保険実務を踏まえ、海上保険証券の記載事項を改めることとしています。具体的には、船舶保険について、船舶の船質（船舶を構成する材料による分類）、総トン数、建造の年及び航行区域並びに船舶所有者の氏名又は名称を追加し、船長の氏名を削除しています（第821条第1号）。また、貨物保険について、貨物の発送地及び到達地を追加し、船舶の国籍及び種類を削除しています（同条第2号）。

Q152 船長の変更は保険契約の効力に影響を及ぼさない旨の規定を削除したのは、なぜですか（改正前の商法第826条関係）。

A 改正前の商法では、船長の変更は保険契約の効力に影響を及ぼさないとされており（同法第826条）、これは、商法制定当時においては、船長が誰であるかにより航海の安全性が左右され得ることを前提としつつ、保険契約の効力に影響を及ぼすほどの危険の変更には当たらない旨を示すものでした。

しかし、現代では、船舶の安全性が向上し、船長が誰であるかによって航海の安全性が左右されるとはいえない上、保険実務でも、船長の変更は危険の変更として取り扱われていないなど、同条は確認的な意味しか有していなかったため、改正法では、改正前の商法第826条を削除することとしています。

Q153 貨物保険の予定保険に関する改正の概要及び理由は、どのようなものですか（第825条関係）。

A 改正前の商法では、予定保険(注)の一類型として、貨物の積載船舶を定めない場合に関する規律（同法第828条）のみが設けられていました。

しかし、現代の貨物保険の実務では、一定の基準を満たす貨物をあらかじめ合意された条件で包括的に引き受ける「包括予定保険」が広く利用されています。そして、この場合には、保険の目的物を始めとして、保険金額、約定保険価額、保険料等につき概括的な合意がされるほか、貨物の発送地・船積港・陸揚港・到達地につき概括的に国又は地域が合意され、積載船舶や保険期間についても詳細は未確定のままとされていますが、このような予定保険も有効であるという前提で運用されています。そこで、改正法では、①これらの事項に関する予定保険も有効に成立することを前提とした上で、海上保険証券には、このような未確定の事項を記載する必要がない旨を明らかにする規定を新設することとしています（第825条第1項）。

その上で、改正法では、②改正前の商法第828条と同様に、保険契約者等が予定保険における未確定の事項が確定したことを知ったときは、遅滞なく、保険者に対し、その旨の通知を発しなければならず、これを怠ったときは貨物保険契約が失効することとするとともに、③現代の保険実務を踏まえ、貨物保険契約が失効するのは、保険契約者等が故意又は重大な過失により通知を怠った場合に限ることとしています（第825条第2項、第3項）。

（注）一般に、「予定保険」とは、保険契約の約定の一部を未確定のまま成立させる貨物保険契約をいい、予約完結権の行使によって始めて保険契約が成立するという保険契約の予約ではなく、予定保険の合意によって保険契約が成立すると理解されています。

Q154 保険者の免責に関する改正の概要及び理由は、どのようなものですか（第826条関係）。

A 1 改正前の商法では、保険法の一般的な免責事由（同法第17条）に代えて、海上保険につき、次の免責事由を定めていました（改正前の商法第829条）。

① 保険の目的物の性質や自然損耗等によって生じた損害
② 保険契約者等の故意重過失によって生じた損害
③ 船舶保険等について堪航能力担保義務違反によって生じた損害
④ 貨物保険等について荷送人等の故意重過失によって生じた損害
⑤ 水先料等のほか、航海のために支出した通常の費用

2 改正法では、海上保険の免責事由につき、次のような改正を行っています。

(1) 上記1②について、責任保険にあっては、保険契約者等の故意による場合に限り、免責事由としています（第826条第2号括弧書き）。これは、保険者から支払われる保険金が実質的には被害者の救済に資すること等を踏まえ、保険法第17条第2項と同様の規律としたものです。

(2) 新たな免責事由として、「戦争その他の変乱によって生じた損害」と、「貨物保険にあっては、貨物の荷造りの不完全によって生じた損害」を新設しています（第826条第3号、第5号）。これは、現代の保険実務では、これらが免責事由とされるのが一般的であること等を理由とするものです。

(3) 上記1④及び⑤を削除しています（改正前の商法第829条第3号、第4号）。これは、現代の保険実務では、これらが免責事由とされるのが一般的でないこと等を理由とするものです(注1)(注2)。

(注1) 本文1④の免責事由（貨物保険等について荷送人・荷受人等の故意重過失によって生じた損害）の趣旨は、荷送人・荷受人等は、保険契約者又は被保険者でない場合（本文1②の免責事由に該当しない場合）であっても、危険に密接に関係する立場にあり、その故意重過失によって生じた損害は免責事由とすべきであるためといわれていましたが、保険契約者又は被保険者以外の者に関する事由をもって保険者の免責事由とするこ

とは、保険契約者等に酷であり、必ずしも合理的ではありません。

　(注2)　本文1⑤の免責事由（水先料等）は、そもそも事故による損害ではなく、海上保険により塡補される損害ではないといわれています。

Q155 少額損害等の免責に関する規定を削除したのは、なぜですか（改正前の商法第830条関係）。

A 改正前の商法では、保険者は、保険価額の2%を超えない少額の損害又は費用を塡補する責任を負わないとされており（同法第830条）、その趣旨は、極めて少額の損害等についても塡補責任を負うとすると、その計算費用が塡補額を超過することがあり、公益を害するためとされていました。

しかし、現代では、船舶や貨物の価格が高額になっており、保険者が保険価額の2%を超えない損害等につき一律に塡補責任を負わないとするのは相当でなく、現代の保険実務でも、少額の損害等を免責する約定は一般的でないため、改正法では、改正前の商法第830条を削除することとしています。

Q156
貨物の損傷又は一部滅失の場合における塡補額の計算方法に関する改正の概要及び理由は、どのようなものですか（第827条関係）。

A 改正前の商法では、貨物が損傷して陸揚港に到達した場合に、貨物保険の保険者が塡補すべき額の計算方法を定めていました（同法第831条）。

この点について、同条の「積荷カ毀損シタル状況ニ於ケル価額ノ毀損セサル状況ニ於テ有スヘカリシ価額ニ対スル割合」という文言からは、例えば、毀損した状態の価額が70万円、毀損のない通常の価額が100万円という事例で考えると、70万円の100万円に対する割合、すなわち保険価額の7割が塡補額となるようにもみえました。しかし、この場合に塡補されるべき損害は、100万円と70万円の差額である30万円の100万円に対する割合、すなわち保険価額の3割となるはずです。

そこで、改正法では、その趣旨が明確になるよう、規定の表現を改めることとしています（第827条）(注)。

(注) 本文のほか、「陸揚港」を「到達地」に改めることとしています。これは、現代の保険実務では、海上運送の前後で付随的に陸上運送が行われる場合などには、その付随区間を含めて海上貨物保険の引受けがされており、これを踏まえたものです。

Q157

航海の途中に不可抗力により保険の目的物である貨物を売却した場合における塡補額の計算方法について、保険法第19条の規定の適用を妨げない旨の規定を削除したのは、なぜですか（改正前の商法第832条第1項ただし書関係）。

A 航海の途中に不可抗力により貨物を売却せざるを得なかった場合には、その代価は通常の価格より低額であることが多いため、改正前の商法は、基本的にこれによる損失を保険者の負担とした上、保険給付の限度額である保険金額が当該貨物の保険価額の一部であるという一部保険の場合について、保険法第19条の規定の適用を妨げないと定めていました（改正前の商法第832条第1項）。これは、貨物自体に損傷がなく、塡補「損害」額に関する保険法第19条の適用について疑義を生ずることから、この点を明確にするものとされていました。

しかし、現代の保険実務では、貨物自体に損傷がない場合でも、不可抗力により低額での売却を余儀なくされたときは、貨物の利害関係人に損害が生じていると一般に理解されており、改正前の商法第832条第1項ただし書は確認的な意味しか有していないため、改正法では、これを削除することとしています。

Q158 航海の途中に不可抗力により保険の目的物である貨物を売却した場合において買主が代価を支払わないときは保険者がその支払義務を負う旨の規定を削除したのは、なぜですか（改正前の商法第832条第2項関係）。

A 改正前の商法では、航海の途中に不可抗力により保険の目的物である貨物を売却せざるを得なかった場合には、その代価は通常の価格より低額であることが多いため、基本的にこれによる損失を保険者の負担とした上、さらに、買主が代価を支払わないときは、保険者がその支払義務を負うとされており（同法第832条）、その趣旨は、被保険者に対し当該貨物に係る保険金額相当額を得させる点にあるとされていました。

しかし、現代の保険実務では、保険者が代価相当額を支払うという取扱いがされることはありません。また、買主が代価を支払わない場合については、第828条に基づき、保険者が基本的に保険価額の塡補責任を負うものとみることにより、改正前の商法の立法趣旨を実現することができます。

そこで、改正法では、改正前の商法第832条第2項を削除することとしています。

Q159 保険委付に関する規定を削除したのは、なぜですか（改正前の商法第833条から第841条まで関係）。

A 改正前の商法では、海上保険について、保険委付に関する規定があり、被保険者は、船舶の沈没等の場合に、保険の目的物についての権利を保険者に移転して、保険金額の全部を請求することができるとされていました（同法第833条から第841条まで）。

しかし、船舶が大型化し、燃料油を動力源とする船舶が一般的である現代にあっては、船舶の沈没等の場合には、巨大な船骸の撤去や、船舶から流出した燃料油の除去等の付随的な義務の履行に多大な費用を要することがあるため、保険の目的物についての権利を取得するのが保険者に不利益なことも多くあります。そのため、実務上、保険者は、保険の目的物についての権利を取得せずに、全損として保険金を支払っており、平成初期以降、約款において保険委付をすることができない旨が定められています。

そこで、改正法では、保険委付に関する改正前の商法第833条から第841条までを削除することとしています。

Q160 「運送の遅延」を法定の免責事由としなかったのは、なぜですか。

A 改正法の立案に向けた検討の過程では、保険実務の立場から、英国法や保険約款にみられる規律であることなどを理由に、「運送の遅延」によって生じた損害を貨物保険の免責事由として法定すべきであるとの意見がありました。

しかし、貨物保険の実務において、主に「運送の遅延」による損害として免責の主張がされるのは、貨物に物理的な損傷はないものの、遅延に伴って代船の手配費用が生ずる場合などですが、このような費用は、そもそも貨物についての直接の損害ではなく、塡補の範囲に含まれないために保険者が塡補を要しないものであり、免責事由の問題ではないと考えられます。また、単に「運送の遅延」を法定の免責事由とした場合には、例えば、被保険者の責めに帰すべき運送の遅延中に台風その他の不可抗力に遭遇して貨物が損傷した事例など、保険実務でも免責とは理解されていない事例についてまで、免責事由に含まれるものと解釈されてしまう懸念があります。

そこで、改正法では、「運送の遅延」を法定の免責事由とはしていません。

第12章 船舶先取特権及び船舶抵当権

Q161 船舶先取特権に関する改正の概要は、どのようなものですか（第3編第8章関係）。

A 改正法では、船舶先取特権について、主に次のような改正を行っています(注)。

① 人身損害に基づく債権の保護の強化

　船舶の運航に直接関連して生じた人身損害に基づく債権について、人命尊重の理念を重視する観点から、船主責任制限法によって賠償が一定限度に制限され得るか否かにかかわらず、船舶先取特権を認め、かつ、最優先の順位とすることとしています（詳細はQ165参照）。

② 船舶先取特権を生ずる債権の一部削除

　実務上の意義等を踏まえ、船舶先取特権を生ずる債権のうち、船舶の競売費用等を削除することとしています（詳細はQ163、Q164、Q169参照）。

③ 船舶先取特権を生ずる債権の順位の見直し

　船舶先取特権が数回の航海について生じた場合に、後の航海について生じたものが優先するという規律を廃止し、船舶先取特権が競合する場合の順位は、基本的に第842条各号に掲げる順序に従うこととしつつ、海難救助を促進する観点から、救助料債権は、救助前に発生した他の船舶先取特権に優先することとしています（詳細はQ170参照）。

④ 船舶先取特権の目的の一部削除

　改正前の商法では、船舶先取特権は、船舶、その属具及び未収運送賃について存在するとされていましたが、このうち未収運送賃を削除することとしています（詳細はQ162参照）。

（注）改正前の商法第3編第7章の章名は「船舶債権者」とされていましたが、やや抽象的な表現であることから、改正法では、規律の内容を直截に示す「船舶先取特権及び船舶抵当権」という表現に改めることとしています。

Q162 船舶先取特権の目的から未収運送賃を削除したのは、なぜですか（改正前の商法第842条柱書、第843条関係）。

A 改正前の商法では、船舶先取特権は、船舶、その属具及び未収運送賃（「未タ受取ラサル運送賃」）について存在するとされていました（同法第842条柱書）^(注)。

しかし、実務上、未収運送賃を特定して船舶先取特権を行使することは困難であり、そのような事例は見当たらないといわれ、船舶の先取特権及び抵当権に関する1993年の国際条約（以下「93年条約」といいます。なお、93年条約の締約国に主要な海運国は含まれておらず、我が国も加盟していません。）でも、未収運送賃は、船舶先取特権の目的に含まれていません。

そこで、改正法では、船舶先取特権の目的から未収運送賃を削除することとしています。

（注）そもそも、船舶先取特権の目的に未収運送賃が含まれているのは、海難事故などに際し、船舶所有者が船舶及び運送賃のみをもって物的有限責任を負った時代の名残にすぎないとも指摘されていました。

Q163 改正前の商法第842条第1号（競売費用及び競売手続開始後の保存費の船舶先取特権）を削除したのは、なぜですか。

A 改正前の商法では、船舶及びその属具の競売費用並びに競売手続開始後の保存費について船舶先取特権が認められており（同法第842条第1号）、その趣旨は、全債権者の利益のための共益費用として、優先的な地位を与える点にあるとされていました。

しかし、民事執行法に基づき、共益費用は、手続費用として競売手続の中で最優先の配当を受けることができるという運用が確立しているため、別途、船舶先取特権を認めて保護する実益に乏しくなっています。他方で、このような運用によっても手続費用に該当しないものについては、上記の保護を与えるのは相当でなく、93年条約でも、船舶先取特権が認められていません。

そこで、改正法では、共益費用の保護は民事執行法に委ねることとし、改正前の商法第842条第1号を削除することとしています。

Q164 改正前の商法第842条第2号（最後の港における保存費の船舶先取特権）を削除したのは、なぜですか。

A 改正前の商法では、最後の港における船舶及びその属具の保存費について船舶先取特権が認められており（同法第842条第2号）、その趣旨は、全債権者の利益のための費用として、優先的な地位を与える点にあるとされていました。

しかし、民事執行法の手続費用に該当しないものについては、上記の保護を与えるのは相当でなく、93年条約や諸外国の法制でも、基本的に船舶先取特権が認められていないため、改正法では、改正前の商法第842条第2号を削除することとしています。

Q165 商法上の船舶先取特権に、第1順位として、船舶の運航に直接関連して生じた人の生命又は身体の侵害による損害賠償請求権を加えることとしたのは、なぜですか（第842条第1号関係）。

A 船主責任制限法では、船舶上で又は船舶の運航に直接関連して生ずる人身損害に基づく債権は、船舶所有者等がその責任を制限することができる債権（以下「制限債権」といいます。）とされ（同法第3条第1項第1号）、その損害賠償請求が一部制限される代償として、制限債権について船舶先取特権が認められていました（改正法による改正前の船主責任制限法第95条）。ただし、当該船舶上の旅客の人身損害に基づく債権や、船員の船舶所有者に対する債権は、制限債権ではなく、船舶先取特権が認められていませんでした（船主責任制限法第3条第4項、第4条第2号）。

しかし、人命尊重の理念を重視する観点からは、船舶の運航に直接関連して生ずる人身損害に基づく債権について、制限債権に当たるか否かで区別することなく、一律に船舶先取特権を認め、かつ、高い優先権を与えることが相当であると考えられます。93年条約でも、このような債権について、船舶先取特権が認められ、高い順位（第2順位）とされています。

そこで、改正法では、船舶の運航に直接関連して生ずる人身損害に基づく債権について、制限債権に当たるか否かにかかわらず、船舶先取特権を認め、かつ、最優先の順位を与えることとしています（第842条第1号）。なお、船主責任制限法に定める制限債権であることを要件としないため、同法ではなく、商法に規定を設けることとしています(注)。

(注) 制限債権には、船舶の運航に直接関連せず、単に船舶上で生ずる人身損害（見送人、荷役業者等の損害）に基づく債権も含まれますが、93年条約は、このような債権に船舶先取特権を認めておらず、船舶との関連性にも乏しいことから、本文の改正に合わせて、船舶先取特権を認めないこととしています。

Q166 救助料及び船舶の負担に属する共同海損の船舶先取特権を第2順位とすることとしたのは、なぜですか（第842条第2号関係）。

A 改正前の商法では、救助料及び船舶の負担に属する共同海損の船舶先取特権は、第5順位とされていました。

しかし、船舶が海難に遭ったという非常事態においては、これらの費用を支出しなければ船舶の価値を維持することは困難であり、これらは、最も船舶の価値の維持に貢献するものといえます。また、救助料の船舶先取特権は、93年条約でも、人身損害に基づく債権の船舶先取特権に次ぐ高い順位（第3順位）とされています。

そこで、改正法では、救助料及び船舶の負担に属する共同海損の船舶先取特権について、人身損害に基づく債権の船舶先取特権に次ぐ第2順位とすることとしています。

Q167 航海に関し船舶に課した諸税の順位を水先料と同一にしたのは、なぜですか（第842条第3号関係）。

A 改正前の商法第842条第3号所定の「航海ニ関シ船舶ニ課シタル諸税」とは、例えば、外国貿易船の入港に課される「とん税」や、船舶が港湾を利用するための「入港料」などをいい、比較的高い順位の船舶先取特権が認められていました。

我が国の法制上、租税の公益性を根拠として、租税は原則として他の債権に先立って徴収されるという「租税債権の一般的優先権」（国税徴収法第8条、地方税法第14条）が認められていますが、特に、航海に関し船舶に課した諸税について、商法第842条による保護を与えるのは、主として入港に関する費用という性質を有し、全債権者の共同の利益になり得ることに根拠があると考えられます。そして、93年条約でも、租税としてではなく、「港、運河その他の水路の料金及び水先料」として、水先料と同順位で船舶先取特権が認められています。

そこで、改正法では、主として入港に関する費用という観点から、航海に関し船舶に課した諸税と水先料及び引き船料を同列に扱うこととしています。

Q168
改正前の商法第842条第7号の債権（雇用契約によって生じた船員の債権）の範囲を改正しなかったのは、なぜですか。

A 改正前の商法第842条第7号では、雇用契約によって生じた船員の債権について船舶先取特権を認めていましたが、改正法の立案に向けた検討の過程では、同号の債権の範囲に関する解釈及び改正の在り方について、激しい意見の対立が見られました。

この点について、船舶先取特権は特定の船舶と債権との間に牽連性があるとして認められており、改正前の商法第842条第7号の債権の範囲も、船員の労務によって当該船舶の価値が維持された部分に限定すべきであること、93年条約では、船員の債権について「その船舶への雇入れに関連して受け取るもの」(wages in respect of their employment on the vessel) との限定がされていることなどを理由に、この債権の範囲は、雇用契約によって生じた船長その他の船員の債権のうち当該船舶への乗組みに関して生じたものに限られると解されるし、これを明確化すべきとの意見がありました。

これに対しては、改正前の商法第842条第7号の債権の範囲につき明文上の限定はなく、給料の後払いとしての性格を有する退職金債権も保護すべきであること、老朽化した船舶の代わりに新たな船舶が建造された場合に船員の船舶先取特権が失われることは相当でないことなどを理由に、この債権の範囲は、雇用契約によって生じた全ての債権と解されるし、民法の雇用関係の一般先取特権について、平成15年改正により適用対象が拡張された中で、今回の改正により過酷な労務に従事する船員の保護を後退させるべきではないなどとして、改正前の商法の規定を維持すべきとの意見がありました[注1]。

そして、この問題については、最高裁の判断はなく、昭和52年に異なる方向性の二つの控訴審の判断がされ、かつ、公刊された裁判例自体が少ない状況にとどまっていました[注2][注3]。

このような状況の下、改正法では、この点について当面は引き続き解釈に委ねることとし、現代語化をする改正にとどめることとしています（第842条第5号）。

（注1）平成15年改正により、民法の雇用関係の一般先取特権の範囲に関して、それまで「最後ノ六ヶ月間ノ給料」に限定されていたものが、労働債権の保護をより充実させる観点などから、雇用関係に基づいて生じた債権の全てについて、期間の限定なく先取特権を認めることとされています。

（注2）福岡高裁昭和52年7月7日判決・判時875号106頁は、おおむね、次のように判示しました。

① 改正前の商法第842条第7号の「船長其他ノ船員」とは、被用者として当該船舶に乗り組み、継続して船舶の航海上の労務に服する者を指し、予備船員を含まない。その被担保債権の範囲は、給料に限られず、乗組労働と対価関係を有する限度において、広く雇用契約上の債権を含み、入社在籍期間を基礎とする退職金等については、入社在籍期間に対する当該船舶への乗組期間（現実の乗船期間だけでなく、船員法により付与されるべき休暇日数を含む。）の割合に応じ、船舶先取特権の保護を受ける。

② 上記①の乗組期間については、改正前の商法第847条第1項が船舶先取特権につき発生後1年の経過により消滅すると定めた趣旨や、これを限定しないと、かつて当該船舶に乗り組んだ全ての船員が退職金債権につき船舶先取特権を有することとなり不都合であること等の理由から、過去1年以内に雇止めとなった乗組みに限る。

（注3）大阪高裁昭和52年10月28日判決・判時885号160頁は、条文上被担保債権につき発生上の限定がないこと等を理由に、当該船舶の船員としてその航海上の労務に継続的に服する地位にあった者（予備船員を含まない。）について、その地位にあって取得した債権（給料、有給休暇賃金、退職手当、越年手当及び下船旅費を含み、特別退職手当を含まない。）の全てが被担保債権になるとしつつ、上記（注2）の②のような乗組期間の限定の主張を排斥しました。

Q169 改正前の商法第842条第8号（船舶がその売買又は製造後に航海をしていない場合におけるその売買又は製造及び艤装によって生じた債権並びに最後の航海のための艤装、食料及び燃料に関する債権の船舶先取特権）を削除したのは、なぜですか。

A 改正前の商法では、①船舶がその売買又は製造後に航海をしていない場合におけるその売買又は製造及び艤装によって生じた債権、②最後の航海のための船舶の艤装、食料及び燃料に関する債権について、船舶先取特権が認められていました（同法第842条第8号）。

　しかし、これらの船舶先取特権は船舶の発航によって消滅する（同法第847条第2項）ため、現実的に、債権保全の実効性に乏しくなっていました。また、いずれの債権についても、93年条約や諸外国の法制において、基本的に船舶先取特権が認められていません[注]。

　そこで、改正法では、改正前の商法第842条第8号を削除することとしています。

（注）本文のほか、次のような理由も挙げられます。
① 未航海の船舶の売買又は製造等によって生じた債権について、現代の実務では、これらの代金が未払のまま船舶の引渡しがされる例は多くないこと。
② 最後の航海のための艤装等に関する債権について、その趣旨は、最後の航海のために費用を掛けたからこそ運送賃を取得することができたという意味で、運送賃の発生の原因となるために船舶先取特権を認めたものとされているが、今般の改正により、船舶先取特権の目的から未収運送賃を削除する（第842条柱書）ため、このような趣旨が妥当しなくなること。

Q170 船舶先取特権を生ずる債権の順位に関する改正の概要は、どのようなものですか（第843条関係）。

A 改正前の商法では、船舶先取特権が競合する場合の順位は、①原則として同法第842条各号に掲げる順序に従う（同法第844条第1項本文）が、②一定の債権に係る船舶先取特権の間では後に生じたものが優先し（同項ただし書）、さらに、③船舶先取特権が数回の航海について生じた場合には、後の航海について生じたものが優先する（同条第3項）(注1)など、極めて複雑なものとなっていました。

改正法では、個々の債権の性質や、93年条約の規律を踏まえ、①第842条各号に掲げる順序に従うという原則を強化し、②一定の債権に係る船舶先取特権の間では後に生じたものが優先するという規律や、③航海単位で優先関係が決定されるという規律を削除することとしています(注2)。ただし、救助料の船舶先取特権については、政策的に海難救助を促進するため、既に生じている他の船舶先取特権に優先することとしています（第843条第1項ただし書）(注3)。

（注1）改正前の商法において、航海単位で優先関係が決定されるのは、船舶先取特権の目的に運送賃が含まれ、運送賃が航海ごとに発生することを踏まえたものでしたが、改正法では、船舶先取特権の目的から未収運送賃を削除することとしています（第842条柱書）。

（注2）改正法では、本文②の規律を削除していますが、これに対し、第842条各号に掲げる順序が同一である船舶先取特権の優先関係について、後に生じたものが優先するという改正前の商法第844条第2項ただし書の規律は、維持されています（第843条第2項ただし書）。これは、債権の性質に基づく優先順位が同一であるものの間では、後に生じたものの方が、より現在の船舶の価値の維持に貢献していることを理由とするものです。

（注3）93年条約でも、救助料債権の船舶先取特権は、救助前に発生した他の船舶先取特権に優先するとされています。

Q171 船舶先取特権と船舶抵当権との優劣に関する規律を改正しなかったのは、なぜですか（改正前の商法第849条関係）。

A 93年条約では、締約国は、国内法において、船舶抵当権に劣後する他の船舶先取特権を定めることができるとされており、改正法の立案に向けた検討の過程でも、船舶金融を害さないようにする観点から、①航海継続の必要によって生じた債権（改正前の商法第842条第6号）及び②船主責任制限法所定の「物の損害に関する債権」（同法第2条第1項第6号）について、船舶抵当権に劣後させるとの考え方が検討されました。

しかし、これらの債権（燃料油代金債権、運送品の損傷等による賠償請求権、漁業被害等による賠償請求権など）については、債権回収ないし被害者救済の観点から、船舶先取特権が認められていることに大きな意義がある一方で、これらの船舶先取特権を船舶抵当権に劣後させることとしても、現実に船舶金融の円滑化をもたらすかどうかは、必ずしも明らかではありませんでした(注)。また、パブリック・コメントの結果では、銀行関係団体はこれらの船舶先取特権を船舶抵当権に劣後させる考え方を支持しましたが、荷主団体、船主団体、保険関係団体、漁業関係団体、燃料油供給業者などからは、現行の規律を維持すべきとする見解が広く支持されました。

そこで、改正法では、この点に関する見直しを行わず、船舶先取特権が船舶抵当権より優先するという改正前の商法の規律を維持することとしています（第848条第1項）。

（注）現在の我が国の船舶金融は、船舶自体の担保価値に注目した融資（いわゆるアセット・ファイナンス）ではなく、船舶所有者の企業としての収益力や資産全体を考慮した融資（いわゆるコーポレート・ファイナンス）であるようです。

Q172 船舶抵当権と船舶先取特権以外の先取特権との競合の場合の規律の概要及び理由は、どのようなものですか（第848条第2項関係）。

A 改正前の商法では、船舶先取特権は、他の先取特権及び船舶抵当権に優先する旨の規定はありました（同法第845条、第849条）が、船舶先取特権以外の先取特権(注)と船舶抵当権との優劣に関しては規定がありませんでした。

　この点について、改正法では、船舶抵当権は、民法第330条所定の第一順位の先取特権と同順位とする旨の規律を設けています（第848条第2項）。これは、船舶先取特権以外の先取特権と船舶抵当権との優劣につき、動産への抵当権の設定を認める自動車抵当法及び航空機抵当法と同様に解するのが一般的であるため、その解釈を明確化したものです。

　（注）船舶先取特権以外の先取特権が船舶に成立する場合とは、典型的には、航海継続のためではなく、定期検査に伴って必要となった船舶の修繕を行ったことにより、動産保存の先取特権（民法第330条第1項第2号）が成立する場合が挙げられます。

第13章 国際海上物品運送法

Q173 国際海上物品運送法の改正の概要は、どのようなものですか。

A 改正法は、国際海上物品運送法について、主に次のような改正(注)を行っています。

① 運送人の責任限度額の見直し

運送人の責任限度額について、運送品1包又は1単位ごとに、確定額と運送品の総重量に比例した金額とを比較して判断するのではなく、滅失等に係る運送品の全体について、「当該運送品の包又は単位の数に666.67 SDRを乗じて得た金額」と「当該運送品の総重量について1キログラムにつき2SDRを乗じて得た金額」とを比較し、いずれか多い金額とすることとしています（新国際海上物品運送法第9条第1項）（詳細はQ175参照）。

② 再運送契約の荷送人の船舶先取特権の廃止

航海傭船の傭船者が、その船腹を用いて運送を行うため、更に第三者と運送契約（再運送契約）を締結した場合に、当該第三者は、船長の職務に属する範囲内で生じた運送品の損害に係る賠償請求権について、船舶先取特権を有するとされていました（改正前の国際海上物品運送法第19条）が、この規定を削除することとしています（詳細はQ178参照）。

③ 運送人の荷受人に対する不法行為責任の見直し

運送人の荷受人に対する不法行為責任に関し、運送人の契約責任の減免規定（損害賠償額の定額化、運送人の責任の限度額、除斥期間等）を準用する旨の規定（改正前の国際海上物品運送法第20条の2第1項）の例外として、荷受人があらかじめ荷送人の委託による運送を拒んでいたにもかかわらず、運送人が荷送人から運送を引き受けた場合には、このような減免規定を準用しないこととしています（新国際海上物品運送法第16条第2項）（詳細はQ177参照）。

（注）本文のほか、形式的な改正事項として、商法上の船荷証券に関する規定について、国際海上物品運送法を参考にした見直しをするのに伴い、改正前の国際海上物品運送法における船荷証券に関する規定（同法第6条から第10条まで）を削除することとしています。

Q174

国際海上物品運送法における「運送人」及び「荷送人」の定義の改正の概要及び理由は、どのようなものですか（新国際海上物品運送法第2条関係）。

A

1 運送人について（新国際海上物品運送法第2条第2項）

改正前の国際海上物品運送法では、「運送人」とは、同法第1条の運送（国際海上物品運送）をする船舶所有者、船舶賃借人及び傭船者をいうとされていました（同法第2条第2項）。これは、改正前の商法第3編において、海上運送は船舶所有者又は船舶賃借人が行うものと整理されていることを前提としつつ、船舶所有者等から船腹を貸し切った傭船者も第三者から再運送を引き受ける点で運送人となり得ることを踏まえたものでした。

この点について、改正法では、商法の海上物品運送の一方当事者を示す用語について、「船舶所有者」を「運送人」に改めることとしており、これを受けて、国際海上物品運送法上の「運送人」の定義も、端的に国際海上物品運送を「引き受ける者」と改めることとしています。

2 荷送人について（新国際海上物品運送法第2条第3項）

改正前の国際海上物品運送法では、「荷送人」とは、同法第1条の運送（国際海上物品運送）を委託する傭船者及び荷送人をいうとされていました（同法第2条第3項）。これは、改正前の商法第3編において、海上運送の委託は傭船者又は荷送人が行うものと整理されていることを前提としたものでした。

この点について、改正法では、国際海上物品運送法上の「運送人」の定義について、上記1のとおり、端的に国際海上物品運送を「引き受ける者」と改めることとしており、これと平仄を合わせ、「荷送人」の定義も、端的に国際海上物品運送を「委託する者」と改めることとしています。

Q175 運送人の損害賠償責任の限度に関する規律の改正の概要及び理由は、どのようなものですか（新国際海上物品運送法第9条第1項関係）。

A 改正前の国際海上物品運送法では、運送人が負う損害賠償責任の限度として、運送品1包又は1単位ごとに、①666.67SDRという確定額と、②滅失等に係る運送品の総重量について1キログラムにつき2SDRを乗じて得た額とを比較し、いずれか多い金額を限度とするとされていました（同法第13条第1項）。これは、船荷証券統一条約を国内法化した規律であり、当時の解釈を踏まえたものでした(注)。

この点について、改正法では、運送品1包又は1単位ごとにこのような比較をするのではなく、滅失等に係る運送品の全体について、「当該運送品の包又は単位の数に666.67SDRを乗じて得た金額」と「当該運送品の総重量について1キログラムにつき2SDRを乗じて得た金額」とを比較し、いずれか多い金額を限度とすることとしています（新国際海上物品運送法第9条第1項）。

これは、現在の諸外国の法制では、そのような解釈が一般的であるからです。

(注)「1包」とは、箱、袋、樽、段ボールその他の容器によって梱包されている運送品について、1個の梱包によりまとめられた運送品の全体をいいます。
また、「単位」とは、梱包されていない運送品について、海運取引の慣行上一般に計算又は計量の単位として使用されるものをいい、例えば、自動車であればその台数、穀物・石油・石炭であればそのトン数（重量）であるとされています。

Q176

コンテナ輸送の場合の責任限度額に関する改正の概要は、どのようなものですか（新国際海上物品運送法第9条第3項関係）。

A 改正前の国際海上物品運送法では、運送品がコンテナ等を用いて運送される場合における運送人の責任限度額の定め方について、コンテナ等内の運送品（いわゆる中品）の数などが船荷証券に記載されているときを除き、コンテナ等の数に基づき算定する旨を定めていました（同法第13条第3項）。

これは、基準の明確性等の要請のほか、コンテナ等詰めの運送品の委託を受けた運送人は、通常、中品の数を把握することが困難であり、事前にリスクの大きさを知り得ないという不都合を回避するためのものといわれています。

この点については、船荷証券の代わりに、中品の数が記載された海上運送状が交付された場合も、基準の明確性や運送人におけるリスクの予測等の観点から、基本的には中品の数を基準とすれば足り、コンテナ等の数を基準とする必要はありません。かえって、形式的に船荷証券が発行されていないことを理由に、コンテナ等の数に基づき運送人の責任限度額を算定すると、責任限度額が低額となってしまうおそれがあり、相当ではありません。

そこで、改正法では、海上運送状に中品の数などが記載された場合も、新国際海上物品運送法第9条第3項を適用しないこととしています。

Q177 運送人の不法行為責任を減免する規律の適用除外規定を設けた理由は、どのようなものですか（新国際海上物品運送法第16条第2項関係）。

A 改正前の国際海上物品運送法では、運送人の荷受人に対する不法行為責任に関し、運送人の契約責任の減免規定（損害賠償額の定額化、運送人の責任の限度額、除斥期間等）を準用する旨が定められていました（同法第20条の2第1項）。

この点に関連し、改正法では、第587条において、これと同様の規律を定めた上で、その例外として、荷受人があらかじめ荷送人の委託による運送を拒んでいたにもかかわらず、運送人が荷送人から運送を引き受けた場合には、このような減免規定を準用しないこととしています。これは、一般的には、売主が売買の目的物を買主に送付する場合のように、荷受人は、荷送人の委託による運送に同意していることが通常であり、運送人の契約責任の減免規定が荷受人に対する不法行為責任にも及ぶことを甘受すべきですが、例外的に、あらかじめ荷送人の委託による運送を拒んでいた場合にまで荷受人の損害賠償請求権を制限することは、公平の観点から相当でないことを踏まえたものです。

このような趣旨は、国際海上物品運送についても同様であるため、改正法では、新国際海上物品運送法においても、例外的に、荷受人があらかじめ荷送人の委託による運送を拒んでいたにもかかわらず、運送人が荷送人から運送を引き受けた場合には、このような減免規定を準用しないこととしています（同法第16条第2項）[注]。

（注）国際海上物品運送法は、一般的な「荷受人」の用語法と異なり、荷受人と別の概念として「船荷証券所持人」の規律を定めています。
　新国際海上物品運送法第16条第2項は、あらかじめ運送を拒んだ「荷受人」に関する規定であり、船荷証券所持人には適用がありません。これは、船荷証券所持人は、自らの意思に基づき船荷証券を譲り受けているためです（第768条における第587条ただし書の適用除外と同趣旨）。

Q178
再運送契約の荷送人の船舶先取特権に関する規定（改正前の国際海上物品運送法第19条）を削除した理由は、どのようなものですか。

A 改正前の国際海上物品運送法では、航海傭船契約の傭船者が、その船腹を用いて運送を行うため、更に第三者と運送契約（再運送契約）を締結した場合に、当該第三者は、船長の職務に属する範囲内で生じた運送品の損害に係る賠償請求権について、船舶先取特権を有するとされていました（同法第19条）。

しかし、運送品の損害に係る賠償請求権についての船舶先取特権は、昭和50年に制定された船主責任制限法でも認められており、実務上、国際海上物品運送法の船舶先取特権が用いられる例は乏しいといわれていました。

さらに、理論的にも、改正前の国際海上物品運送法第19条は、再運送契約の場合に、船長の職務に属する範囲内では船舶所有者のみが契約上の責任を負うと定める改正前の商法第759条を準用せず、荷送人は傭船者に対してのみ契約上の責任を追及し得るとされた代償として、その船舶に対して船舶先取特権を認めたものとされています。

しかし、今回の改正により、改正前の商法第759条を削除し、内航と外航とを問わず、再運送契約の荷送人は、傭船者に対しては契約責任及び不法行為責任を追及し、船舶所有者に対しては不法行為責任を追及するように改めることとしており、そうすると、同条を準用しない代わりに認められたという外航特有の船舶先取特権の立法趣旨の前提を欠くこととなります。

そこで、改正法では、改正前の国際海上物品運送法第19条を削除することとしています。

Q179

改正前の国際海上物品運送法第20条の2第2項における「運送人の使用する者」という文言を「運送人の被用者」に改めた理由は、どのようなものですか。また、国際海上物品運送法第3条及び第5条では「運送人の使用する者」という文言が残されている理由は、どのようなものですか（新国際海上物品運送法第16条関係）。

A

1 「運送人の被用者」に改めた理由について

改正前の国際海上物品運送法第20条の2第2項は、同条第1項の規定により運送人の不法行為責任が減免される場合には、その限度において、「運送人の使用する者」の不法行為責任も減免される旨規定していましたが、「運送人の使用する者」とは、下請運送人等の独立の履行補助者を含まず、民法第715条第1項の「被用者」と同じ意味であると解されています。

そこで、改正法では、その趣旨がより明確となるよう、「運送人の使用する者」の語を「運送人の被用者」と改めることとしています（新国際海上物品運送法第16条第3項）。

2 「運送人の使用する者」を存置した理由について

他方で、改正前の国際海上物品運送法第3条及び第5条においては、「運送人の使用する者」という文言があります。

これらの規定は、運送人の運送契約上の損害賠償責任について規定しており、上記1と異なり、「運送人の使用する者」とは、運送人の被用者に限らず、下請運送人等を含むと解されています。

そこで、改正法では、これらの「運送人の使用する者」という文言を存置することとしています（新国際海上物品運送法第3条、第5条）(注)。

(注) 上記のような整理は商法においても同様であり、「被用者」の語は、不法行為責任に関する規定中でしか用いないこととしています（ただし、運送契約上の責任については、独立の履行補助者の行為に起因するものも含めて「運送人」のみをその主体とすることとし、「使用する者」の語は用いないこととしています。）。

第14章 その他の改正事項

Q180 署名に代えて記名押印ができる旨の規定を削除した理由は、どのようなものですか（改正前の商法第32条関係）。

A 改正前の商法第1編（総則）では、商法の規定により署名すべき場合には、記名押印をもって、署名に代えることができると定めており（改正前の商法第32条）、第2編以降の個別の規定ではその旨を明示していませんでした。

しかし、このような規定の仕方では、個別の規定を参照しただけでは規律の内容が完結せず、逐一総則を参照する必要があり、国民から見て分かりにくいと考えられます。また、商法から独立する形で単行法として制定された会社法や保険法においても、署名すべき場合を規律する全ての規定について、記名押印で足りる旨を並列的に規定しています（会社法第26条第1項、保険法第6条第2項等）。

そこで、改正法では、改正前の商法第32条を削除するとともに、署名すべき場合を規律する全ての規定について、記名押印で足りる旨を並列的に規定することとしています（第546条、第601条、第758条）。

Q181 運送取扱営業に関する改正の概要は、どのようなものですか（第2編第7章関係）。

A 改正法では、運送営業の規律の改正に伴い、運送取扱営業（第2編第7章）の規律についても主に次のような改正をすることとしています。

① 運送取扱人の損害賠償責任について、その立証責任の在り方を明確化すること（第560条）。

② 危険物についての委託者の通知義務に関する規定の新設（第564条において準用する第572条）

運送取扱人が委託者のために運送契約を締結する場合には、危険物に関する情報は当該委託者が保有しているため、委託者から運送取扱人を介して実運送人にその情報を確実に伝達し、危険物による事故を防ぐ必要があることを踏まえたものです（詳細はQ182参照）。

③ 運送品の滅失等についての運送取扱人の損害賠償責任は、1年以内に裁判上の請求がされないときは消滅するものとすること（第564条において読み替えて準用する第585条第1項）。

④ 運送取扱人又はその被用者の委託者等に対する不法行為責任について、運送取扱人の責任の減免規定（高価品の特則及び除斥期間）と同様の減免の効果を及ぼすものとすること（第564条において準用する第587条及び第588条）。

Q182 運送取扱営業について、危険物に関する通知義務についての規定を準用することとした理由は、どのようなものですか（第564条関係）。

A 改正法では、運送営業について、危険物の適切な取扱いによる運送の安全確保を図るため、危険物に関する荷送人の通知義務に関する規律を新設しています（第572条）。

そして、運送取扱人（注）が委託者のために運送契約を締結する場合には、危険物に関する情報は当該委託者が保有しているため、委託者から運送取扱人を介して実運送人にその情報を確実に伝達し、危険物による事故を防ぐ必要があります。

そこで、改正法では、運送営業における危険物に関する通知義務の規定を運送取扱営業に準用し、委託者は、運送品が危険物であるときは、その引渡しの前に、運送取扱人に対し、危険物に関する情報を通知しなければならないこととしました（第564条において準用する第572条）。

（注）運送取扱人とは、自己の名をもって物品運送の取次ぎをすることを業とする者をいいます（第559条第1項）。運送取扱人は、委託者（荷主）との間で運送取扱契約を締結した上、運送人を選択し、自己の名をもって運送人との間で運送契約を締結しますが、その運送契約は、経済的には委託者の計算において行われます。また、運送取扱人は、準問屋（第558条）に当たります。

Q183 寄託に関する改正の概要は、どのようなものですか（第2編第9章関係）。

A 1　改正前の商法第2編第9章では、寄託に関し、①寄託を受けた商人一般の善管注意義務に関する規律（同法第593条）、②場屋営業者（旅館、飲食店、浴場など、客の来集を目的とする場屋における取引をすることを業とする者）の責任に関する規律（同法第594条から第596条まで）、③倉庫営業に関する規律（同法第597条から第628条まで）を定めていました。

2　改正法では、第2編第9章について、規律の実質を維持し、現代語化することとしています。

ただし、改正前の商法は、倉庫営業における寄託物に関する有価証券について、倉荷証券1枚の発行のみを認める制度（単券主義）と、寄託物の譲渡のための預証券と質入れのための質入証券の2枚を同時に発行する制度（複券主義）の双方を併用していましたが、現代では複券主義は利用されていないため、これに関する規律を削除し、倉荷証券による単券主義の規律として、現代語化することとしています。

第15章 施行日、経過措置等

Q184 改正法の施行期日はいつですか（改正法附則第1条関係）。

A 改正法は、一部の規定を除き(注)、「公布の日から起算して1年を超えない範囲内において政令で定める日」から施行することとしています（改正法附則第1条本文）。なお、改正法の公布の日は、平成30年5月25日です。

　改正法は、運送・海商に関する規律を現代的・合理的にするものであり、基本的には早期の施行が望ましいと考えられますが、多岐にわたる改正事項の周知や、関係省庁における標準運送約款の改定及び運送事業者における運送約款の改定などのために、一定の期間を確保する必要もあります。

　そこで、これらの準備のための期間を確保するために、改正法では、その施行期日を公布の日から起算して1年を超えない範囲内において政令で定めることとしているものです。

（注）改正法附則第50条（民法の一部を改正する法律の施行に伴う関係法律の整備等に関する法律の一部改正）及び附則第52条（経過措置に関する政令への委任）については公布の日から施行することとしています（改正法附則第1条ただし書）。

Q185

改正法の施行前に締結された運送契約などについても、改正法が適用されるのですか（改正法附則第2条から第16条まで関係）。

A 改正法では、経過措置として、まず、改正後の商法の規定を施行日前に生じた事項にも適用することとしつつ（改正法附則第2条）、一部の実質改正については、法令の適用の結果について当事者の予測が形成される一定の事象の発生を基準とし、それが施行日前に生じた場合には、「なお従前の例による」などの個別規定を設けることとしています。

具体的には、次のとおりです(注1)。

① 運送、船舶賃貸借、定期傭船、海上保険等の契約に関する規定については、当事者は、契約締結時における法律が適用されると予測・期待するのが通常です。そこで、基本的に、施行日前にこれらの契約が締結された場合には、改正前の商法及び改正前の国際海上物品運送法を適用することとしています(注2)。

② 共有船舶の損益の分配、船長の代理権、海難救助、共同海損等の特定の航海に密接に関連する規定については、当事者は、航海開始時における法律が適用されると予測・期待するのが通常であるため、基本的に、施行日前に船舶が発航をした場合におけるその航海につき、改正前の商法を適用することとしています。

③ 船長の責任、船舶の衝突といった不法行為などの行為に基づいて責任が発生する規定については、当事者は、その行為の時点における規律が適用されると予測・期待するのが通常であるため、施行日前の行為に基づく責任については、改正前の商法を適用することとしています。

（注1）本文中のもののほか、船舶先取特権についても、経過措置が定められています。船舶先取特権については、今回の改正において、その成立及び効力の範囲、船舶先取特権相互間の順位といった様々な規律の改正を行っており、当事者の予測可能性を確保する見地から簡明な経過措置とする必要があります。そこで、船舶先取特権の効力が顕在化する一義的な時点、すなわち、船舶等に関し国税徴収法第2条第12号に規定する強制換価手続（滞納処分、強制執行、担保権実行としての競売、企業担保権の実行手続、破産手続）、再生手続、更生手続又は特別清算手続が開始された時点を基準とし、施行日前にこ

れらの手続が開始された場合における船舶先取特権の効力及び順位については、改正前の商法及び改正前の国際海上物品運送法を適用することとしています。

（注2）旅客運送に関し、施行日前に締結された契約については、なお従前の例によるとしていますが、施行日前に締結された契約に基づいて発生した旅客の生命又は身体の侵害に係る運送人の損害賠償責任については、その侵害が施行日以後に発生した場合には改正法による改正後の商法を適用することとしています。

これは、人の生命又は身体という保護法益の重要性に鑑みると、旅客の生命又は身体の侵害に関する運送人の損害賠償の責任を減免する特約を無効とする規定（第591条）は、可及的に広く適用するのが相当であるためです。

Q186 改正法の施行に伴う関係法律の整備の概要は、どのようなものですか（改正法附則第17条から第50条まで関係）。

A 1 改正法では、商法及び国際海上物品運送法の一部改正に伴い、船舶法など25本の関係法律に所要の整備を行うとともに、所要の経過措置を定めています。

2 民事執行法の改正の概要（改正法附則第44条関係）

　改正法による改正前の民事執行法では、船舶に対する強制執行の手続において、船舶に対する動産先取特権や船舶先取特権を有する債権者が配当要求をなし得ることが条文上明らかではありませんでした（同法第121条、第51条）。しかし、動産先取特権や船舶先取特権は登記をすることができず、登記によって配当にあずかる機会が与えられているものではなく、仮に配当要求をすることができないとすると酷であることなどから、改正法では、これらの債権者も配当要求をなし得ることを明確化することとしています（改正法による改正後の民事執行法第121条後段の読替規定）。

　また、改正法による改正前の民事執行法では、船舶を目的とする担保権の実行としての競売の手続において、船舶先取特権に基づく場合には、その存在を証する文書を提出すれば手続の開始決定がされますが、動産先取特権に基づく場合については同様の規定がありませんでした（同法第189条、第181条第1項第4号）。しかし、両者の取扱いを異にする理由はなく、裁判実務でも同様に取り扱われていることから、改正法では、動産先取特権についても、その存在を証する文書を提出すれば手続の開始決定がされることを明確化することとしています（改正法による改正後の民事執行法第189条後段の読替規定）[注1]。

3 民法整備法の改正の概要（改正法附則第50条関係）

　民法整備法は、民法改正法の施行の日（平成32年（2020年）4月1日）から施行されます。これに対し、改正法は、公布の日から起算して1年を超えない範囲内において政令で定める日から施行することとしており（改正法附則第1条）、民法整備法より先に施行されます。

そこで、改正法と民法整備法とが商法等の同一の条項を改めている箇所に関し、改正法が民法整備法より先に施行されることを前提に、公布後未施行の状態にある民法整備法の規定を削除したり、改正法による改正後の商法の一部を改めるための規定を民法整備法に設けたりしています[注2]。

(注1) 改正法による改正前の民事執行法第189条後段の「商法第842条に定める先取特権」は、国際海上物品運送法や船主責任制限法などの特別法に基づく船舶先取特権をも含む趣旨であると解されていましたが、今回の改正において「商法第842条に定める」という語句を削除することにより、その趣旨も明確化されることとなります。

(注2) 民法整備法第3条（商法の一部改正）のうち、商法第567条、第592条ノ2、第613条第2項、第765条及び第798条第2項の改正規定は、消滅時効の起算点を明示する等の規定であり、改正法においてその実質を取り込んだため、その後に施行される民法整備法では更なる改正を必要としません。

これに対し、民法整備法第3条のうち商法第576条の改正規定は、運送品が滅失した場合等の運送賃請求権の帰すう（危険負担）に関する規定であり、改正法による改正後の商法第573条について、民法整備法により危険負担の規律を履行拒絶権構成に改めるための規定を設けています。

商法及び国際海上物品運送法の一部を改正する法律案新旧対照条文

1　商法（明治32年法律第48号）　　　　　　　　　（傍線部分は改正部分）

改　正　案	現　　行
目次	目次
第一編　総則	第一編　（同左）
第七章　代理商（第二十七条―<u>第五百条</u>）	第七章　代理商（第二十七条―<u>第三十一条</u>）
（削る）	<u>第八章　雑則（第三十二条―第五百条）</u>
第二編　商行為	第二編　（同左）
第五章　仲立営業（第五百四十三条―第五百五十条）	第五章　（同左）
第六章　問屋営業（第五百五十一条―第五百五十八条）	第六章　（同左）
第七章　運送取扱営業（第五百五十九条―第五百六十八条）	第七章　（同左）
第八章　運送営業	第八章　運送営業
第一節　総則（第五百六十九条）	第一節　総則（第五百六十九条）
第二節　物品運送（第五百七十条―<u>第五百八十八条</u>）	第二節　物品運送（第五百七十条―<u>第五百八十九条</u>）
第三節　旅客運送（<u>第五百八十九条―第五百九十四条</u>）	第三節　旅客運送（<u>第五百九十条―第五百九十二条</u>）
第九章　寄託	第九章　寄託
第一節　総則（<u>第五百九十五条―第五百九十八条</u>）	第一節　総則（<u>第五百九十三条―第五百九十六条</u>）
第二節　倉庫営業（<u>第五百九十九条―第六百八十三条</u>）	第二節　倉庫営業（<u>第五百九十七条―第六百八十三条</u>）
第三編　海商	第三編　海商
<u>第一章　船舶</u>	<u>第一章　船舶及ビ船舶所有者（第六百八十四条―第七百四条）</u>
<u>第一節　総則（第六百八十四条・第六百八十五条）</u>	
<u>第二節</u>　船舶の所有	
<u>第一款　総則（第六百八十六条―第六百九十一条）</u>	
<u>第二款　船舶の共有（第六百九十二条―第七百条）</u>	

改正案	現行
<u>第三節　船舶賃貸借（第七百一条―第七百三条）</u> <u>第四節　定期傭船（第七百四条―第七百七条）</u> 第二章　船長（<u>第七百八条―第七百三十六条</u>） <u>第三章　海上物品運送に関する特則</u> 　<u>第一節　個品運送（第七百三十七条―第七百四十七条）</u> 　<u>第二節　航海傭船（第七百四十八条―第七百五十六条）</u> 　<u>第三節　船荷証券等（第七百五十七条―第七百六十九条）</u> 　<u>第四節　海上運送状（第七百七十条―第七百八十七条）</u> 第四章　<u>船舶の衝突（第七百八十八条―第七百九十一条）</u> 第五章　海難救助（<u>第七百九十二条―第八百七条</u>） <u>第六章　共同海損（第八百八条―第八百十四条）</u> <u>第七章</u>　海上保険（<u>第八百十五条―第八百四十一条</u>） <u>第八章　船舶先取特権及び船舶抵当権（第八百四十二条―第八百五十条）</u> 第一編　総則 （削る） <u>第三十二条から第五百条まで　削除</u> 第二編　商行為 　<u>第五章　仲立営業</u>	 　　　 第二章　船長（<u>第七百五条―第七百三十六条</u>） <u>第三章　運送</u> 　<u>第一節　物品運送</u> 　　<u>第一款　総則（第七百三十七条―第七百六十六条）</u> 　　<u>第二款　船荷証券（第七百六十七条―第七百七十六条）</u> 　<u>第二節　旅客運送（第七百七十七条―第七百八十七条）</u> 第四章　<u>海損（第七百八十八条―第七百九十九条）</u> 第五章　海難救助（<u>第八百条―第八百十四条</u>） 第六章　保険（第八百十五条―第八百四十一条ノ二） 第七章　船舶債権者（第八百四十二条―第八百五十一条） 第一編　総則 <u>第八章　雑則</u> <u>第三十二条　この法律の規定により署名すべき場合には、記名押印をもって、署名に代えることができる。</u> <u>第三十三条から第五百条まで　削除</u> 第二編　商行為 　<u>第五章　仲立営業</u>

改正案	現行
(定義) 第五百四十三条　この章において「仲立人」とは、他人間の商行為の媒介をすることを業とする者をいう。	第五百四十三条　仲立人トハ他人間ノ商行為ノ媒介ヲ為スヲ業トスル者ヲ謂フ
(当事者のために給付を受けることの制限) 第五百四十四条　仲立人は、その媒介により成立させた行為について、当事者のために支払その他の給付を受けることができない。ただし、当事者の別段の意思表示又は別段の慣習があるときは、この限りでない。	第五百四十四条　仲立人ハ其媒介シタル行為ニ付キ当事者ノ為メニ支払其他ノ給付ヲ受クルコトヲ得但別段ノ意思表示又ハ慣習アルトキハ此限ニ在ラス
(見本保管義務) 第五百四十五条　仲立人がその媒介に係る行為について見本を受け取ったときは、その行為が完了するまで、これを保管しなければならない。	第五百四十五条　仲立人カ其媒介スル行為ニ付キ見本ヲ受取リタルトキハ其行為カ完了スルマテ之ヲ保管スルコトヲ要ス
(結約書の交付義務等) 第五百四十六条　当事者間において媒介に係る行為が成立したときは、仲立人は、遅滞なく、次に掲げる事項を記載した書面（以下この章において「結約書」という。）を作成し、かつ、署名し、又は記名押印した後、これを各当事者に交付しなければならない。 　一　各当事者の氏名又は名称 　二　当該行為の年月日及びその要領 2　前項の場合においては、当事者が直ちに履行をすべきときを除き、仲立人は、各当事者に結約書に署名させ、又は記名押印させた後、これをその相手方に交付しなければならない。 3　前二項の場合において、当事者の一方が結約書を受領せず、又はこれに署名若	第五百四十六条　当事者間ニ於テ行為カ成立シタルトキハ仲立人ハ遅滞ナク各当事者ノ氏名又ハ商号、行為ノ年月日及ヒ其要領ヲ記載シタル書面ヲ作リ署名ノ後之ヲ各当事者ニ交付スルコトヲ要ス ②当事者カ直チニ履行ヲ為スヘキ場合ヲ除ク外仲立人ハ各当事者ヲシテ前項ノ書面ニ署名セシメタル後之ヲ其相手方ニ交付スルコトヲ要ス ③前二項ノ場合ニ於テ当事者ノ一方カ書面ヲ受領セス又ハ之ニ署名セサルトキハ仲

改正案	現行
しくは記名押印をしないときは、仲立人は、遅滞なく、相手方に対してその旨の通知を発しなければならない。	立人ハ遅滞ナク相手方ニ対シテ其通知ヲ発スルコトヲ要ス
(帳簿記載義務等) 第五百四十七条　仲立人は、その帳簿に前条第一項各号に掲げる事項を記載しなければならない。 2　当事者は、いつでも、仲立人がその媒介により当該当事者のために成立させた行為について、前項の帳簿の謄本の交付を請求することができる。	第五百四十七条　仲立人ハ其帳簿ニ前条第一項ニ掲ケタル事項ヲ記載スルコトヲ要ス ②当事者ハ何時ニテモ仲立人カ自己ノ為メニ媒介シタル行為ニ付キ其帳簿ノ謄本ノ交付ヲ請求スルコトヲ得
(当事者の氏名等を相手方に示さない場合) 第五百四十八条　当事者がその氏名又は名称を相手方に示してはならない旨を仲立人に命じたときは、仲立人は、結約書及び前条第二項の謄本にその氏名又は名称を記載することができない。	第五百四十八条　当事者カ其氏名又ハ商号ヲ相手方ニ示ササルヘキ旨ヲ仲立人ニ命シタルトキハ仲立人ハ第五百四十六条第一項ノ書面及ヒ前条第二項ノ謄本ニ其氏名又ハ商号ヲ記載スルコトヲ得ス
第五百四十九条　仲立人は、当事者の一方の氏名又は名称をその相手方に示さなかったときは、当該相手方に対して自ら履行をする責任を負う。	第五百四十九条　仲立人カ当事者ノ一方ノ氏名又ハ商号ヲ其相手方ニ示ササリシトキハ之ニ対シテ自ラ履行ヲ為ス責ニ任ス
(仲立人の報酬) 第五百五十条　仲立人は、第五百四十六条の手続を終了した後でなければ、報酬を請求することができない。 2　仲立人の報酬は、当事者双方が等しい割合で負担する。	第五百五十条　仲立人ハ第五百四十六条ノ手続ヲ終ハリタル後ニ非サレハ報酬ヲ請求スルコトヲ得ス ②仲立人ノ報酬ハ当事者双方平分シテ之ヲ負担ス
第六章　問屋営業 (定義) 第五百五十一条　この章において「問屋」とは、自己の名をもって他人のために物	第六章　問屋営業 第五百五十一条　問屋トハ自己ノ名ヲ以テ他人ノ為メニ物品ノ販売又ハ買入ヲ為ス

改 正 案	現 行
品の販売又は買入れをすることを業とする者をいう。 （問屋の権利義務） 第五百五十二条　問屋は、他人のためにした販売又は買入れにより、相手方に対して、自ら権利を取得し、義務を負う。 ２　問屋と委託者との間の関係については、この章に定めるもののほか、委任及び代理に関する規定を準用する。 （問屋の担保責任） 第五百五十三条　問屋は、委託者のためにした販売又は買入れにつき相手方がその債務を履行しないときに、自らその履行をする責任を負う。ただし、当事者の別段の意思表示又は別段の慣習があるときは、この限りでない。 （問屋が委託者の指定した金額との差額を負担する場合の販売又は買入れの効力） 第五百五十四条　問屋が委託者の指定した金額より低い価格で販売をし、又は高い価格で買入れをした場合において、自らその差額を負担するときは、その販売又は買入れは、委託者に対してその効力を生ずる。 （介入権） 第五百五十五条　問屋は、取引所の相場がある物品の販売又は買入れの委託を受けたときは、自ら買主又は売主となることができる。この場合において、売買の代価は、問屋が買主又は売主となったことの通知を発した時における取引所の相場によって定める。	ヲ業トスル者ヲ謂フ 第五百五十二条　問屋ハ他人ノ為ニ為シタル販売又ハ買入ニ因リ相手方ニ対シテ自ラ権利ヲ得義務ヲ負フ ②問屋ト委託者トノ間ニ於テハ本章ノ規定ノ外委任及ヒ代理ニ関スル規定ヲ準用ス 第五百五十三条　問屋ハ委託者ノ為ニ為シタル販売又ハ買入ニ付キ相手方カ其債務ヲ履行セサル場合ニ於テ自ラ其履行ヲ為ス責ニ任ス但別段ノ意思表示又ハ慣習アルトキハ此限ニ在ラス 第五百五十四条　問屋カ委託者ノ指定シタル金額ヨリ廉価ニテ販売ヲ為シ又ハ高価ニテ買入ヲ為シタル場合ニ於テ自ラ其差額ヲ負担スルトキハ其販売又ハ買入ハ委託者ニ対シテ其効力ヲ生ス 第五百五十五条　問屋カ取引所ノ相場アル物品ノ販売又ハ買入ノ委託ヲ受ケタルトキハ自ラ買主又ハ売主ト為ルコトヲ得此場合ニ於テハ売買ノ代価ハ問屋カ買主又ハ売主ト為リタルコトノ通知ヲ発シタル時ニ於ケル取引所ノ相場ニ依リテ之ヲ定ム

改正案	現行
2　前項の場合においても、問屋は、委託者に対して報酬を請求することができる。	②前項ノ場合ニ於テモ問屋ハ委託者ニ対シテ報酬ヲ請求スルコトヲ得
（問屋が買い入れた物品の供託及び競売） 第五百五十六条　問屋が買入れの委託を受けた場合において、委託者が買い入れた物品の受領を拒み、又はこれを受領することができないときは、第五百二十四条の規定を準用する。	第五百五十六条　問屋カ買入ノ委託ヲ受ケタル場合ニ於テ委託者カ買入レタル物品ヲ受取ルコトヲ拒ミ又ハ之ヲ受取ルコト能ハサルトキハ第五百二十四条ノ規定ヲ準用ス
（代理商に関する規定の準用） 第五百五十七条　第二十七条及び第三十一条の規定は、問屋について準用する。	第五百五十七条　第二十七条及ビ第三十一条ノ規定ハ問屋ニ之ヲ準用ス
（準問屋） 第五百五十八条　この章の規定は、自己の名をもって他人のために販売又は買入れ以外の行為をすることを業とする者について準用する。	第五百五十八条　本章ノ規定ハ自己ノ名ヲ以テ他人ノ為メニ販売又ハ買入ニ非サル行為ヲ為スヲ業トスル者ニ之ヲ準用ス
第七章　運送取扱営業 （定義等） 第五百五十九条　この章において「運送取扱人」とは、自己の名をもって物品運送の取次ぎをすることを業とする者をいう。 2　運送取扱人については、この章に別段の定めがある場合を除き、第五百五十一条に規定する問屋に関する規定を準用する。	第七章　運送取扱営業 第五百五十九条　運送取扱人トハ自己ノ名ヲ以テ物品運送ノ取次ヲ為スヲ業トスル者ヲ謂フ ②運送取扱人ニハ本章ニ別段ノ定アル場合ヲ除ク外問屋ニ関スル規定ヲ準用ス
（運送取扱人の責任） 第五百六十条　運送取扱人は、運送品の受取から荷受人への引渡しまでの間にその運送品が滅失し若しくは損傷し、若しくはその滅失若しくは損傷の原因が生じ、又は運送品が延着したときは、これによって生じた損害を賠償する責任を負	第五百六十条　運送取扱人ハ自己又ハ其使用人カ運送品ノ受取、引渡、保管、運送又ハ他ノ運送取扱人ノ選択其他運送ニ関スル注意ヲ怠ラサリシコトヲ証明スルニ非サレハ運送品ノ滅失、毀損若ハ延著ニ付キ損害賠償ノ責ヲ免ルルコトヲ得ス

改正案	現行
う。ただし、運送取扱人がその運送品の受取、保管及び引渡し、運送人の選択その他の運送の取次ぎについて注意を怠らなかったことを証明したときは、この限りでない。	
（運送取扱人の報酬） 第五百六十一条　運送取扱人は、運送品を運送人に引き渡したときは、直ちにその報酬を請求することができる。 2　運送取扱契約で運送賃の額を定めたときは、運送取扱人は、特約がなければ、別に報酬を請求することができない。	第五百六十一条　運送取扱人カ運送品ヲ運送人ニ引渡シタルトキハ直チニ其報酬ヲ請求スルコトヲ得 ②運送取扱契約ヲ以テ運送賃ノ額ヲ定メタルトキハ運送取扱人ハ特約アルニ非サレハ別ニ報酬ヲ請求スルコトヲ得ス
（運送取扱人の留置権） 第五百六十二条　運送取扱人は、運送品に関して受け取るべき報酬、付随の費用及び運送賃その他の立替金についてのみ、その弁済を受けるまで、その運送品を留置することができる。	第五百六十二条　運送取扱人ハ運送品ニ関シ受取ルヘキ報酬、運送賃其他委託者ノ為メニ為シタル立替又ハ前貸ニ付テノミ其運送品ヲ留置スルコトヲ得
	第五百六十三条　数人相次テ運送ノ取次ヲ為ス場合ニ於テハ後者ハ前者ニ代ハリテ其権利ヲ行使スル義務ヲ負フ ②前項ノ場合ニ於テ後者カ前者ニ弁済ヲ為シタルトキハ前者ノ権利ヲ取得ス （新第五百六十四条へ）
	第五百六十四条　運送取扱人カ運送人ニ弁済ヲ為シタルトキハ運送人ノ権利ヲ取得ス （新第五百六十四条へ）
（介入権） 第五百六十三条　運送取扱人は、自ら運送をすることができる。この場合において、運送取扱人は、運送人と同一の権利	第五百六十五条　運送取扱人ハ特約ナキトキハ自ラ運送ヲ為スコトヲ得此場合ニ於テハ運送取扱人ハ運送人ト同一ノ権利義

改正案	現行
義務を有する。 2　運送取扱人が委託者の請求によって船荷証券又は複合運送証券を作成したときは、自ら運送をするものとみなす。 （削る）	務ヲ有ス ②運送取扱人カ委託者ノ請求ニ因リテ貨物引換証ヲ作リタルトキハ自ラ運送ヲ為スモノト看做ス 第五百六十六条　運送取扱人ノ責任ハ荷受人カ運送品ヲ受取リタル日ヨリ一年ヲ経過シタルトキハ時効ニ因リテ消滅ス ②前項ノ期間ハ運送品ノ全部滅失ノ場合ニ於テハ其引渡アルヘカリシ日ヨリ之ヲ起算ス ③前二項ノ規定ハ運送取扱人ニ悪意アリタル場合ニハ之ヲ適用セス 第五百六十七条　運送取扱人ノ委託者又ハ荷受人ニ対スル債権ハ一年ヲ経過シタルトキハ時効ニ因リテ消滅ス （新第五百六十四条へ）
（物品運送に関する規定の準用） 第五百六十四条　第五百七十二条、第五百七十七条、第五百七十九条（第三項を除く。）、第五百八十一条、第五百八十五条、第五百八十六条、第五百八十七条（第五百七十七条及び第五百八十五条の規定の準用に係る部分に限る。）及び第五百八十八条の規定は、運送取扱営業について準用する。この場合において、第五百七十九条第二項中「前の運送人」とあるのは「前の運送取扱人又は運送人」と、第五百八十五条第一項中「運送品の引渡し」とあるのは「荷受人に対する運送品の引渡し」と読み替えるものとする。 第五百六十五条から第五百六十八条まで　削除	第五百六十八条　第五百七十八条及ヒ第五百八十三条ノ規定ハ運送取扱営業ニ之ヲ準用ス 第五百七十八条　貨幣、有価証券其他ノ高価品ニ付テハ荷送人カ運送ヲ委託スルニ当タリ其種類及ヒ価額ヲ明告シタルニ非サレハ運送人ハ損害賠償ノ責ニ任セス 第五百八十三条　運送品カ到達地ニ達シタル後ハ荷受人ハ運送契約ニ因リテ生シタル荷送人ノ権利ヲ取得ス ②荷受人カ運送品ヲ受取リタルトキハ運送人ニ対シ運送賃其他ノ費用ヲ支払フ義務ヲ負フ

改正案	現行
<u>第八章　運送営業</u> 　　　<u>第一節　総則</u> <u>第五百六十九条　この法律において、次の各号に掲げる用語の意義は、当該各号に定めるところによる。</u> 　<u>一　運送人　陸上運送、海上運送又は航空運送の引受けをすることを業とする者をいう。</u> 　<u>二　陸上運送　陸上における物品又は旅客の運送をいう。</u> 　<u>三　海上運送　第六百八十四条に規定する船舶（第七百四十七条に規定する非航海船を含む。）による物品又は旅客の運送をいう。</u> 　<u>四　航空運送　航空法（昭和二十七年法律第二百三十一号）第二条第一項に規定する航空機による物品又は旅客の運送をいう。</u> 　　　<u>第二節　物品運送</u> <u>（物品運送契約）</u> <u>第五百七十条　物品運送契約は、運送人が荷送人からある物品を受け取りこれを運送して荷受人に引き渡すことを約し、荷送人がその結果に対してその運送賃を支払うことを約することによって、その効力を生ずる。</u> <u>（送り状の交付義務等）</u> <u>第五百七十一条　荷送人は、運送人の請求により、次に掲げる事項を記載した書面（次項において「送り状」という。）を交付しなければならない。</u> 　<u>一　運送品の種類</u> 　<u>二　運送品の容積若しくは重量又は包若しくは個品の数及び運送品の記号</u> 　<u>三　荷造りの種類</u>	第八章　運送営業 　　　第一節　総則 第五百六十九条　運送人トハ陸上又ハ湖川、港湾ニ於テ物品又ハ旅客ノ運送ヲ為スヲ業トスル者ヲ謂フ 　　　第二節　物品運送 （新設） 第五百七十条　荷送人ハ運送人ノ請求ニ因リ運送状ヲ交付スルコトヲ要ス ②運送状ニハ左ノ事項ヲ記載シ荷送人之ニ署名スルコトヲ要ス 　一　運送品ノ種類、重量又ハ容積及ヒ其荷造ノ種類、個数並ニ記号 　二　到達地 　三　荷受人ノ氏名又ハ商号

改　正　案	現　　行
四　荷送人及び荷受人の氏名又は名称 　五　発送地及び到達地 ２　前項の荷送人は、送り状の交付に代えて、法務省令で定めるところにより、運送人の承諾を得て、送り状に記載すべき事項を電磁的方法（電子情報処理組織を使用する方法その他の情報通信の技術を利用する方法であって法務省令で定めるものをいう。以下同じ。）により提供することができる。この場合において、当該荷送人は、送り状を交付したものとみなす。 （危険物に関する通知義務） 第五百七十二条　荷送人は、運送品が引火性、爆発性その他の危険性を有するものであるときは、その引渡しの前に、運送人に対し、その旨及び当該運送品の品名、性質その他の当該運送品の安全な運送に必要な情報を通知しなければならない。 （削る）	四　運送状ノ作成地及ヒ其作成ノ年月日 （新設） （新設） 第五百七十一条　運送人ハ荷送人ノ請求ニ因リ貨物引換証ヲ交付スルコトヲ要ス ②貨物引換証ニハ左ノ事項ヲ記載シ運送人之ニ署名スルコトヲ要ス 　一　前条第二項第一号乃至第三号ニ掲ケタル事項 　二　荷送人ノ氏名又ハ商号 　三　運送賃 　四　貨物引換証ノ作成地及ヒ其作成ノ年月日
（削る）	第五百七十二条　貨物引換証ヲ作リタルトキハ運送ニ関スル事項ハ運送人ト所持人トノ間ニ於テハ貨物引換証ノ定ムル所ニ依ル

改 正 案	現 行
(削る)	第五百七十三条　貨物引換証ヲ作リタルトキハ運送品ニ関スル処分ハ貨物引換証ヲ以テスルニ非サレハ之ヲ為スコトヲ得ス
(削る)	第五百七十四条　貨物引換証ハ其記名式ナルトキト雖モ裏書ニ依リテ之ヲ譲渡スコトヲ得但貨物引換証ニ裏書ヲ禁スル旨ヲ記載シタルトキハ此限ニ在ラス
(削る)	第五百七十五条　貨物引換証ニ依リ運送品ヲ受取ルコトヲ得ヘキ者ニ貨物引換証ヲ引渡シタルトキハ其引渡ハ運送品ノ上ニ行使スル権利ノ取得ニ付キ運送品ノ引渡ト同一ノ効力ヲ有ス
（運送賃） 第五百七十三条　運送賃は、到達地における運送品の引渡しと同時に、支払わなければならない。	第五百七十六条　（新設）
2　運送品が不可抗力によって滅失し、又は損傷したときは、運送人は、その運送賃を請求することができない。この場合において、運送人が既にその運送賃を受け取っていたときは、これを返還しなければならない。	運送品ノ全部又ハ一部カ不可抗力ニ因リテ滅失シタルトキハ運送人ハ其運送賃ヲ請求スルコトヲ得ス若シ運送人カ既ニ其運送賃ノ全部又ハ一部ヲ受取リタルトキハ之ヲ返還スルコトヲ要ス
3　運送品がその性質若しくは瑕疵又は荷送人の過失によって滅失し、又は損傷したときは、運送人は、運送賃の全額を請求することができる。	②運送品ノ全部又ハ一部カ其性質若クハ瑕疵又ハ荷送人ノ過失ニ因リテ滅失シタルトキハ運送人ハ運送賃ノ全額ヲ請求スルコトヲ得
（運送人の留置権） 第五百七十四条　運送人は、運送品に関して受け取るべき運送賃、付随の費用及び立替金（以下この節において「運送賃等」という。）についてのみ、その弁済を受けるまで、その運送品を留置することができる。	第五百八十九条　第五百六十二条、第五百六十三条、第五百六十六条及ヒ第五百六十七条ノ規定ハ運送人ニ之ヲ準用ス 第五百六十二条　運送取扱人ハ運送品ニ関シ受取ルヘキ報酬、運送賃其他委託者ノ為メニ為シタル立替又ハ前貸ニ付テノミ

改正案	現行
	其運送品ヲ留置スルコトヲ得
(運送人の責任) 第五百七十五条　運送人は、運送品の受取から引渡しまでの間にその運送品が滅失し若しくは損傷し、若しくはその滅失若しくは損傷の原因が生じ、又は運送品が延着したときは、これによって生じた損害を賠償する責任を負う。ただし、運送人がその運送品の受取、運送、保管及び引渡しについて注意を怠らなかったことを証明したときは、この限りでない。	第五百七十七条　運送人ハ自己若クハ運送取扱人又ハ其使用人其他運送ノ為メ使用シタル者カ運送品ノ受取、引渡、保管及ヒ運送ニ関シ注意ヲ怠ラサリシコトヲ証明スルニ非サレハ運送品ノ滅失、毀損又ハ延著ニ付キ損害賠償ノ責ヲ免ルルコトヲ得ス
	第五百七十八条　貨幣、有価証券其他ノ高価品ニ付テハ荷送人カ運送ヲ委託スルニ当タリ其種類及ヒ価額ヲ明告シタルニ非サレハ運送人ハ損害賠償ノ責ニ任セス (新第五百七十七条へ)
	第五百七十九条　数人相次テ運送ヲ為ス場合ニ於テハ各運送人ハ運送品ノ滅失、毀損又ハ延著ニ付キ連帯シテ損害賠償ノ責ニ任ス (新第五百七十九条第三項へ)
(損害賠償の額) 第五百七十六条　運送品の滅失又は損傷の場合における損害賠償の額は、その引渡しがされるべき地及び時における運送品の市場価格(取引所の相場がある物品については、その相場)によって定める。ただし、市場価格がないときは、その地及び時における同種類で同一の品質の物品の正常な価格によって定める。 2　運送品の滅失又は損傷のために支払うことを要しなくなった運送賃その他の費用は、前項の損害賠償の額から控除する。	第五百八十条　運送品ノ全部滅失ノ場合ニ於ケル損害賠償ノ額ハ其引渡アルヘカリシ日ニ於ケル到達地ノ価格ニ依リテ之ヲ定ム ②運送品ノ一部滅失又ハ毀損ノ場合ニ於ケル損害賠償ノ額ハ其引渡アリタル日ニ於ケル到達地ノ価格ニ依リテ之ヲ定ム但延著ノ場合ニ於テハ前項ノ規定ヲ準用ス ③運送品ノ滅失又ハ毀損ノ為メ支払フコトヲ要セサル運送賃其他ノ費用ハ前二項ノ賠償額ヨリ之ヲ控除ス

改正案	現行
3　前二項の規定は、運送人の故意又は重大な過失によって運送品の滅失又は損傷が生じたときは、適用しない。	第五百八十一条　運送品カ運送人ノ悪意又ハ重大ナル過失ニ因リテ滅失、毀損又ハ延著シタルトキハ運送人ハ一切ノ損害ヲ賠償スル責ニ任ス
（高価品の特則） 第五百七十七条　貨幣、有価証券その他の高価品については、荷送人が運送を委託するに当たりその種類及び価額を通知した場合を除き、運送人は、その滅失、損傷又は延着について損害賠償の責任を負わない。 2　前項の規定は、次に掲げる場合には、適用しない。 　一　物品運送契約の締結の当時、運送品が高価品であることを運送人が知っていたとき。 　二　運送人の故意又は重大な過失によって高価品の滅失、損傷又は延着が生じたとき。	第五百七十八条　貨幣、有価証券其他ノ高価品ニ付テハ荷送人カ運送ヲ委託スルニ当タリ其種類及ヒ価額ヲ明告シタルニ非サレハ運送人ハ損害賠償ノ責ニ任セス
（複合運送人の責任） 第五百七十八条　陸上運送、海上運送又は航空運送のうち二以上の運送を一の契約で引き受けた場合における運送品の滅失等（運送品の滅失、損傷又は延着をいう。以下この節において同じ。）についての運送人の損害賠償の責任は、それぞれの運送においてその運送品の滅失等の原因が生じた場合に当該運送ごとに適用されることとなる我が国の法令又は我が国が締結した条約の規定に従う。 2　前項の規定は、陸上運送であってその区間ごとに異なる二以上の法令が適用されるものを一の契約で引き受けた場合について準用する。	（新設）

改正案	現行
(相次運送人の権利義務) 第五百七十九条　数人の運送人が相次いで陸上運送をするときは、後の運送人は、前の運送人に代わってその権利を行使する義務を負う。 2　前項の場合において、後の運送人が前の運送人に弁済をしたときは、後の運送人は、前の運送人の権利を取得する。 3　ある運送人が引き受けた陸上運送についてその荷送人のために他の運送人が相次いで当該陸上運送の一部を引き受けたときは、各運送人は、運送品の滅失等につき連帯して損害賠償の責任を負う。 4　前三項の規定は、海上運送及び航空運送について準用する。	第五百八十九条　第五百六十二条、第五百六十三条、第五百六十六条及ヒ第五百六十七条ノ規定ハ運送人ニ之ヲ準用ス 第五百六十三条　数人相次テ運送ノ取次ヲ為ス場合ニ於テハ後者ハ前者ニ代ハリテ其権利ヲ行使スル義務ヲ負フ ②前項ノ場合ニ於テ後者カ前者ニ弁済ヲ為シタルトキハ前者ノ権利ヲ取得ス 第五百七十九条　数人相次テ運送ヲ為ス場合ニ於テハ各運送人ハ運送品ノ滅失、毀損又ハ延著ニ付キ連帯シテ損害賠償ノ責ニ任ス (新設)
(荷送人による運送の中止等の請求) 第五百八十条　荷送人は、運送人に対し、運送の中止、荷受人の変更その他の処分を請求することができる。この場合において、運送人は、既にした運送の割合に応じた運送賃、付随の費用、立替金及びその処分によって生じた費用の弁済を請求することができる。	第五百八十二条　荷送人又ハ貨物引換証ノ所持人ハ運送人ニ対シ運送ノ中止、運送品ノ返還其他ノ処分ヲ請求スルコトヲ得此場合ニ於テハ運送人ハ既ニ為シタル運送ノ割合ニ応スル運送賃、立替金及ヒ其処分ニ因リテ生シタル費用ノ弁済ヲ請求スルコトヲ得 ②前項ニ定メタル荷送人ノ権利ハ運送品カ到達地ニ達シタル後荷受人カ其引渡ヲ請求シタルトキハ消滅ス (第二項は、新第五百八十一条第二項へ)
(荷受人の権利義務等) 第五百八十一条　荷受人は、運送品が到達地に到着し、又は運送品の全部が滅失したときは、物品運送契約によって生じた荷送人の権利と同一の権利を取得する。 2　前項の場合において、荷受人が運送品の引渡し又はその損害賠償の請求をした	第五百八十三条　運送品カ到達地ニ達シタル後ハ荷受人ハ運送契約ニ因リテ生シタル荷送人ノ権利ヲ取得ス

改 正 案	現　　行
ときは、荷送人は、その権利を行使することができない。 3　荷受人は、運送品を受け取ったときは、運送人に対し、運送賃等を支払う義務を負う。	②荷受人カ運送品ヲ受取リタルトキハ運送人ニ対シ運送賃其他ノ費用ヲ支払フ義務ヲ負フ
（削る）	第五百八十四条　貨物引換証ヲ作リタル場合ニ於テハ之ト引換ニ非サレハ運送品ノ引渡ヲ請求スルコトヲ得ス
（運送品の供託及び競売） 第五百八十二条　運送人は、荷受人を確知することができないときは、運送品を供託することができる。 2　前項に規定する場合において、運送人が荷送人に対し相当の期間を定めて運送品の処分につき指図をすべき旨を催告したにもかかわらず、荷送人がその指図をしないときは、運送人は、その運送品を競売に付することができる。 3　損傷その他の事由による価格の低落のおそれがある運送品は、前項の催告をしないで競売に付することができる。 4　前二項の規定により運送品を競売に付したときは、運送人は、その代価を供託しなければならない。ただし、その代価の全部又は一部を運送賃等に充当することを妨げない。 5　運送人は、第一項から第三項までの規定により運送品を供託し、又は競売に付したときは、遅滞なく、荷送人に対してその旨の通知を発しなければならない。	第五百八十五条　荷受人ヲ確知スルコト能ハサルトキハ運送人ハ運送品ヲ供託スルコトヲ得 ②前項ノ場合ニ於テ運送人カ荷送人ニ対シ相当ノ期間ヲ定メ運送品ノ処分ニ付キ指図ヲ為スヘキ旨ヲ催告スルモ荷送人カ其指図ヲ為ササルトキハ運送品ヲ競売スルコトヲ得 ③運送人カ前二項ノ規定ニ従ヒテ運送品ノ供託又ハ競売ヲ為シタルトキハ遅滞ナク荷送人ニ対シテ其通知ヲ発スルコトヲ要ス
第五百八十三条　前条の規定は、荷受人が運送品の受取を拒み、又はこれを受け取ることができない場合について準用する。この場合において、同条第二項中	第五百八十六条　前条ノ規定ハ運送品ノ引渡ニ関シテ争アル場合ニ之ヲ準用ス ②運送人カ競売ヲ為スニハ予メ荷受人ニ対シ相当ノ期間ヲ定メテ運送品ノ受取ヲ催

改　正　案	現　　　行
「運送人が」とあるのは「運送人が、荷受人に対し相当の期間を定めて運送品の受取を催告し、かつ、その期間の経過後に」と、同条第五項中「荷送人」とあるのは「荷送人及び荷受人」と読み替えるものとする。	告シ其期間経過ノ後更ニ荷送人ニ対スル催告ヲ為スコトヲ要ス ③運送人ハ遅滞ナク荷受人ニ対シテモ運送品ノ供託又ハ競売ノ通知ヲ発スルコトヲ要ス
	第五百八十七条　第五百二十四条第二項及ヒ第三項ノ規定ハ前二条ノ場合ニ之ヲ準用ス
	（売主による目的物の供託及び競売） 第五百二十四条 ２　損傷その他の事由による価格の低落のおそれがある物は、前項の催告をしないで競売に付することができる。 ３　前二項の規定により売買の目的物を競売に付したときは、売主は、その代価を供託しなければならない。ただし、その代価の全部又は一部を代金に充当することを妨げない。
<u>（運送人の責任の消滅）</u> <u>第五百八十四条　運送品の損傷又は一部滅失についての運送人の責任は、荷受人が異議をとどめないで運送品を受け取ったときは、消滅する。ただし、運送品に直ちに発見することができない損傷又は一部滅失があった場合において、荷受人が引渡しの日から二週間以内に運送人に対してその旨の通知を発したときは、この限りでない。</u> <u>２　前項の規定は、運送品の引渡しの当時、運送人がその運送品に損傷又は一部滅失があることを知っていたときは、適用しない。</u> <u>３　運送人が更に第三者に対して運送を委託した場合において、荷受人が第一項た</u>	第五百八十八条　運送人ノ責任ハ荷受人カ留保ヲ為サスシテ運送品ヲ受取リ且運送賃其他ノ費用ヲ支払ヒタルトキハ消滅ス但運送品ニ直チニ発見スルコト能ハサル毀損又ハ一部滅失アリタル場合ニ於テ荷受人カ引渡ノ日ヨリ二週間内ニ運送人ニ対シテ其通知ヲ発シタルトキハ此限ニ在ラス ②前項ノ規定ハ運送人ニ悪意アリタル場合ニハ之ヲ適用セス （新設）

改正案	現行
だし書の期間内に運送人に対して同項ただし書の通知を発したときは、運送人に対する第三者の責任に係る同項ただし書の期間は、運送人が当該通知を受けた日から二週間を経過する日まで延長されたものとみなす。	
第五百八十五条　運送品の滅失等についての運送人の責任は、運送品の引渡しがされた日（運送品の全部滅失の場合にあっては、その引渡しがされるべき日）から一年以内に裁判上の請求がされないときは、消滅する。 2　前項の期間は、運送品の滅失等による損害が発生した後に限り、合意により、延長することができる。 3　運送人が更に第三者に対して運送を委託した場合において、運送人が第一項の期間内に損害を賠償し又は裁判上の請求をされたときは、運送人に対する第三者の責任に係る同項の期間は、運送人が損害を賠償し又は裁判上の請求をされた日から三箇月を経過する日まで延長されたものとみなす。	第五百八十九条　第五百六十二条、第五百六十三条、第五百六十六条及ヒ第五百六十七条ノ規定ハ運送人ニ之ヲ準用ス 第五百六十六条　運送取扱人ノ責任ハ荷受人カ運送品ヲ受取リタル日ヨリ一年ヲ経過シタルトキハ時効ニ因リテ消滅ス ②前項ノ期間ハ運送品ノ全部滅失ノ場合ニ於テハ其引渡アルヘカリシ日ヨリ之ヲ起算ス ③前二項ノ規定ハ運送取扱人ニ悪意アリタル場合ニハ之ヲ適用セス
（運送人の債権の消滅時効） 第五百八十六条　運送人の荷送人又は荷受人に対する債権は、これを行使することができる時から一年間行使しないときは、時効によって消滅する。	第五百八十九条　第五百六十二条、第五百六十三条、第五百六十六条及ヒ第五百六十七条ノ規定ハ運送人ニ之ヲ準用ス 第五百六十七条　運送取扱人ノ委託者又ハ荷受人ニ対スル債権ハ一年ヲ経過シタルトキハ時効ニ因リテ消滅ス
（運送人の不法行為責任） 第五百八十七条　第五百七十六条、第五百七十七条、第五百八十四条及び第五百八十五条の規定は、運送品の滅失等につい	（新設）

改正案	現行
ての運送人の荷送人又は荷受人に対する不法行為による損害賠償の責任について準用する。ただし、荷受人があらかじめ荷送人の委託による運送を拒んでいたにもかかわらず荷送人から運送を引き受けた運送人の荷受人に対する責任については、この限りでない。 (運送人の被用者の不法行為責任) 第五百八十八条　前条の規定により運送品の滅失等についての運送人の損害賠償の責任が免除され、又は軽減される場合には、その責任が免除され、又は軽減される限度において、その運送品の滅失等についての運送人の被用者の荷送人又は荷受人に対する不法行為による損害賠償の責任も、免除され、又は軽減される。 2　前項の規定は、運送人の被用者の故意又は重大な過失によって運送品の滅失等が生じたときは、適用しない。	(新設)
第三節　旅客運送 (旅客運送契約) 第五百八十九条　旅客運送契約は、運送人が旅客を運送することを約し、相手方がその結果に対してその運送賃を支払うことを約することによって、その効力を生ずる。	第三節　旅客運送 (新設)
(運送人の責任) 第五百九十条　運送人は、旅客が運送のために受けた損害を賠償する責任を負う。ただし、運送人が運送に関し注意を怠らなかったことを証明したときは、この限りでない。 (削る)	第五百九十条　旅客ノ運送人ハ自己又ハ其使用人カ運送ニ関シ注意ヲ怠ラサリシコトヲ証明スルニ非サレハ旅客カ運送ノ為メニ受ケタル損害ヲ賠償スル責ヲ免ルルコトヲ得ス ②損害賠償ノ額ヲ定ムルニ付テハ裁判所ハ被害者及ヒ其家族ノ情況ヲ斟酌スルコト

改 正 案	現 行
	ヲ要ス
（特約禁止） 第五百九十一条　旅客の生命又は身体の侵害による運送人の損害賠償の責任（運送の遅延を主たる原因とするものを除く。）を免除し、又は軽減する特約は、無効とする。 ２　前項の規定は、次に掲げる場合には、適用しない。 　一　大規模な火災、震災その他の災害が発生し、又は発生するおそれがある場合において運送を行うとき。 　二　運送に伴い通常生ずる振動その他の事情により生命又は身体に重大な危険が及ぶおそれがある者の運送を行うとき。	（新設）
（引渡しを受けた手荷物に関する運送人の責任等） 第五百九十二条　運送人は、旅客から引渡しを受けた手荷物については、運送賃を請求しないときであっても、物品運送契約における運送人と同一の責任を負う。 ２　運送人の被用者は、前項に規定する手荷物について、物品運送契約における運送人の被用者と同一の責任を負う。 ３　第一項に規定する手荷物が到達地に到着した日から一週間以内に旅客がその引渡しを請求しないときは、運送人は、その手荷物を供託し、又は相当の期間を定めて催告をした後に競売に付することができる。この場合において、運送人がその手荷物を供託し、又は競売に付したときは、遅滞なく、旅客に対してその旨の通知を発しなければならない。 ４　損傷その他の事由による価格の低落の	第五百九十一条　旅客ノ運送人ハ旅客ヨリ引渡ヲ受ケタル手荷物ニ付テハ特ニ運送賃ヲ請求セサルトキト雖モ物品ノ運送人ト同一ノ責任ヲ負フ ②手荷物カ到達地ニ達シタル日ヨリ一週間内ニ旅客カ其引渡ヲ請求セサルトキハ第五百二十四条ノ規定ヲ準用ス但住所又ハ居所ノ知レサル旅客ニハ催告及ヒ通知ヲ為スコトヲ要セス （売主による目的物の供託及び競売） 第五百二十四条　商人間の売買において、買主がその目的物の受領を拒み、又はこれを受領することができないときは、売主は、その物を供託し、又は相当の期間を定めて催告をした後に競売に付することができる。この場合において、売主がその物を供託し、又は競売に付したとき

改正案	現行
おそれがある手荷物は、前項の催告をしないで競売に付することができる。 5　前二項の規定により手荷物を競売に付したときは、運送人は、その代価を供託しなければならない。ただし、その代価の全部又は一部を運送賃に充当することを妨げない。 6　旅客の住所又は居所が知れないときは、第三項の催告及び通知は、することを要しない。 （引渡しを受けていない手荷物に関する運送人の責任等） 第五百九十三条　運送人は、旅客から引渡しを受けていない手荷物（身の回り品を含む。）の滅失又は損傷については、故意又は過失がある場合を除き、損害賠償の責任を負わない。 2　第五百七十六条第一項及び第三項、第五百八十四条第一項、第五百八十五条第一項及び第二項、第五百八十七条（第五百七十六条第一項及び第三項、第五百八十四条第一項並びに第五百八十五条第一項及び第二項の規定の準用に係る部分に限る。）並びに第五百八十八条の規定は、運送人が前項に規定する手荷物の滅失又は損傷に係る損害賠償の責任を負う場合について準用する。この場合において、第五百七十六条第一項中「その引渡しがされるべき」とあるのは「その運送が終了すべき」と、第五百八十四条第一項中「荷受人が異議をとどめないで運送品を受け取った」とあるのは「旅客が運送の終了の時までに異議をとどめなかった」と、「荷受人が引渡しの日」とあるのは「旅客が運送の終了の日」と、第五百八十五条第一項中「運送品の引渡しが	は、遅滞なく、買主に対してその旨の通知を発しなければならない。 2　損傷その他の事由による価格の低落のおそれがある物は、前項の催告をしないで競売に付することができる。 3　前二項の規定により売買の目的物を競売に付したときは、売主は、その代価を供託しなければならない。ただし、その代価の全部又は一部を代金に充当することを妨げない。 第五百九十二条　旅客ノ運送人ハ旅客ヨリ引渡ヲ受ケサル手荷物ノ滅失又ハ毀損ニ付テハ自己又ハ其使用人ニ過失アル場合ヲ除ク外損害賠償ノ責ニ任セス （新設）

改正案	現行
された日（運送品の全部滅失の場合にあっては、その引渡しがされるべき日）」とあるのは「運送の終了の日」と読み替えるものとする。 （運送人の債権の消滅時効） 第五百九十四条　第五百八十六条の規定は、旅客運送について準用する。 　　　第九章　寄託 　　　　第一節　総則 （受寄者の注意義務） 第五百九十五条　商人がその営業の範囲内において寄託を受けた場合には、報酬を受けないときであっても、善良な管理者の注意をもって、寄託物を保管しなければならない。 （場屋営業者の責任） 第五百九十六条　旅館、飲食店、浴場その他の客の来集を目的とする場屋における取引をすることを業とする者（以下この節において「場屋営業者」という。）は、客から寄託を受けた物品の滅失又は損傷については、不可抗力によるものであったことを証明しなければ、損害賠償の責任を免れることができない。 ２　客が寄託していない物品であっても、場屋の中に携帯した物品が、場屋営業者が注意を怠ったことによって滅失し、又は損傷したときは、場屋営業者は、損害賠償の責任を負う。 ３　客が場屋の中に携帯した物品につき責任を負わない旨を表示したときであっても、場屋営業者は、前二項の責任を免れることができない。	（新設） 　　　第九章　寄託 　　　　第一節　総則 第五百九十三条　商人カ其営業ノ範囲内ニ於テ寄託ヲ受ケタルトキハ報酬ヲ受ケサルトキト雖モ善良ナル管理者ノ注意ヲ為スコトヲ要ス 第五百九十四条　旅店、飲食店、浴場其他客ノ来集ヲ目的トスル場屋ノ主人ハ客ヨリ寄託ヲ受ケタル物品ノ滅失又ハ毀損ニ付其不可抗力ニ因リタルコトヲ証明スルニ非サレハ損害賠償ノ責ヲ免ルルコトヲ得ス ②客カ特ニ寄託セサル物品ト雖モ場屋中ニ携帯シタル物品カ場屋ノ主人又ハ其使用人ノ注意ニ因リテ滅失又ハ毀損シタルトキハ場屋ノ主人ハ損害賠償ノ責ニ任ス ③客ノ携帯品ニ付キ責任ヲ負ハサル旨ヲ告示シタルトキト雖モ場屋ノ主人ハ前二項ノ責任ヲ免ルルコトヲ得ス

改正案	現行
(高価品の特則) 第五百九十七条　貨幣、有価証券その他の高価品については、客がその種類及び価額を通知してこれを場屋営業者に寄託した場合を除き、場屋営業者は、その滅失又は損傷によって生じた損害を賠償する責任を負わない。 (場屋営業者の責任に係る債権の消滅時効) 第五百九十八条　前二条の場屋営業者の責任に係る債権は、場屋営業者が寄託を受けた物品を返還し、又は客が場屋の中に携帯した物品を持ち去った時(物品の全部滅失の場合にあっては、客が場屋を去った時)から一年間行使しないときは、時効によって消滅する。 2　前項の規定は、場屋営業者が同項に規定する物品の滅失又は損傷につき悪意であった場合には、適用しない。 　　　　第二節　倉庫営業 (定義) 第五百九十九条　この節において「倉庫営業者」とは、他人のために物品を倉庫に保管することを業とする者をいう。 (倉荷証券の交付義務) 第六百条　倉庫営業者は、寄託者の請求により、寄託物の倉荷証券を交付しなければならない。	第五百九十五条　貨幣、有価証券其他ノ高価品ニ付テハ客カ其種類及ヒ価額ヲ明告シテ之ヲ前条ノ場屋ノ主人ニ寄託シタルニ非サレハ其場屋ノ主人ハ其物品ノ滅失又ハ毀損ニ因リテ生シタル損害ヲ賠償スル責ニ任セス 第五百九十六条　前二条ノ責任ハ場屋ノ主人カ寄託物ヲ返還シ又ハ客カ携帯品ヲ持去リタル後一年ヲ経過シタルトキハ時効ニ因リテ消滅ス ②前項ノ期間ハ物品ノ全部滅失ノ場合ニ於テハ客カ場屋ヲ去リタル時ヨリ之ヲ起算ス ③前二項ノ規定ハ場屋ノ主人ニ悪意アリタル場合ニハ之ヲ適用セス 　　　　第二節　倉庫営業 第五百九十七条　倉庫営業者トハ他人ノ為メニ物品ヲ倉庫ニ保管スルヲ業トスル者ヲ謂フ 第五百九十八条　倉庫営業者ハ寄託者ノ請求ニ因リ寄託物ノ預証券及ヒ質入証券ヲ交付スルコトヲ要ス 第六百二十七条　倉庫営業者ハ寄託者ノ請求アルトキハ預証券及ヒ質入証券ニ代ヘテ倉荷証券ヲ交付スルコトヲ要ス ②倉荷証券ニハ預証券ニ関スル規定ヲ準用ス

改 正 案	現 行
（倉荷証券の記載事項） 第六百一条　倉荷証券には、次に掲げる事項及びその番号を記載し、倉庫営業者がこれに署名し、又は記名押印しなければならない。 一　寄託物の種類、品質及び数量並びにその荷造りの種類、個数及び記号 二　寄託者の氏名又は名称 三　保管場所 四　保管料 五　保管期間を定めたときは、その期間 六　寄託物を保険に付したときは、保険金額、保険期間及び保険者の氏名又は名称 七　作成地及び作成の年月日 （帳簿記載義務） 第六百二条　倉庫営業者は、倉荷証券を寄託者に交付したときは、その帳簿に次に掲げる事項を記載しなければならない。 一　前条第一号、第二号及び第四号から第六号までに掲げる事項 二　倉荷証券の番号及び作成の年月日 （寄託物の分割請求） 第六百三条　倉荷証券の所持人は、倉庫営業者に対し、寄託物の分割及びその各部分に対する倉荷証券の交付を請求することができる。この場合において、所持人は、その所持する倉荷証券を倉庫営業者に返還しなければならない。 ２　前項の規定による寄託物の分割及び倉荷証券の交付に関する費用は、所持人が負担する。 （倉荷証券の不実記載） 第六百四条　倉庫営業者は、倉荷証券の記	第五百九十九条　預証券及ヒ質入証券ニハ左ノ事項及ヒ番号ヲ記載シ倉庫営業者之ニ署名スルコトヲ要ス 一　受寄物ノ種類、品質、数量及ヒ其荷造ノ種類、個数並ニ記号 二　寄託者ノ氏名又ハ商号 三　保管ノ場所 四　保管料 五　保管ノ期間ヲ定メタルトキハ其期間 六　受寄物ヲ保険ニ付シタルトキハ保険金額、保険期間及ヒ保険者ノ氏名又ハ商号 七　証券ノ作成地及ヒ其作成ノ年月日 第六百条　倉庫営業者カ預証券及ヒ質入証券ヲ寄託者ニ交付シタルトキハ其帳簿ニ左ノ事項ヲ記載スルコトヲ要ス 一　前条第一号、第二号及ヒ第四号乃至第六号ニ掲ケタル事項 二　証券ノ番号及ヒ其作成ノ年月日 第六百一条　預証券及ヒ質入証券ノ所持人ハ倉庫営業者ニ対シ寄託物ヲ分割シ且其各部分ニ対スル預証券及ヒ質入証券ノ交付ヲ請求スルコトヲ得此場合ニ於テハ所持人ハ前ノ預証券及ヒ質入証券ヲ倉庫営業者ニ返還スルコトヲ要ス ②前項ニ定メタル寄託物ノ分割及ヒ証券ノ交付ニ関スル費用ハ所持人之ヲ負担ス 第六百二条　預証券及ヒ質入証券ヲ作リタ

改正案	現行
載が事実と異なることをもって善意の所持人に対抗することができない。	ルトキハ寄託ニ関スル事項ハ倉庫営業者ト所持人トノ間ニ於テハ其証券ノ定ムル所ニ依ル
(寄託物に関する処分) 第六百五条　倉荷証券が作成されたときは、寄託物に関する処分は、倉荷証券によってしなければならない。	第六百四条　第五百七十三条及ヒ第五百七十五条ノ規定ハ預証券及ヒ質入証券ニ之ヲ準用ス 第五百七十三条　貨物引換証ヲ作リタルトキハ運送品ニ関スル処分ハ貨物引換証ヲ以テスルニ非サレハ之ヲ為スコトヲ得ス
(倉荷証券の譲渡又は質入れ) 第六百六条　倉荷証券は、記名式であるときであっても、裏書によって、譲渡し、又は質権の目的とすることができる。ただし、倉荷証券に裏書を禁止する旨を記載したときは、この限りでない。 (削る)	第六百三条　預証券及ヒ質入証券ハ其記名式ナルトキト雖モ裏書ニ依リテ之ヲ譲渡シ又ハ之ヲ質入スルコトヲ得但証券ニ裏書ヲ禁スル旨ヲ記載シタルトキハ此限ニ在ラス ②預証券ノ所持人カ未タ質入ヲ為ササル間ハ預証券及ヒ質入証券ハ各別ニ之ヲ譲渡スコトヲ得
(倉荷証券の引渡しの効力) 第六百七条　倉荷証券により寄託物を受け取ることができる者に倉荷証券を引き渡したときは、その引渡しは、寄託物について行使する権利の取得に関しては、寄託物の引渡しと同一の効力を有する。	第六百四条　第五百七十三条及ヒ第五百七十五条ノ規定ハ預証券及ヒ質入証券ニ之ヲ準用ス 第五百七十五条　貨物引換証ニ依リ運送品ヲ受取ルコトヲ得ヘキ者ニ貨物引換証ヲ引渡シタルトキハ其引渡ハ運送品ノ上ニ行使スル権利ノ取得ニ付キ運送品ノ引渡ト同一ノ効力ヲ有ス
(倉荷証券の再交付) 第六百八条　倉荷証券の所持人は、その倉荷証券を喪失したときは、相当の担保を供して、その再交付を請求することができる。この場合において、倉庫営業者	第六百五条　預証券又ハ質入証券カ滅失シタルトキハ其所持人ハ相当ノ担保ヲ供シテ更ニ其証券ノ交付ヲ請求スルコトヲ得此場合ニ於テハ倉庫営業者ハ其旨ヲ帳簿

改 正 案	現　行
は、その旨を帳簿に記載しなければならない。	ニ記載スルコトヲ要ス
(削る)	第六百六条　質入証券ニ第一ノ質入裏書ヲ為スニハ債権額、其利息及ヒ弁済期ヲ記載スルコトヲ要ス ②第一ノ質権者カ前項ニ掲ケタル事項ヲ預証券ニ記載シテ之ニ署名スルニ非サレハ質権ヲ以テ第三者ニ対抗スルコトヲ得ス
(削る)	第六百七条　預証券ノ所持人ハ寄託物ヲ以テ預証券ニ記載シタル債権額及ヒ利息ヲ弁済スル義務ヲ負フ
(削る)	第六百八条　質入証券所持人ノ債権ノ弁済ハ倉庫営業者ノ営業所ニ於テ之ヲ為スコトヲ要ス
(削る)	第六百九条　質入証券ノ所持人カ弁済期ニ至リ支払ヲ受ケサルトキハ手形ニ関スル規定ニ従ヒテ拒絶証書ヲ作ラシムルコトヲ要ス
(削る)	第六百十条　質入証券ノ所持人ハ拒絶証書作成ノ日ヨリ一週間ヲ経過シタル後ニ非サレハ寄託物ノ競売ヲ請求スルコトヲ得ス
(削る)	第六百十一条　倉庫営業者ハ競売代金ノ中ヨリ競売ニ関スル費用、受寄物ニ課スヘキ租税、保管料其他保管ニ関スル費用及ヒ立替金ヲ控除シタル後其残額ヲ質入証券ト引換ニ其所持人ニ支払フコトヲ要ス ②競売代金ノ中ヨリ前項ニ掲ケタル費用、租税、保管料、立替金及ヒ質入証券所持人ノ債権額、利息、拒絶証書作成ノ費用ヲ控除シタル後余剰アルトキハ倉庫営業

改　正　案	現　　行
	者ハ之ヲ預証券ト引換ニ其所持人ニ支払フコトヲ要ス
（削る）	第六百十二条　競売代金ヲ以テ質入証券ニ記載シタル債権ノ全部ヲ弁済スルコト能ハサリシトキハ倉庫営業者ハ其支払ヒタル金額ヲ質入証券ニ記載シテ其証券ヲ返還シ且其旨ヲ帳簿ニ記載スルコトヲ要ス
（削る）	第六百十三条　質入証券ノ所持人ハ先ツ寄託物ニ付キ弁済ヲ受ケ尚ホ不足アルトキハ其裏書人ニ対シテ不足額ヲ請求スルコトヲ得 ②手形法第四十五条第一項第三項第五項第六項、第四十八条第一項、第四十九条及ヒ第五十条第一項ノ規定ハ前項ニ定メタル不足額ノ請求ニ之ヲ準用ス ③手形法第五十二条第三項ノ規定ハ不足額ノ請求ヲ受クル者ノ営業所又ハ住所ノ所在地カ其請求ヲ為ス者ノ営業所又ハ住所ノ所在地ト異ナル場合ニ於ケル償還額ノ算定ニ付キ之ヲ準用ス
（削る）	第六百十四条　質入証券ノ所持人カ弁済期ニ至リ支払ヲ受ケサリシ場合ニ於テ拒絶証書ヲ作ラシメサリシトキ又ハ拒絶証書作成ノ日ヨリ二週間内ニ寄託物ノ競売ヲ請求セサリシトキハ裏書人ニ対スル請求権ヲ失フ
（削る）	第六百十五条　質入証券所持人ノ預証券所持人ニ対スル請求権ハ弁済期ヨリ一年質入証券裏書人ニ対スル請求権ハ寄託物ニ付キ弁済ヲ受ケタル日ヨリ六个月質入証券裏書人ノ其前者ニ対スル請求権ハ償還ヲ為シタル日ヨリ六个月ヲ経過シタルトキハ時効ニ因リテ消滅ス

改正案	現　行
（寄託物の点検等） 第六百九条　寄託者又は倉荷証券の所持人は、倉庫営業者の営業時間内は、いつでも、寄託物の点検若しくはその見本の提供を求め、又はその保存に必要な処分をすることができる。 （削る）	第六百十六条　寄託者又ハ預証券ノ所持人ハ営業時間内何時ニテモ倉庫営業者ニ対シテ寄託物ノ点検若クハ其見本ノ摘出ヲ求メ又ハ其保存ニ必要ナル処分ヲ為スコトヲ得 ②質入証券ノ所持人ハ営業時間内何時ニテモ倉庫営業者ニ対シテ寄託物ノ点検ヲ求ムルコトヲ得
（倉庫営業者の責任） 第六百十条　倉庫営業者は、寄託物の保管に関し注意を怠らなかったことを証明しなければ、その滅失又は損傷につき損害賠償の責任を免れることができない。	第六百十七条　倉庫営業者ハ自己又ハ其使用人カ受寄物ノ保管ニ関シ注意ヲ怠ラサリシコトヲ証明スルニ非サレハ其滅失又ハ毀損ニ付キ損害賠償ノ責ヲ免ルルコトヲ得ス
（保管料等の支払時期） 第六百十一条　倉庫営業者は、寄託物の出庫の時以後でなければ、保管料及び立替金その他寄託物に関する費用（第六百十六条第一項において「保管料等」という。）の支払を請求することができない。ただし、寄託物の一部を出庫するときは、出庫の割合に応じて、その支払を請求することができる。	第六百十八条　倉庫営業者ハ受寄物出庫ノ時ニ非サレハ保管料及ヒ立替金其他受寄物ニ関スル費用ノ支払ヲ請求スルコトヲ得ス但受寄物ノ一部出庫ノ場合ニ於テハ割合ニ応シテ其支払ヲ請求スルコトヲ得
（寄託物の返還の制限） 第六百十二条　当事者が寄託物の保管期間を定めなかったときは、倉庫営業者は、寄託物の入庫の日から六箇月を経過した後でなければ、その返還をすることができない。ただし、やむを得ない事由があるときは、この限りでない。 （倉荷証券が作成された場合における寄託物の返還請求）	第六百十九条　当事者カ保管ノ期間ヲ定メサリシトキハ倉庫営業者ハ受寄物入庫ノ日ヨリ六个月ヲ経過シタル後ニ非サレハ其返還ヲ為スコトヲ得ス但已ムコトヲ得サル事由アルトキハ此限ニ在ラス

改正案	現行
第六百十三条　倉荷証券が作成されたときは、これと引換えでなければ、寄託物の返還を請求することができない。	第六百二十条　預証券及ヒ質入証券ヲ作リタル場合ニ於テハ之ト引換ニ非サレハ寄託物ノ返還ヲ請求スルコトヲ得
（削る）	第六百二十一条　預証券ノ所持人ハ質入証券ニ記載シタル債権ノ弁済期前ト雖モ其債権ノ全額及ヒ弁済期マテノ利息ヲ倉庫営業者ニ供託シテ寄託物ノ返還ヲ請求スルコトヲ得
（削る）	第六百二十二条　寄託物カ同種類ニシテ同一ノ品質ヲ有シ且分割スルコトヲ得ヘキ物ナルトキハ預証券ノ所持人ハ債権額ノ一部及ヒ其弁済期マテノ利息ヲ供託シ其割合ニ応シテ寄託物ノ一部ノ返還ヲ請求スルコトヲ得此場合ニ於テ倉庫営業者ハ供託ヲ受ケタル金額及ヒ返還シタル寄託物ノ数量ヲ預証券ニ記載シ且其旨ヲ帳簿ニ記載スルコトヲ要ス ②前項ニ定メタル寄託物ノ一部出庫ニ関スル費用ハ預証券ノ所持人之ヲ負担ス
（削る）	第六百二十三条　前二条ノ場合ニ於テ質入証券ノ所持人ノ権利ハ供託金ノ上ニ存在ス ②第六百十二条ノ規定ハ前条第一項ノ供託金ヲ以テ質入証券ニ記載シタル債権ノ一部ヲ弁済シタル場合ニ之ヲ準用ス
（倉荷証券を質入れした場合における寄託物の一部の返還請求） 第六百十四条　倉荷証券を質権の目的とした場合において、質権者の承諾があるときは、寄託者は、当該質権の被担保債権の弁済期前であっても、寄託物の一部の返還を請求することができる。この場合において、倉庫営業者は、返還した寄託	第六百二十八条　倉荷証券ヲ以テ質権ノ目的ト為シタル場合ニ於テ質権者ノ承諾アルトキハ寄託者ハ債権ノ弁済期前ト雖モ寄託物ノ一部ノ返還ヲ請求スルコトヲ得此場合ニ於テ倉庫営業者ハ返還シタル寄託物ノ種類、品質及ヒ数量ヲ倉荷証券ニ

改正案	現行
物の種類、品質及び数量を倉荷証券に記載し、かつ、その旨を帳簿に記載しなければならない。	記載シ且其旨ヲ帳簿ニ記載スルコトヲ要ス
(寄託物の供託及び競売) 第六百十五条　第五百二十四条第一項及び第二項の規定は、寄託者又は倉荷証券の所持人が寄託物の受領を拒み、又はこれを受領することができない場合について準用する。 (削る)	第六百二十四条　第五百二十四条第一項及ヒ第二項ノ規定ハ寄託者又ハ預証券ノ所持人カ寄託物ヲ受取ルコトヲ拒ミ又ハ之ヲ受取ルコト能ハサル場合ニ之ヲ準用ス此場合ニ於テ質入証券ノ所持人ノ権利ハ競売代金ノ上ニ存在ス ②第六百十一条及ヒ第六百十二条ノ規定ハ前項ノ場合ニ之ヲ準用ス
(倉庫営業者の責任の消滅) 第六百十六条　寄託物の損傷又は一部滅失についての倉庫営業者の責任は、寄託者又は倉荷証券の所持人が異議をとどめないで寄託物を受け取り、かつ、保管料等を支払ったときは、消滅する。ただし、寄託物に直ちに発見することができない損傷又は一部滅失があった場合において、寄託者又は倉荷証券の所持人が引渡しの日から二週間以内に倉庫営業者に対してその旨の通知を発したときは、この限りでない。 2　前項の規定は、倉庫営業者が寄託物の損傷又は一部滅失につき悪意であった場合には、適用しない。	第六百二十五条　第五百八十八条ノ規定ハ倉庫営業者ニ之ヲ準用ス 第五百八十八条　運送人ノ責任ハ荷受人カ留保ヲ為サスシテ運送品ヲ受取リ且運送賃其他ノ費用ヲ支払ヒタルトキハ消滅ス但運送品ニ直チニ発見スルコト能ハサル毀損又ハ一部滅失アリタル場合ニ於テ荷受人カ引渡ノ日ヨリ二週内ニ運送人ニ対シテ其通知ヲ発シタルトキハ此限ニ在ラス ②前項ノ規定ハ運送人ニ悪意アリタル場合ニハ之ヲ適用セス
(倉庫営業者の責任に係る債権の消滅時効) 第六百十七条　寄託物の滅失又は損傷についての倉庫営業者の責任に係る債権は、寄託物の出庫の日から一年間行使しないときは、時効によって消滅する。 2　前項の期間は、寄託物の全部滅失の場	第六百二十六条　寄託物ノ滅失又ハ毀損ニ因リテ生シタル倉庫営業者ノ責任ハ出庫ノ日ヨリ一年ヲ経過シタルトキハ時効ニ因リテ消滅ス ②前項ノ期間ハ寄託物ノ全部滅失ノ場合ニ

改正案	現 行
合においては、倉庫営業者が倉荷証券の所持人（倉荷証券を作成していないとき又は倉荷証券の所持人が知れないときは、寄託者）に対してその旨の通知を発した日から起算する。 3　前二項の規定は、倉庫営業者が寄託物の滅失又は損傷につき悪意であった場合には、適用しない。	於テハ倉庫営業者カ預証券ノ所持人、若シ其所持人カ知レサルトキハ寄託者ニ対シテ其滅失ノ通知ヲ発シタル日ヨリ之ヲ起算ス ③前二項ノ規定ハ倉庫営業者ニ悪意アリタル場合ニハ之ヲ適用セス
	第六百二十七条　倉庫営業者ハ寄託者ノ請求アルトキハ預証券及ヒ質入証券ニ代ヘテ倉荷証券ヲ交付スルコトヲ要ス ②倉荷証券ニハ預証券ニ関スル規定ヲ準用ス （新第六百条以下へ）
	第六百二十八条　倉荷証券ヲ以テ質権ノ目的ト為シタル場合ニ於テ質権者ノ承諾アルトキハ寄託者ハ債権ノ弁済期前ト雖モ寄託物ノ一部ノ返還ヲ請求スルコトヲ得此場合ニ於テ倉庫営業者ハ返還シタル寄託物ノ種類、品質及ヒ数量ヲ倉荷証券ニ記載シ且其旨ヲ帳簿ニ記載スルコトヲ要ス （新第六百十四条へ）
第六百十八条から第六百八十三条まで　削除	第六百二十九条乃至第六百八十三条　削除
第三編　海商 　　　第一章　船舶 　　　　第一節　総則 （定義） 第六百八十四条　この編（第七百四十七条を除く。）において「船舶」とは、商行為をする目的で航海の用に供する船舶（端舟その他ろかいのみをもって運転	第三編　海商 　　　第一章　船舶及ヒ船舶所有者 　　　　（新設） 第六百八十四条　本法ニ於テ船舶トハ商行為ヲ為ス目的ヲ以テ航海ノ用ニ供スルモノヲ謂フ ②本編ノ規定ハ端舟其他櫓櫂ノミヲ以テ運

改正案	現行
し、又は主としてろかいをもって運転する舟を除く。）をいう。	転シ又ハ主トシテ櫓櫂ヲ以テ運転スル舟ニハ之ヲ適用セス
（従物の推定等） 第六百八十五条　船舶の属具目録に記載した物は、その従物と推定する。 2　属具目録の書式は、国土交通省令で定める。	第六百八十五条　船舶ノ属具目録ニ記載シタル物ハ其従物ト推定ス 商法施行法（明治三十二年法律第四十九号） 第百三十条　属具目録ノ書式ハ国土交通省令ヲ以テ之ヲ定ム
第二節　船舶の所有 　　　　第一款　総則 （船舶の登記等） 第六百八十六条　船舶所有者は、船舶法（明治三十二年法律第四十六号）の定めるところに従い、登記をし、かつ、船舶国籍証書の交付を受けなければならない。 2　前項の規定は、総トン数二十トン未満の船舶については、適用しない。	（新設） （新設） 第六百八十六条　船舶所有者ハ特別法ノ定ムル所ニ従ヒ登記ヲ為シ且船舶国籍証書ヲ請受クルコトヲ要ス ②前項ノ規定ハ総噸数二十噸未満ノ船舶ニハ之ヲ適用セス
（船舶所有権の移転の対抗要件） 第六百八十七条　船舶所有権の移転は、その登記をし、かつ、船舶国籍証書に記載しなければ、第三者に対抗することができない。	第六百八十七条　船舶所有権ノ移転ハ其登記ヲ為シ且船舶国籍証書ニ之ヲ記載スルニ非サレハ之ヲ以テ第三者ニ対抗スルコトヲ得ス
（航海中の船舶を譲渡した場合の損益の帰属） 第六百八十八条　航海中の船舶を譲渡したときは、その航海によって生ずる損益は、譲受人に帰属する。	第六百八十八条　航海中ニ在ル船舶ノ所有権ヲ譲渡シタル場合ニ於テ特約ナキトキハ其航海ニ因リテ生スル損益ハ譲受人ニ帰スヘキモノトス
（航海中の船舶に対する差押え等の制限） 第六百八十九条　差押え及び仮差押えの執行（仮差押えの登記をする方法によるも	第六百八十九条　差押及ヒ仮差押ノ執行（仮差押ノ登記ヲ為ス方法ニ依ルモノヲ

改正案	現行
のを除く。）は、航海中の船舶（停泊中のものを除く。）に対してはすることができない。	除ク）ハ発航ノ準備ヲ終ハリタル船舶ニ対シテハ之ヲ為スコトヲ得ス但其船舶カ発航ヲ為ス為メニ生シタル債務ニ付テハ此限ニ在ラス
（船舶所有者の責任） 第六百九十条　船舶所有者は、船長その他の船員がその職務を行うについて故意又は過失によって他人に加えた損害を賠償する責任を負う。	第六百九十条　船舶所有者ハ船長其他ノ船員カ其職務ヲ行フニ当タリ故意又ハ過失ニ因リテ他人ニ加ヘタル損害ヲ賠償スル責ニ任ズ
（社員の持分の売渡しの請求） 第六百九十一条　持分会社の業務を執行する社員の持分の移転により当該持分会社の所有する船舶が日本の国籍を喪失することとなるときは、他の業務を執行する社員は、相当の対価でその持分を売り渡すことを請求することができる。	第七百二条　（略） ②社員ノ持分ノ移転ニ因リ会社ノ所有ニ属スル船舶カ日本ノ国籍ヲ喪失スヘキトキハ合名会社ニ在テハ他ノ社員、合資会社ニ在テハ他ノ無限責任社員ハ相当代価ヲ以テ其持分ヲ買取ルコトヲ得
（削る）	第六百九十一条及ビ第六百九十二条　削除
第二款　船舶の共有 （共有に係る船舶の利用） 第六百九十二条　船舶共有者の間においては、船舶の利用に関する事項は、各船舶共有者の持分の価格に従い、その過半数で決する。	（新設） 第六百九十三条　船舶共有者ノ間ニ在リテハ船舶ノ利用ニ関スル事項ハ各共有者ノ持分ノ価格ニ従ヒ其過半数ヲ以テ之ヲ決ス
第六百九十三条　船舶共有者は、その持分の価格に応じ、船舶の利用に関する費用を負担しなければならない。	第六百九十四条　船舶共有者ハ其持分ノ価格ニ応シ船舶ノ利用ニ関スル費用ヲ負担スルコトヲ要ス
（船舶共有者の持分買取請求） 第六百九十四条　船舶共有者が次に掲げる事項を決定したときは、その決定について異議のある船舶共有者は、他の船舶共有者に対し、相当の対価で自己の持分を	第六百九十五条　船舶共有者カ新ニ航海ヲ為シ又ハ船舶ノ大修繕ヲ為スヘキコトヲ決議シタルトキハ其決議ニ対シテ異議アル者ハ他ノ共有者ニ対シ相当代価ヲ以テ

改正案	現行
買い取ることを請求することができる。 　一　新たな航海（船舶共有者の間で予定されていなかったものに限る。）をすること。 　二　船舶の大修繕をすること。 ２　前項の規定による請求をしようとする者は、同項の決定の日（当該決定に加わらなかった場合にあっては、当該決定の通知を受けた日の翌日）から三日以内に、他の船舶共有者又は船舶管理人に対してその旨の通知を発しなければならない。	自己ノ持分ヲ買取ルヘキコトヲ請求スルコトヲ得 ②前項ノ請求ヲ為サント欲スル者ハ決議ノ日ヨリ三日内ニ他ノ共有者又ハ船舶管理人ニ対シテ其通知ヲ発スルコトヲ要ス但此期間ハ決議ニ加ハラサリシ者ニ付テハ其決議ノ通知ヲ受ケタル日ノ翌日ヨリ之ヲ起算ス
（船舶共有者の第三者に対する責任） 第六百九十五条　船舶共有者は、その持分の価格に応じ、船舶の利用について生じた債務を弁済する責任を負う。	第六百九十六条　船舶共有者ハ其持分ノ価格ニ応シ船舶ノ利用ニ付テ生シタル債務ヲ弁済スル責ニ任ス
（削る）	第六百九十七条　損益ノ分配ハ毎航海ノ終ニ於テ船舶共有者ノ持分ノ価格ニ応シテ之ヲ為ス
（持分の譲渡） 第六百九十六条　船舶共有者の間に組合契約があるときであっても、各船舶共有者（船舶管理人であるものを除く。）は、他の船舶共有者の承諾を得ないで、その持分の全部又は一部を他人に譲渡することができる。	第六百九十八条　船舶共有者間ニ組合関係アルトキト雖モ各共有者ハ他ノ共有者ノ承諾ヲ得スシテ其持分ノ全部又ハ一部ヲ他人ニ譲渡スコトヲ得但船舶管理人ハ此限ニ在ラス
２　船舶管理人である船舶共有者は、他の船舶共有者の全員の承諾を得なければ、その持分の全部又は一部を他人に譲渡することができない。	（新設）
（船舶管理人） 第六百九十七条　船舶共有者は、船舶管理人を選任しなければならない。	第六百九十九条　船舶共有者ハ船舶管理人ヲ選任スルコトヲ要ス

改　正　案	現　行
<u>２　船舶共有者でない者を船舶管理人とするには、船舶共有者の全員の同意がなければならない。</u>	②船舶共有者ニ非サル者ヲ船舶管理人ト為スニハ共有者全員ノ同意アルコトヲ要ス
<u>３　船舶共有者が船舶管理人を選任したときは、その登記をしなければならない。船舶管理人の代理権の消滅についても、同様とする。</u>	③船舶管理人ノ選任及ヒ其代理権ノ消滅ハ之ヲ登記スルコトヲ要ス
<u>４　第九条の規定は、前項の規定による登記について準用する。</u>	（新設）
<u>（船舶管理人の代理権）</u> <u>第六百九十八条　船舶管理人は、次に掲げる行為を除き、船舶共有者に代わって船舶の利用に関する一切の裁判上又は裁判外の行為をする権限を有する。</u> <u>一　船舶を賃貸し、又はこれについて抵当権を設定すること。</u> <u>二　船舶を保険に付すること。</u> <u>三　新たな航海（船舶共有者の間で予定されていなかったものに限る。）をすること。</u> <u>四　船舶の大修繕をすること。</u> <u>五　借財をすること。</u> <u>２　船舶管理人の代理権に加えた制限は、善意の第三者に対抗することができない。</u>	第七百条　船舶管理人ハ左ニ掲ケタル行為ヲ除ク外船舶共有者ニ代ハリテ船舶ノ利用ニ関スル一切ノ裁判上又ハ裁判外ノ行為ヲ為ス権限ヲ有ス 一　船舶ノ譲渡若クハ賃貸ヲ為シ又ハ之ヲ抵当ト為スコト 二　船舶ヲ保険ニ付スルコト 三　新ニ航海ヲ為スコト 四　船舶ノ大修繕ヲ為スコト 五　借財ヲ為スコト ②船舶管理人ノ代理権ニ加ヘタル制限ハ之ヲ以テ善意ノ第三者ニ対抗スルコトヲ得ス
<u>（船舶管理人の義務）</u> <u>第六百九十九条　船舶管理人は、その職務に関する帳簿を備え、船舶の利用に関する一切の事項を記載しなければならない。</u> <u>２　船舶管理人は、一定の期間ごとに、船舶の利用に関する計算を行い、各船舶共有者の承認を求めなければならない。</u>	第七百一条　船舶管理人ハ特ニ帳簿ヲ備ヘ之ニ船舶ノ利用ニ関スル一切ノ事項ヲ記載スルコトヲ要ス ②船舶管理人ハ毎航海ノ終ニ於テ遅滞ナク其航海ニ関スル計算ヲ為シテ各船舶共有者ノ承認ヲ求ムルコトヲ要ス
<u>（船舶共有者の持分の売渡しの請求等）</u> <u>第七百条　船舶共有者の持分の移転又は国</u>	第七百二条　船舶共有者ノ持分ノ移転又ハ

改 正 案	現 行
籍の喪失により船舶が日本の国籍を喪失することとなるときは、他の船舶共有者は、相当の対価でその持分を売り渡すことを請求し、又は競売に付することができる。	其国籍喪失ニ因リテ船舶カ日本ノ国籍ヲ喪失スヘキトキハ他ノ共有者ハ相当代価ヲ以テ其持分ヲ買取リ又ハ其競売ヲ裁判所ニ請求スルコトヲ得 ②社員ノ持分ノ移転ニ因リ会社ノ所有ニ属スル船舶カ日本ノ国籍ヲ喪失スヘキトキハ合名会社ニ在テハ他ノ社員、合資会社ニ在テハ他ノ無限責任社員ハ相当代価ヲ以テ其持分ヲ買取ルコトヲ得 （第二項は、新第六百九十一条へ）
第三節　船舶賃貸借 （船舶賃貸借の対抗力） 第七百一条　船舶の賃貸借は、これを登記したときは、その後その船舶について物権を取得した者に対しても、その効力を生ずる。	（新設） 第七百三条　船舶ノ賃貸借ハ之ヲ登記シタルトキハ爾後其船舶ニ付キ物権ヲ取得シタル者ニ対シテモ其効力ヲ生ス
（船舶の賃借人による修繕） 第七百二条　船舶の賃借人であって商行為をする目的でその船舶を航海の用に供しているものは、その船舶を受け取った後にこれに生じた損傷があるときは、その利用に必要な修繕をする義務を負う。ただし、その損傷が賃貸人の責めに帰すべき事由によるものであるときは、この限りでない。	（新設）
（船舶の賃借人の権利義務等） 第七百三条　前条に規定する船舶の賃借人は、その船舶の利用に関する事項については、第三者に対して、船舶所有者と同一の権利義務を有する。 2　前項の場合において、その船舶の利用について生じた先取特権は、船舶所有者に対しても、その効力を生ずる。ただ	第七百四条　船舶ノ賃借人カ商行為ヲ為ス目的ヲ以テ其船舶ヲ航海ノ用ニ供シタルトキハ其利用ニ関スル事項ニ付テハ第三者ニ対シテ船舶所有者ト同一ノ権利義務ヲ有ス ②前項ノ場合ニ於テ船舶ノ利用ニ付キ生シタル先取特権ハ船舶所有者ニ対シテモ其効力ヲ生ス但先取特権者カ其利用ノ契約

改正案	現行
し、船舶の賃借人によるその利用の態様が船舶所有者との契約に反することを先取特権者が知っていたときは、この限りでない。	ニ反スルコトヲ知レルトキハ此限ニ在ラス
第四節　定期傭船	（新設）
（定期傭船契約） 第七百四条　定期傭船契約は、当事者の一方が艤装した船舶に船員を乗り組ませて当該船舶を一定の期間相手方の利用に供することを約し、相手方がこれに対してその傭船料を支払うことを約することによって、その効力を生ずる。	（新設）
（定期傭船者による指示） 第七百五条　定期傭船者は、船長に対し、航路の決定その他の船舶の利用に関し必要な事項を指示することができる。ただし、発航前の検査その他の航海の安全に関する事項については、この限りでない。	（新設）
（費用の負担） 第七百六条　船舶の燃料、水先料、入港料その他船舶の利用に関する通常の費用は、定期傭船者の負担とする。	（新設）
（運送及び船舶賃貸借に関する規定の準用） 第七百七条　第五百七十二条、第七百三十九条第一項並びに第七百四十条第一項及び第三項の規定は定期傭船契約に係る船舶により物品を運送する場合について、第七百三条第二項の規定は定期傭船者の船舶の利用について生ずる先取特権について、それぞれ準用する。この場合において、第七百三十九条第一項中「発航の当時」とあるのは、「各航海に係る発航	（新設）

改　正　案	現　　行
の当時」と読み替えるものとする。 　　　　<u>第二章　船長</u> （削る）	 　　　　第二章　船長 第七百五条　船長ハ其職務ヲ行フニ付キ注意ヲ怠ラサリシコトヲ証明スルニ非サレハ船舶所有者、傭船者、荷送人其他ノ利害関係人ニ対シテ損害賠償ノ責ヲ免ルルコトヲ得ス ②船長ハ船舶所有者ノ指図ニ従ヒタルトキト雖モ船舶所有者以外ノ者ニ対シテハ前項ニ定メタル責任ヲ免ルルコトヲ得ス 第七百六条　海員カ其職務ヲ行フニ当タリ他人ニ損害ヲ加ヘタル場合ニ於テ船長ハ監督ヲ怠ラサリシコトヲ証明スルニ非サレハ損害賠償ノ責ヲ免ルルコトヲ得ス （新第七百十三条へ）
<u>（船長の代理権）</u> <u>第七百八条　船長は、船籍港外においては、次に掲げる行為を除き、船舶所有者に代わって航海のために必要な一切の裁判上又は裁判外の行為をする権限を有する。</u> <u>　一　船舶について抵当権を設定すること。</u> <u>　二　借財をすること。</u> <u>２　船長の代理権に加えた制限は、善意の第三者に対抗することができない。</u>	第七百十三条　船籍港外ニ於テハ船長ハ航海ノ為メニ必要ナル一切ノ裁判上又ハ裁判外ノ行為ヲ為ス権限ヲ有ス ②船籍港ニ於テハ船長ハ特ニ委任ヲ受ケタル場合ヲ除ク外海員ノ雇入及ヒ雇止ヲ為ス権限ノミヲ有ス 第七百十四条　船長ノ代理権ニ加ヘタル制限ハ之ヲ以テ善意ノ第三者ニ対抗スルコトヲ得ス 第七百十五条　船長ハ船舶ノ修繕費、救助料其他航海ヲ継続スルニ必要ナル費用ヲ支弁スル為メニ非サレハ左ニ掲ケタル行為ヲ為スコトヲ得ス 　一　船舶ヲ抵当ト為スコト 　二　借財ヲ為スコト 　三　積荷ノ全部又ハ一部ヲ売却又ハ質入

改正案	現行
	スルコト但第七百十二条第一項ノ場合ハ此限ニ在ラス
	②船長カ積荷ヲ売却又ハ質入シタル場合ニ於ケル損害賠償ノ額ハ其積荷ノ到達スヘカリシ時ニ於ケル陸揚港ノ価格ニ依リテ之ヲ定ム但其価格中ヨリ支払フコトヲ要セサリシ費用ヲ控除スルコトヲ要ス
<u>（船長による職務代行者の選任）</u> <u>第七百九条　船長は、やむを得ない事由により自ら船舶を指揮することができない場合には、法令に別段の定めがあるときを除き、自己に代わって船長の職務を行うべき者を選任することができる。この場合において、船長は、船舶所有者に対してその選任についての責任を負う。</u>	第七百七条　船長カ已ムコトヲ得サル事由ニ因リテ自ラ船舶ヲ指揮スルコト能ハサルトキハ法令ニ別段ノ定アル場合ヲ除ク外他人ヲ選任シテ自己ノ職務ヲ行ハシムルコトヲ得此場合ニ於テハ船長ハ其選任ニ付キ船舶所有者ニ対シテ其責ニ任ス
（削る）	第七百八条　削除
<u>（属具目録の備置き）</u> <u>第七百十条　船長は、属具目録を船内に備え置かなければならない。</u>	第七百九条　船長ハ属具目録及ヒ運送契約ニ関スル書類ヲ船中ニ備ヘ置クコトヲ要ス
（削る）	②前項ノ属具目録ハ外国ニ航行セサル船舶ニ限リ国土交通省令ヲ以テ之ヲ備フルコトヲ要セサルモノト定ムルコトヲ得
（削る）	第七百十条　削除
（削る）	第七百十一条　削除
<u>（船長による積荷の処分）</u> <u>第七百十一条　船長は、航海中に積荷の利害関係人の利益のため必要があるときは、利害関係人に代わり、最もその利益に適合する方法によって、その積荷の処分をしなければならない。</u>	第七百十二条　船長ハ航海中最モ利害関係人ノ利益ニ適スヘキ方法ニ依リテ積荷ノ処分ヲ為スコトヲ要ス

改正案	現　行
２　積荷の利害関係人は、前項の処分によりその積荷について債務を負担したときは、当該債務に係る債権者にその積荷について有する権利を移転して、その責任を免れることができる。ただし、利害関係人に過失があったときは、この限りでない。	②利害関係人ハ船長ノ行為ニ因リ其積荷ニ付テ生シタル債権ノ為メ之ヲ債権者ニ委付シテ其責ヲ免ルルコトヲ得但利害関係人ニ過失アリタルトキハ此限ニ在ラス
	第七百十三条　船籍港外ニ於テハ船長ハ航海ノ為メニ必要ナル一切ノ裁判上又ハ裁判外ノ行為ヲ為ス権限ヲ有ス ②船籍港ニ於テハ船長ハ特ニ委任ヲ受ケタル場合ヲ除ク外海員ノ雇入及ヒ雇止ヲ為ス権限ノミヲ有ス （新第七百八条へ）
	第七百十四条　船長ノ代理権ニ加ヘタル制限ハ之ヲ以テ善意ノ第三者ニ対抗スルコトヲ得ス （新第七百八条へ）
	第七百十五条　船長ハ船舶ノ修繕費、救助料其他航海ヲ継続スルニ必要ナル費用ヲ支弁スル為メニ非サレハ左ニ掲ケタル行為ヲ為スコトヲ得ス 　一　船舶ヲ抵当ト為スコト 　二　借財ヲ為スコト 　三　積荷ノ全部又ハ一部ヲ売却又ハ質入スルコト但第七百十二条第一項ノ場合ハ此限ニ在ラス ②船長カ積荷ヲ売却又ハ質入シタル場合ニ於ケル損害賠償ノ額ハ其積荷ノ到達スヘカリシ時ニ於ケル陸揚港ノ価格ニ依リテ之ヲ定ム但其価格中ヨリ支払フコトヲ要セサリシ費用ヲ控除スルコトヲ要ス （新第七百八条へ）

改　正　案	現　　行
（削る）	第七百十六条　削除
（削る）	第七百十七条　船籍港外ニ於テ船舶カ修繕スルコト能ハサルニ至リタルトキハ船長ハ管海官庁ノ認可ヲ得テ之ヲ競売スルコトヲ得
（削る）	第七百十八条　左ノ場合ニ於テハ船舶ハ修繕スルコト能ハサルニ至リタルモノト看做ス 一　船舶カ其現在地ニ於テ修繕ヲ受クルコト能ハス且其修繕ヲ為スヘキ地ニ到ルコト能ハサルトキ 二　修繕費カ船舶ノ価額ノ四分ノ三ニ超ユルトキ ②前項第二号ノ価額ハ船舶カ航海中毀損シタル場合ニ於テハ其発航ノ時ニ於ケル価額トシ其他ノ場合ニ於テハ其毀損前ニ有セシ価額トス
（航海継続のための積荷の使用） 第七百十二条　船長は、航海を継続するため必要があるときは、積荷を航海の用に供することができる。 2　第五百七十六条第一項及び第二項の規定は、前項の場合において船舶所有者が支払うべき償金の額について準用する。この場合において、同条第一項中「引渡し」とあるのは、「陸揚げ」と読み替えるものとする。	第七百十九条　船長ハ航海ヲ継続スル為必要ナルトキハ積荷ヲ航海ノ用ニ供スルコトヲ得此場合ニ於テハ第七百十五条第二項ノ規定ヲ準用ス
（船長の責任） 第七百十三条　船長は、海員がその職務を行うについて故意又は過失によって他人に加えた損害を賠償する責任を負う。ただし、船長が海員の監督について注意を怠らなかったことを証明したときは、こ	第七百六条　海員カ其職務ヲ行フニ当タリ他人ニ損害ヲ加ヘタル場合ニ於テ船長ハ監督ヲ怠ラサリシコトヲ証明スルニ非サレハ損害賠償ノ責ヲ免ルルコトヲ得ス

改　正　案	現　行
の限りでない。 （船長の報告義務） 第七百十四条　船長は、遅滞なく、航海に関する重要な事項を船舶所有者に報告しなければならない。 （削る）	第七百二十条　船長ハ遅滞ナク航海ニ関スル重要ナル事項ヲ船舶所有者ニ報告スルコトヲ要ス ②船長ハ毎航海ノ終ニ於テ遅滞ナク其航海ニ関スル計算ヲ為シテ船舶所有者ノ承認ヲ求メ又船舶所有者ノ請求アルトキハ何時ニテモ計算ノ報告ヲ為スコトヲ要ス
（船長の解任） 第七百十五条　船舶所有者は、いつでも、船長を解任することができる。 2　前項の規定により解任された船長は、その解任について正当な理由がある場合を除き、船舶所有者に対し、解任によって生じた損害の賠償を請求することができる。 3　船長が船舶共有者である場合において、その意に反して解任されたときは、船長は、他の船舶共有者に対し、相当の対価で自己の持分を買い取ることを請求することができる。 4　船長は、前項の規定による請求をしようとするときは、遅滞なく、他の船舶共有者又は船舶管理人に対してその旨の通知を発しなければならない。	第七百二十一条　船舶所有者ハ何時ニテモ船長ヲ解任スルコトヲ得但正当ノ理由ナクシテ之ヲ解任シタルトキハ船長ハ船舶所有者ニ対シ解任ニ因リテ生シタル損害ノ賠償ヲ請求スルコトヲ得 ②船長カ船舶共有者ナル場合ニ於テ其意ニ反シテ解任セラレタルトキハ他ノ共有者ニ対シ相当代価ヲ以テ自己ノ持分ヲ買取ルヘキコトヲ請求スルコトヲ得 ③船長カ前項ノ請求ヲ為サント欲スルトキハ遅滞ナク他ノ共有者又ハ船舶管理人ニ対シテ其通知ヲ発スルコトヲ要ス
第七百十六条から第七百三十六条まで　削除	第七百二十二条乃至第七百三十六条　削除
第三章　海上物品運送に関する特則 　　　　第一節　個品運送 　　　　　（削る） （運送品の船積み等） 第七百三十七条　運送人は、個品運送契約	第三章　運送 　　　　第一節　物品運送 　　　　　第一款　総則 第七百四十九条　箇箇ノ運送品ヲ以テ運送

改正案	現行
（個々の運送品を目的とする運送契約をいう。以下この節において同じ。）に基づいて荷送人から運送品を受け取ったときは、その船積み及び積付けをしなければならない。 2　荷送人が運送品の引渡しを怠ったときは、船長は、直ちに発航することができる。この場合において、荷送人は、運送賃の全額（運送人がその運送品に代わる他の運送品について運送賃を得た場合にあっては、当該運送賃の額を控除した額）を支払わなければならない。 （船長に対する必要書類の交付） 第七百三十八条　荷送人は、船積期間内に、運送に必要な書類を船長に交付しなければならない。 （航海に堪える能力に関する注意義務） 第七百三十九条　運送人は、発航の当時次に掲げる事項を欠いたことにより生じた運送品の滅失、損傷又は延着について、損害賠償の責任を負う。ただし、運送人がその当時当該事項について注意を怠らなかったことを証明したときは、この限りでない。 一　船舶を航海に堪える状態に置くこと。 二　船員の乗組み、船舶の艤装及び需品の補給を適切に行うこと。 三　船倉、冷蔵室その他運送品を積み込む場所を運送品の受入れ、運送及び保存に適する状態に置くこと。 2　前項の規定による運送人の損害賠償の責任を免除し、又は軽減する特約は、無効とする。	契約ノ目的トヲシタルトキハ荷送人ハ船長ノ指図ニ従ヒ遅滞ナク運送品ヲ船積スルコトヲ要ス ②荷送人カ運送品ノ船積ヲ怠リタルトキハ船長ハ直チニ発航ヲ為スコトヲ得此場合ニ於テハ荷送人ハ運送賃ノ全額ヲ支払フコトヲ要ス但船舶所有者カ他ノ運送品ヨリ得タル運送賃ハ之ヲ控除ス 第七百五十一条　傭船者又ハ荷送人ハ船積期間内ニ運送ニ必要ナル書類ヲ船長ニ交付スルコトヲ要ス 第七百三十八条　船舶所有者ハ傭船者又ハ荷送人ニ対シ発航ノ当時船舶カ安全ニ航海ヲ為スニ堪フルコトヲ担保ス 第七百三十九条　船舶所有者ハ特約ヲ為シタルトキト雖モ自己ノ過失、船員其他ノ使用人ノ悪意若クハ重大ナル過失又ハ船舶カ航海ニ堪ヘサルニ因リテ生シタル損害ヲ賠償スル責ヲ免ルルコトヲ得ス

改正案	現行
（違法な船積品の陸揚げ等） 第七百四十条　法令に違反して又は個品運送契約によらないで船積みがされた運送品については、運送人は、いつでも、これを陸揚げすることができ、船舶又は積荷に危害を及ぼすおそれがあるときは、これを放棄することができる。 2　運送人は、前項に規定する運送品を運送したときは、船積みがされた地及び時における同種の運送品に係る運送賃の最高額を請求することができる。 3　前二項の規定は、運送人その他の利害関係人の荷送人に対する損害賠償の請求を妨げない。	第七百四十条　法令ニ違反シ又ハ契約ニ依ラスシテ船積シタル運送品ハ船長ニ於テ何時ニテモ之ヲ陸揚シ、若シ船舶又ハ積荷ニ危害ヲ及ホス虞アルトキハ之ヲ放棄スルコトヲ得但船長カ之ヲ運送スルトキハ其船積ノ地及ヒ時ニ於ケル同種ノ運送品ノ最高ノ運送賃ヲ請求スルコトヲ得 ②前項ノ規定ハ船舶所有者其他ノ利害関係人カ損害賠償ノ請求ヲ為スコトヲ妨ケス
（削る）	第七百五十二条 ④箇箇ノ運送品ヲ以テ運送契約ノ目的ト為シタルトキハ荷受人ハ船長ノ指図ニ従ヒ遅滞ナク運送品ヲ陸揚スルコトヲ要ス
（荷受人の運送賃支払義務等） 第七百四十一条　荷受人は、運送品を受け取ったときは、個品運送契約又は船荷証券の趣旨に従い、運送人に対し、次に掲げる金額の合計額（以下この節において「運送賃等」という。）を支払う義務を負う。 一　運送賃、付随の費用及び立替金の額 二　運送品の価格に応じて支払うべき救助料の額及び共同海損の分担額 2　運送人は、運送賃等の支払を受けるまで、運送品を留置することができる。	第七百五十三条　荷受人カ運送品ヲ受取リタルトキハ運送契約又ハ船荷証券ノ趣旨ニ従ヒ運送賃、附随ノ費用、立替金、碇泊料及ヒ運送品ノ価格ニ応シ共同海損又ハ救助ノ為メ負担スヘキ金額ヲ支払フ義務ヲ負フ ②船長ハ前項ニ定メタル金額ノ支払ト引換ニ非サレハ運送品ヲ引渡スコトヲ要セス
（削る）	第七百五十四条　荷受人カ運送品ヲ受取ルコトヲ怠リタルトキハ船長ハ之ヲ供託スルコトヲ得此場合ニ於テハ遅滞ナク荷受人ニ対シテ其通知ヲ発スルコトヲ要ス

改正案	現行
	②荷受人ヲ確知スルコト能ハサルトキ又ハ荷受人カ運送品ヲ受取ルコトヲ拒ミタルトキハ船長ハ運送品ヲ供託スルコトヲ要ス此場合ニ於テハ遅滞ナク傭船者又ハ荷送人ニ対シテ其通知ヲ発スルコトヲ要ス
（削る）	第七百五十五条　運送品ノ重量又ハ容積ヲ以テ運送賃ヲ定メタルトキハ其額ハ運送品引渡ノ当時ニ於ケル重量又ハ容積ニ依リテ之ヲ定ム
（削る）	第七百五十六条　期間ヲ以テ運送賃ヲ定メタルトキハ其額ハ運送品ノ船積著手ノ日ヨリ其陸揚終了ノ日マテノ期間ニ依リテ之ヲ定ム但船舶カ不可抗力ニ因リ発航港若クハ航海ノ途中ニ於テ碇泊ヲ為スヘキトキ又ハ航海ノ途中ニ於テ船舶ヲ修繕スヘキトキハ其期間ハ之ヲ算入セス第七百四十一条第二項又ハ第七百五十二条第二項ノ場合ニ於テ船積期間又ハ陸揚期間経過ノ後運送品ノ船積又ハ陸揚ヲ為シタル日数亦同シ
（運送品の競売） 第七百四十二条　運送人は、荷受人に運送品を引き渡した後においても、運送賃等の支払を受けるため、その運送品を競売に付することができる。ただし、第三者がその占有を取得したときは、この限りでない。	第七百五十七条　船舶所有者ハ第七百五十三条第一項ニ定メタル金額ノ支払ヲ受クル為メ裁判所ノ許可ヲ得テ運送品ヲ競売スルコトヲ得 ②前項ノ許可ニ係ル事件ハ同項ノ運送品ノ所在地ノ地方裁判所之ヲ管轄ス ③船長カ荷受人ニ運送品ヲ引渡シタル後ト雖モ船舶所有者ハ其運送品ノ上ニ権利ヲ行使スルコトヲ得但引渡ノ日ヨリ二週間ヲ経過シタルトキ又ハ第三者カ其占有ヲ取得シタルトキハ此限ニ在ラス
（削る）	第七百五十八条　船舶所有者カ前条ニ定メ

改正案	現行
	タル権利ヲ行ハサルトキハ傭船者又ハ荷送人ニ対スル請求権ヲ失フ但傭船者又ハ荷送人ハ其受ケタル利益ノ限度ニ於テ償還ヲ為スコトヲ要ス
(荷送人による発航前の解除) 第七百四十三条　発航前においては、荷送人は、運送賃の全額を支払って個品運送契約の解除をすることができる。ただし、個品運送契約の解除によって運送人に生ずる損害の額が運送賃の全額を下回るときは、その損害を賠償すれば足りる。 2　前項の規定は、運送品の全部又は一部の船積みがされた場合には、他の荷送人及び傭船者の全員の同意を得たときに限り、適用する。この場合において、荷送人は、運送品の船積み及び陸揚げに要する費用を負担しなければならない。	第七百五十条　第七百四十八条ノ規定ハ荷送人カ契約ノ解除ヲ為ス場合ニ之ヲ準用ス 第七百四十八条　船舶ノ一部ヲ以テ運送契約ノ目的ト為シタル場合ニ於テ傭船者カ他ノ傭船者及ヒ荷送人ト共同セスシテ発航前ニ契約ノ解除ヲ為シタルトキハ運送賃ノ全額ヲ支払フコトヲ要ス但船舶所有者カ他ノ運送品ヨリ得タル運送賃ハ之ヲ控除ス ②発航前ト雖モ傭船者カ既ニ運送品ノ全部又ハ一部ヲ船積シタルトキハ他ノ傭船者及ヒ荷送人ノ同意ヲ得ルニ非サレハ契約ノ解除ヲ為スコトヲ得ス ③前七条ノ規定ハ船舶ノ一部ヲ以テ運送契約ノ目的ト為シタル場合ニ之ヲ準用ス 第七百四十五条 ③運送品ノ全部又ハ一部ヲ船積シタル後前二項ノ規定ニ従ヒテ契約ノ解除ヲ為シタルトキハ其船積及ヒ陸揚ノ費用ハ傭船者之ヲ負担ス
第七百四十四条　荷送人は、前条の規定により個品運送契約の解除をしたときであっても、運送人に対する付随の費用及び立替金の支払義務を免れることができない。	第七百五十条　第七百四十八条ノ規定ハ荷送人カ契約ノ解除ヲ為ス場合ニ之ヲ準用ス 第七百四十八条 ③前七条ノ規定ハ船舶ノ一部ヲ以テ運送契約ノ目的ト為シタル場合ニ之ヲ準用ス 第七百四十六条　傭船者カ前条ノ規定ニ従ヒテ契約ノ解除ヲ為シタルトキト雖モ附随ノ費用及ヒ立替金ヲ支払フ責ヲ免ルル

改正案	現行
	コトヲ得ス
(荷送人による発航後の解除) 第七百四十五条　発航後においては、荷送人は、他の荷送人及び傭船者の全員の同意を得、かつ、運送賃等及び運送品の陸揚げによって生ずべき損害の額の合計額を支払い、又は相当の担保を供しなければ、個品運送契約の解除をすることができない。	第七百五十条　第七百四十八条ノ規定ハ荷送人カ契約ノ解除ヲ為ス場合ニ之ヲ準用ス 第七百四十八条 ③前七条ノ規定ハ船舶ノ一部ヲ以テ運送契約ノ目的ト為シタル場合ニ之ヲ準用ス 第七百四十七条　発航後ニ於テハ傭船者ハ運送賃ノ全額ヲ支払フ外第七百五十三条第一項ニ定メタル債務ヲ弁済シ且陸揚ノ為メニ生スヘキ損害ヲ賠償シ又ハ相当ノ担保ヲ供スルニ非サレハ契約ノ解除ヲ為スコトヲ得ス
(削る)	第七百六十三条　第七百六十条及ヒ第七百六十一条ノ規定ハ船舶ノ一部又ハ箇箇ノ運送品ヲ以テ運送契約ノ目的ト為シタル場合ニ之ヲ準用ス ②第七百六十条第一項第四号及ヒ第七百六十一条第一項ニ掲ケタル事由カ運送品ノ一部ニ付テ生シタルトキト雖モ傭船者又ハ荷送人ハ契約ノ解除ヲ為スコトヲ得但運送賃ノ全額ヲ支払フコトヲ要ス
(積荷を航海の用に供した場合の運送賃) 第七百四十六条　運送人は、船長が第七百十二条第一項の規定により積荷を航海の用に供したときにおいても、運送賃の全額を請求することができる。	第七百六十四条　船舶所有者ハ左ノ場合ニ於テハ運送賃ノ全額ヲ請求スルコトヲ得 一　船長カ第七百十五条第一項ノ規定ニ従ヒテ積荷ヲ売却又ハ買入シタルトキ 二　船長カ第七百十九条ノ規定ニ従ヒテ積荷ヲ航海ノ用ニ供シタルトキ 三　船長カ第七百八十八条ノ規定ニ従ヒテ積荷ヲ処分シタルトキ
(削る)	第七百六十五条　船舶所有者ノ傭船者、荷

改正案	現行
(削る)	送人又ハ荷受人ニ対スル債権ハ一年ヲ経過シタルトキハ時効ニ因リテ消滅ス 第七百六十六条　第五百六十六条、第五百七十六条乃至第五百八十一条及ヒ第五百八十八条ノ規定ハ船舶所有者ニ之ヲ準用ス
<u>（非航海船による物品運送への準用）</u> <u>第七百四十七条　この節の規定は、商行為をする目的で専ら湖川、港湾その他の海以外の水域において航行の用に供する船舶（端舟その他ろかいのみをもって運転し、又は主としてろかいをもって運転する舟を除く。以下この編において「非航海船」という。）によって物品を運送する場合について準用する。</u>	（新設）
第二節　航海傭船 (削る)	（新設） <u>第七百三十七条　船舶ノ全部又ハ一部ヲ以テ運送契約ノ目的ト為シタルトキハ各当事者ハ相手方ノ請求ニ因リ運送契約書ヲ交付スルコトヲ要ス</u> <u>第七百三十八条　船舶所有者ハ傭船者又ハ荷送人ニ対シ発航ノ当時船舶カ安全ニ航海ヲ為スニ堪フルコトヲ担保ス</u> （新第七百五十六条へ）
(削る)	<u>第七百三十九条　船舶所有者ハ特約ヲ為シタルトキト雖モ自己ノ過失、船員其他ノ使用人ノ悪意若クハ重大ナル過失又ハ船舶カ航海ニ堪ヘサルニ因リテ生シタル損害ヲ賠償スル責ヲ免ルルコトヲ得ス</u> <u>第七百四十条　法令ニ違反シ又ハ契約ニ依ラスシテ船積シタル運送品ハ船長ニ於テ</u>

改正案	現行
	何時ニテモ之ヲ陸揚シ、若シ船舶又ハ積荷ニ危害ヲ及ホス虞アルトキハ之ヲ放棄スルコトヲ得但船長カ之ヲ運送スルトキハ其船積ノ地及ヒ時ニ於ケル同種ノ運送品ノ最高ノ運送賃ヲ請求スルコトヲ得 ②前項ノ規定ハ船舶所有者其他ノ利害関係人カ損害賠償ノ請求ヲ為スコトヲ妨ケス （新第七百五十六条へ）
（運送品の船積み） 第七百四十八条　航海傭船契約（船舶の全部又は一部を目的とする運送契約をいう。以下この節において同じ。）に基づいて運送品の船積みのために必要な準備を完了したときは、船長は、遅滞なく、傭船者に対してその旨の通知を発しなければならない。 2　船積期間の定めがある航海傭船契約において始期を定めなかったときは、その期間は、前項の通知があった時から起算する。この場合において、不可抗力によって船積みをすることができない期間は、船積期間に算入しない。 3　傭船者が船積期間の経過後に運送品の船積みをした場合には、運送人は、特約がないときであっても、相当な滞船料を請求することができる。	第七百四十一条　船舶ノ全部ヲ以テ運送契約ノ目的ト為シタル場合ニ於テ運送品ヲ船積スルニ必要ナル準備カ整頓シタルトキハ船舶所有者ハ遅滞ナク傭船者ニ対シテ其通知ヲ発スルコトヲ要ス ②傭船者カ運送品ヲ船積スヘキ期間ノ定アル場合ニ於テハ其期間ハ前項ノ通知アリタル日ノ翌日ヨリ之ヲ起算ス其期間経過ノ後運送品ヲ船積シタルトキハ船舶所有者ハ特約ナキトキト雖モ相当ノ報酬ヲ請求スルコトヲ得 ③前項ノ期間中ニハ不可抗力ニ因リテ船積ヲ為スコト能ハサル日ヲ算入セス 第七百四十八条 ③前七条ノ規定ハ船舶ノ一部ヲ以テ運送契約ノ目的ト為シタル場合ニ之ヲ準用ス
（第三者による船積み） 第七百四十九条　船長は、第三者から運送品を受け取るべき場合において、その第三者を確知することができないとき、又はその第三者が運送品の船積みをしないときは、直ちに傭船者に対してその旨の通知を発しなければならない。 2　前項の場合において、傭船者は、船積	第七百四十二条　船長カ第三者ヨリ運送品ヲ受取ルヘキ場合ニ於テ其者ヲ確知スルコト能ハサルトキ又ハ其者カ運送品ヲ船積セサルトキハ船長ハ直チニ傭船者ニ対シテ其通知ヲ発スルコトヲ要ス此場合ニ於テハ船積期間内ニ限リ傭船者ニ於テ運送品ヲ船積スルコトヲ得

改正案	現行
期間内に限り、運送品の船積みをすることができる。	第七百四十八条 ③前七条ノ規定ハ船舶ノ一部ヲ以テ運送契約ノ目的ト為シタル場合ニ之ヲ準用ス
（傭船者による発航の請求） 第七百五十条　傭船者は、運送品の全部の船積みをしていないときであっても、船長に対し、発航の請求をすることができる。	第七百四十三条　傭船者ハ運送品ノ全部ヲ船積セサルトキト雖モ船長ニ対シテ発航ノ請求ヲ為スコトヲ得
2　傭船者は、前項の請求をしたときは、運送人に対し、運送賃の全額のほか、運送品の全部の船積みをしないことによって生じた費用を支払う義務を負い、かつ、その請求により、当該費用の支払について相当の担保を供しなければならない。	②傭船者カ前項ノ請求ヲ為シタルトキハ運送賃ノ全額ノ外運送品ノ全部ヲ船積セサルニ因リテ生シタル費用ヲ支払ヒ尚ホ船舶所有者ノ請求アルトキハ相当ノ担保ヲ供スルコトヲ要ス 第七百四十八条 ③前七条ノ規定ハ船舶ノ一部ヲ以テ運送契約ノ目的ト為シタル場合ニ之ヲ準用ス
（船長の発航権） 第七百五十一条　船長は、船積期間が経過した後は、傭船者が運送品の全部の船積みをしていないときであっても、直ちに発航することができる。この場合においては、前条第二項の規定を準用する。	第七百四十四条　船積期間経過ノ後ハ傭船者カ運送品ノ全部ヲ船積セサルトキト雖モ船長ハ直チニ発航ヲ為スコトヲ得 ②前条第二項ノ規定ハ前項ノ場合ニ之ヲ準用ス 第七百四十八条 ③前七条ノ規定ハ船舶ノ一部ヲ以テ運送契約ノ目的ト為シタル場合ニ之ヲ準用ス
（運送品の陸揚げ） 第七百五十二条　運送品の陸揚げのために必要な準備を完了したときは、船長は、遅滞なく、荷受人に対してその旨の通知を発しなければならない。	第七百五十二条　船舶ノ全部又ハ一部ヲ以テ運送契約ノ目的ト為シタル場合ニ於テ運送品ヲ陸揚スルニ必要ナル準備カ整頓シタルトキハ船長ハ遅滞ナク荷受人ニ対シテ其通知ヲ発スルコトヲ要ス
2　陸揚期間の定めがある航海傭船契約において始期を定めなかったときは、その期間は、前項の通知があった時から起算	②運送品ヲ陸揚スヘキ期間ノ定アル場合ニ於テハ其期間ハ前項ノ通知アリタル日ノ翌日ヨリ之ヲ起算ス其期間経過ノ後運送

改　正　案	現　行
する。この場合において、不可抗力によって陸揚げをすることができない期間は、陸揚期間に算入しない。 3　荷受人が陸揚期間の経過後に運送品の陸揚げをした場合には、運送人は、特約がないときであっても、相当な滞船料を請求することができる。 （全部航海傭船契約の傭船者による発航前の解除） 第七百五十三条　発航前においては、全部航海傭船契約（船舶の全部を目的とする航海傭船契約をいう。以下この節において同じ。）の傭船者は、運送賃の全額及び滞船料を支払って全部航海傭船契約の解除をすることができる。ただし、全部航海傭船契約の解除によって運送人に生ずる損害の額が運送賃の全額及び滞船料を下回るときは、その損害を賠償すれば足りる。 2　傭船者は、運送品の全部又は一部の船積みをした後に前項の規定により全部航海傭船契約の解除をしたときは、その船積み及び陸揚げに要する費用を負担しなければならない。 3　全部航海傭船契約の傭船者が船積期間内に運送品の船積みをしなかったときは、運送人は、その傭船者が全部航海傭船契約の解除をしたものとみなすことができる。 （削る）	品ヲ陸揚シタルトキハ船舶所有者ハ特約ナキトキト雖モ相当ノ報酬ヲ請求スルコトヲ得 ③前項ノ期間中ニハ不可抗力ニ因リテ陸揚ヲ為スコト能ハサル日ヲ算入セス 第七百四十五条　発航前ニ於テハ傭船者ハ運送賃ノ半額ヲ支払ヒテ契約ノ解除ヲ為スコトヲ得 ②往復航海ヲ為スヘキ場合ニ於テ傭船者カ其帰航ノ発航前ニ契約ノ解除ヲ為シタルトキハ運送賃ノ三分ノ二ヲ支払フコトヲ要ス他港ヨリ船積港ニ航行スヘキ場合ニ於テ傭船者カ其船積港ヲ発スル前ニ契約ノ解除ヲ為シタルトキ亦同シ ③運送品ノ全部又ハ一部ヲ船積シタル後前二項ノ規定ニ従ヒテ契約ノ解除ヲ為シタルトキハ其船積及ヒ陸揚ノ費用ハ傭船者之ヲ負担ス ④傭船者カ船積期間内ニ運送品ノ船積ヲ為ササリシトキハ契約ノ解除ヲ為シタルモノト看做ス 第七百四十六条　傭船者カ前条ノ規定ニ従ヒテ契約ノ解除ヲ為シタルトキト雖モ附随ノ費用及ヒ立替金ヲ支払フ責ヲ免ルルコトヲ得ス ②前条第二項ノ場合ニ於テハ傭船者ハ前項ニ掲ケタルモノノ外運送品ノ価格ニ応シ

改正案	現行
	共同海損又ハ救助ノ為メ負担スヘキ金額ヲ支払フコトヲ要ス （第一項は、新第七百五十六条へ）
(全部航海傭船契約の傭船者による発航後の解除) 第七百五十四条　発航後においては、全部航海傭船契約の傭船者は、第七百四十五条に規定する合計額及び滞船料を支払い、又は相当の担保を供しなければ、全部航海傭船契約の解除をすることができない。	第七百四十七条　発航後ニ於テハ傭船者ハ運送賃ノ全額ヲ支払フ外第七百五十三条第一項ニ定メタル債務ヲ弁済シ且陸揚ノ為メニ生スヘキ損害ヲ賠償シ又ハ相当ノ担保ヲ供スルニ非サレハ契約ノ解除ヲ為スコトヲ得ス
(一部航海傭船契約の解除への準用) 第七百五十五条　第七百四十三条、第七百四十五条及び第七百五十三条第三項の規定は、船舶の一部を目的とする航海傭船契約の解除について準用する。この場合において、第七百四十三条第一項中「全額」とあるのは「全額及び滞船料」と、第七百四十五条中「合計額」とあるのは「合計額並びに滞船料」と読み替えるものとする。	第七百四十八条　船舶ノ一部ヲ以テ運送契約ノ目的ト為シタル場合ニ於テ傭船者カ他ノ傭船者及ヒ荷送人ト共同セスシテ発航前ニ契約ノ解除ヲ為シタルトキハ運送賃ノ全額ヲ支払フコトヲ要ス但船舶所有者カ他ノ運送品ヨリ得タル運送賃ハ之ヲ控除ス ②発航前トハ雖モ傭船者カ既ニ運送品ノ全部又ハ一部ヲ船積シタルトキハ他ノ傭船者及ヒ荷送人ノ同意ヲ得ルニ非サレハ契約ノ解除ヲ為スコトヲ得ス ③前七条ノ規定ハ船舶ノ一部ヲ以テ運送契約ノ目的ト為シタル場合ニ之ヲ準用ス
	第七百四十九条　箇箇ノ運送品ヲ以テ運送契約ノ目的ト為シタルトキハ荷送人ハ船長ノ指図ニ従ヒ遅滞ナク運送品ヲ船積スルコトヲ要ス ②荷送人カ運送品ノ船積ヲ怠リタルトキハ船長ハ直チニ発航ヲ為スコトヲ得此場合ニ於テハ荷送人ハ運送賃ノ全額ヲ支払フコトヲ要ス但船舶所有者カ他ノ運送品ヨリ得タル運送賃ハ之ヲ控除ス

改　正　案	現　行
	（個品運送のみに関する規律）
	第七百五十条　第七百四十八条ノ規定ハ荷送人カ契約ノ解除ヲ為ス場合ニ之ヲ準用ス
	（個品運送のみに関する規律）
	第七百五十一条　傭船者又ハ荷送人ハ船積期間内ニ運送ニ必要ナル書類ヲ船長ニ交付スルコトヲ要ス
	（新第七百五十六条へ）
	第七百五十二条　船舶ノ全部又ハ一部ヲ以テ運送契約ノ目的ト為シタル場合ニ於テ運送品ヲ陸揚スルニ必要ナル準備カ整頓シタルトキハ船長ハ遅滞ナク荷受人ニ対シテ其通知ヲ発スルコトヲ要ス ②運送品ヲ陸揚スヘキ期間ノ定アル場合ニ於テハ其期間ハ前項ノ通知アリタル日ノ翌日ヨリ之ヲ起算ス其期間経過ノ後運送品ヲ陸揚シタルトキハ船舶所有者ハ特約ナキトキト雖モ相当ノ報酬ヲ請求スルコトヲ得 ③前項ノ期間中ニハ不可抗力ニ因リテ陸揚ヲ為スコト能ハサル日ヲ算入セス ④箇箇ノ運送品ヲ以テ運送契約ノ目的ト為シタルトキハ荷受人ハ船長ノ指図ニ従ヒ遅滞ナク運送品ヲ陸揚スルコトヲ要ス
	（第一項から第三項までは新第七百五十二条へ。第四項は個品運送のみに関する規律）
	第七百五十三条　荷受人カ運送品ヲ受取リタルトキハ運送契約又ハ船荷証券ノ趣旨ニ従ヒ運送賃、附随ノ費用、立替金、碇泊料及ヒ運送品ノ価格ニ応シ共同海損又ハ救助ノ為メ負担スヘキ金額ヲ支払フ義

改正案	現　行
	務ヲ負フ ②船長ハ前項ニ定メタル金額ノ支払ト引換ニ非サレハ運送品ヲ引渡スコトヲ要セス （新第七百五十六条ヘ）
（削る）	第七百五十四条　荷受人カ運送品ヲ受取ルコトヲ怠リタルトキハ船長ハ之ヲ供託スルコトヲ得此場合ニ於テハ遅滞ナク荷受人ニ対シテ其通知ヲ発スルコトヲ要ス ②荷受人ヲ確知スルコト能ハサルトキ又ハ荷受人カ運送品ヲ受取ルコトヲ拒ミタルトキハ船長ハ運送品ヲ供託スルコトヲ要ス此場合ニ於テハ遅滞ナク傭船者又ハ荷送人ニ対シテ其通知ヲ発スルコトヲ要ス
（削る）	第七百五十五条　運送品ノ重量又ハ容積ヲ以テ運送賃ヲ定メタルトキハ其額ハ運送品引渡ノ当時ニ於ケル重量又ハ容積ニ依リテ之ヲ定ム
（削る）	第七百五十六条　期間ヲ以テ運送賃ヲ定メタルトキハ其額ハ運送品ノ船積著手ノ日ヨリ其陸揚終了ノ日マテノ期間ニ依リテ之ヲ定ム但船舶カ不可抗力ニ因リ発航港若クハ航海ノ途中ニ於テ碇泊ヲ為スヘキトキ又ハ航海ノ途中ニ於テ船舶ヲ修繕スヘキトキハ其期間ハ之ヲ算入セス第七百四十一条第二項又ハ第七百五十二条第二項ノ場合ニ於テ船積期間又ハ陸揚期間経過ノ後運送品ノ船積又ハ陸揚ヲ為シタル日数亦同シ
	第七百五十七条　船舶所有者ハ第七百五十三条第一項ニ定メタル金額ノ支払ヲ受クル為メ裁判所ノ許可ヲ得テ運送品ヲ競売スルコトヲ得 ②前項ノ許可ニ係ル事件ハ同項ノ運送品ノ

改正案	現行
	所在地ノ地方裁判所之ヲ管轄ス ③船長カ荷受人ニ運送品ヲ引渡シタル後ト雖モ船舶所有者ハ其運送品ノ上ニ権利ヲ行使スルコトヲ得但引渡ノ日ヨリ二週間ヲ経過シタルトキ又ハ第三者カ其占有ヲ取得シタルトキハ此限ニ在ラス （新第七百五十六条ヘ）
（削る）	第七百五十八条　船舶所有者カ前条ニ定メタル権利ヲ行ハサルトキハ傭船者又ハ荷送人ニ対スル請求権ヲ失フ但傭船者又ハ荷送人ハ其受ケタル利益ノ限度ニ於テ償還ヲ為スコトヲ要ス
（削る）	第七百五十九条　船舶ノ全部又ハ一部ヲ以テ運送契約ノ目的ト為シタル場合ニ於テ傭船者カ更ニ第三者ト運送契約ヲ為シタルトキハ其契約ノ履行カ船長ノ職務ニ属スル範囲内ニ於テハ船舶所有者ノミ其第三者ニ対シテ履行ノ責ニ任ス
（削る）	第七百六十条　船舶ノ全部ヲ以テ運送契約ノ目的ト為シタル場合ニ於テハ其契約ハ左ノ事由ニ因リテ終了ス 一　船舶カ沈没シタルコト 二　船舶カ修繕スルコト能ハサルニ至リタルコト 三　船舶カ捕獲セラレタルコト 四　運送品カ不可抗力ニ因リテ滅失シタルコト ②前項第一号乃至第三号ニ掲ケタル事由カ航海中ニ生シタルトキハ傭船者ハ運送ノ割合ニ応シ運送品ノ価格ヲ超エサル限度ニ於テ運送賃ヲ支払フコトヲ要ス
（削る）	第七百六十一条　航海又ハ運送カ法令ニ反スルニ至リタルトキ其他不可抗力ニ因リ

改正案	現行
	テ契約ヲ為シタル目的ヲ達スルコト能ハサルニ至リタルトキハ各当事者ハ契約ノ解除ヲ為スコトヲ得 ②前項ニ掲ケタル事由カ発航後ニ生シタル場合ニ於テ契約ノ解除ヲ為シタルトキハ傭船者ハ運送ノ割合ニ応シテ運送賃ヲ支払フコトヲ要ス
(削る)	第七百六十二条　第七百六十条第一項第四号及ヒ前条第一項ニ掲ケタル事由カ運送品ノ一部ニ付テ生シタルトキハ傭船者ハ船舶所有者ノ負担ヲ重カラシメサル範囲内ニ於テ他ノ運送品ヲ船積スルコトヲ得 ②傭船者カ前項ニ定メタル権利ヲ行ハントスルトキハ遅滞ナク運送品ノ陸揚又ハ船積ヲ為スコトヲ要ス若シ其陸揚又ハ船積ヲ怠リタルトキハ運送賃ノ全額ヲ支払フコトヲ要ス
(削る)	第七百六十三条　第七百六十条及ヒ第七百六十一条ノ規定ハ船舶ノ一部又ハ箇箇ノ運送品ヲ以テ運送契約ノ目的ト為シタル場合ニ之ヲ準用ス ②第七百六十条第一項第四号及ヒ第七百六十一条第一項ニ掲ケタル事由カ運送品ノ一部ニ付テ生シタルトキト雖モ傭船者又ハ荷送人ハ契約ノ解除ヲ為スコトヲ得但運送賃ノ全額ヲ支払フコトヲ要ス
	第七百六十四条　船舶所有者ハ左ノ場合ニ於テハ運送賃ノ全額ヲ請求スルコトヲ得 一　船長カ第七百六十五条第一項ノ規定ニ従ヒテ積荷ヲ売却又ハ買入シタルトキ 二　船長カ第七百七十九条ノ規定ニ従ヒテ積荷ヲ航海ノ用ニ供シタルトキ 三　船長カ第七百八十八条ノ規定ニ従ヒテ積荷ヲ処分シタルトキ

改正案	現行
(削る)	(新第七百五十六条へ) 第七百六十五条　船舶所有者ノ傭船者、荷送人又ハ荷受人ニ対スル債権ハ一年ヲ経過シタルトキハ時効ニ因リテ消滅ス
(削る)	第七百六十六条　第五百六十六条、第五百七十六条乃至第五百八十一条及ヒ第五百八十八条ノ規定ハ船舶所有者ニ之ヲ準用ス
(個品運送契約に関する規定の準用等) 第七百五十六条　第七百三十八条から第七百四十二条まで（第七百三十九条第二項を除く。）、第七百四十四、第七百四十六条及び第七百四十七条の規定は、航海傭船契約について準用する。この場合において、第七百四十一条第一項中「金額」とあるのは「金額及び滞船料」と、第七百四十四条中「前条」とあるのは「第七百五十三条第一項又は第七百五十五条において準用する前条」と、第七百四十七条中「この節」とあるのは「次節」と読み替えるものとする。 ２　運送人は、前項において準用する第七百三十九条第一項の規定による運送人の損害賠償の責任を免除し、又は軽減する特約をもって船荷証券の所持人に対抗することができない。	(新設)
第三節　船荷証券等 (船荷証券の交付義務) 第七百五十七条　運送人又は船長は、荷送人又は傭船者の請求により、運送品の船積み後遅滞なく、船積みがあった旨を記載した船荷証券（以下この節において「船積船荷証券」という。）の一通又は数	第二款　船荷証券 第七百六十七条　船長ハ傭船者又ハ荷送人ノ請求ニ因リ運送品ノ船積後遅滞ナク一通又ハ数通ノ船荷証券ヲ交付スルコトヲ要ス 第七百六十八条　船舶所有者ハ船長以外ノ

改 正 案	現 行
通を交付しなければならない。運送品の船積み前においても、その受取後は、荷送人又は傭船者の請求により、受取があった旨を記載した船荷証券（以下この節において「受取船荷証券」という。）の一通又は数通を交付しなければならない。 2　受取船荷証券が交付された場合には、受取船荷証券の全部と引換えでなければ、船積船荷証券の交付を請求することができない。 3　前二項の規定は、運送品について現に海上運送状が交付されているときは、適用しない。 （船荷証券の記載事項） 第七百五十八条　船荷証券には、次に掲げる事項（受取船荷証券にあっては、第七号及び第八号に掲げる事項を除く。）を記載し、運送人又は船長がこれに署名し、又は記名押印しなければならない。 一　運送品の種類 二　運送品の容積若しくは重量又は包若しくは個品の数及び運送品の記号 三　外部から認められる運送品の状態 四　荷送人又は傭船者の氏名又は名称 五　荷受人の氏名又は名称 六　運送人の氏名又は名称 七　船舶の名称 八　船積港及び船積みの年月日 九　陸揚港 十　運送賃 十一　数通の船荷証券を作成したときは、その数 十二　作成地及び作成の年月日 2　受取船荷証券と引換えに船積船荷証券の交付の請求があったときは、その受取	者ニ船長ニ代ハリテ船荷証券ヲ交付スルコトヲ委任スルコトヲ得 第七百六十九条　船荷証券ニハ左ノ事項ヲ記載シ船長又ハ之ニ代ハル者署名スルコトヲ要ス 一　船舶ノ名称及ヒ国籍 二　船長カ船荷証券ヲ作ラサルトキハ船長ノ氏名 三　運送品ノ種類、重量若クハ容積及ヒ其荷造ノ種類、箇数並ニ記号 四　傭船者又ハ荷送人ノ氏名又ハ商号 五　荷受人ノ氏名若クハ商号 六　船積港 七　陸揚港但発航後傭船者又ハ荷送人カ陸揚港ヲ指定スヘキトキハ其之ヲ指定スヘキ港 八　運送賃 九　数通ノ船荷証券ヲ作リタルトキハ其員数 十　船荷証券ノ作成地及ヒ其作成ノ年月日

改正案	現行
船荷証券に船積みがあった旨を記載し、かつ、署名し、又は記名押印して、船積船荷証券の作成に代えることができる。この場合においては、前項第七号及び第八号に掲げる事項をも記載しなければならない。 （荷送人又は傭船者の通知） 第七百五十九条　前条第一項第一号及び第二号に掲げる事項は、その事項につき荷送人又は傭船者の書面又は電磁的方法による通知があったときは、その通知に従って記載しなければならない。 ２　前項の規定は、同項の通知が正確でないと信ずべき正当な理由がある場合及び当該通知が正確であることを確認する適当な方法がない場合には、適用しない。運送品の記号について、運送品又はその容器若しくは包装に航海の終了の時まで判読に堪える表示がされていない場合も、同様とする。 ３　荷送人又は傭船者は、運送人に対し、第一項の通知が正確でないことによって生じた損害を賠償する責任を負う。	（新設）
（削る）	第七百七十条　傭船者又ハ荷送人ハ船長又ハ之ニ代ハル者ノ請求ニ因リ船荷証券ノ謄本ニ署名シテ之ヲ交付スルコトヲ要ス
（船荷証券の不実記載） 第七百六十条　運送人は、船荷証券の記載が事実と異なることをもって善意の所持人に対抗することができない。	第七百七十六条　第五百七十二条乃至第五百七十五条及ヒ第五百八十四条ノ規定ハ船荷証券ニ之ヲ準用ス 第五百七十二条　貨物引換証ヲ作リタルトキハ運送ニ関スル事項ハ運送人ト所持人トノ間ニ於テハ貨物引換証ノ定ムル所ニ依ル

改正案	現行
(運送品に関する処分) 第七百六十一条　船荷証券が作成されたときは、運送品に関する処分は、船荷証券によってしなければならない。	第五百七十三条　貨物引換証ヲ作リタルトキハ運送品ニ関スル処分ハ貨物引換証ヲ以テスルニ非サレハ之ヲ為スコトヲ得ス
(船荷証券の譲渡又は質入れ) 第七百六十二条　船荷証券は、記名式であるときであっても、裏書によって、譲渡し、又は質権の目的とすることができる。ただし、船荷証券に裏書を禁止する旨を記載したときは、この限りでない。	第五百七十四条　貨物引換証ハ其記名式ナルトキト雖モ裏書ニ依リテ之ヲ譲渡スコトヲ得但貨物引換証ニ裏書ヲ禁スル旨ヲ記載シタルトキハ此限ニ在ラス
(船荷証券の引渡しの効力) 第七百六十三条　船荷証券により運送品を受け取ることができる者に船荷証券を引き渡したときは、その引渡しは、運送品について行使する権利の取得に関しては、運送品の引渡しと同一の効力を有する。	第五百七十五条　貨物引換証ニ依リ運送品ヲ受取ルコトヲ得ヘキ者ニ貨物引換証ヲ引渡シタルトキハ其引渡ハ運送品ノ上ニ行使スル権利ノ取得ニ付キ運送品ノ引渡ト同一ノ効力ヲ有ス
(運送品の引渡請求) 第七百六十四条　船荷証券が作成されたときは、これと引換えでなければ、運送品の引渡しを請求することができない。	第五百八十四条　貨物引換証ヲ作リタル場合ニ於テハ之ト引換ニ非サレハ運送品ノ引渡ヲ請求スルコトヲ得ス
(数通の船荷証券を作成した場合における運送品の引渡し) 第七百六十五条　陸揚港においては、運送人は、数通の船荷証券のうち一通の所持人が運送品の引渡しを請求したときであっても、その引渡しを拒むことができない。 2　陸揚港外においては、運送人は、船荷証券の全部の返還を受けなければ、運送品の引渡しをすることができない。	第七百七十一条　陸揚港ニ於テハ船長ハ数通ノ船荷証券中ノ一通ノ所持人カ運送品ノ引渡ヲ請求シタルトキト雖モ其引渡ヲ拒ムコトヲ得ス 第七百七十二条　陸揚港外ニ於テハ船長ハ船荷証券ノ各通ノ返還ヲ受クルニ非サレハ運送品ヲ引渡スコトヲ得ス
第七百六十六条　二人以上の船荷証券の所	第七百七十四条　二人以上ノ船荷証券所持

改正案	現行
持人がある場合において、その一人が他の所持人より先に運送人から運送品の引渡しを受けたときは、当該他の所持人の船荷証券は、その効力を失う。	人アル場合ニ於テ其一人カ他ノ所持人ニ先チテ船長ヨリ運送品ノ引渡ヲ受ケタルトキハ他ノ所持人ノ船荷証券ハ其効力ヲ失フ
<u>（二人以上の船荷証券の所持人から請求を受けた場合の供託）</u> <u>第七百六十七条　二人以上の船荷証券の所持人が運送品の引渡しを請求したときは、運送人は、その運送品を供託することができる。運送人が第七百六十五条第一項の規定により運送品の一部を引き渡した後に他の所持人が運送品の引渡しを請求したときにおけるその運送品の残部についても、同様とする。</u> <u>２　運送人は、前項の規定により運送品を供託したときは、遅滞なく、請求をした各所持人に対してその旨の通知を発しなければならない。</u>	第七百七十三条　二人以上ノ船荷証券所持人カ運送品ノ引渡ヲ請求シタルトキハ船長ハ遅滞ナク運送品ヲ供託シ且請求ヲ為シタル各所持人ニ対シテ其通知ヲ発スルコトヲ要ス船長カ第七百七十一条ノ規定ニ依リテ運送品ノ一部ヲ引渡シタル後他ノ所持人カ運送品ノ引渡ヲ請求シタル場合ニ於テ其残部ニ付キ亦同シ
<u>３　第一項に規定する場合においては、最も先に発送され、又は引き渡された船荷証券の所持人が他の所持人に優先する。</u>	第七百七十五条　二人以上ノ船荷証券所持人アル場合ニ於テ船長カ未タ運送品ノ引渡ヲ為ササルトキハ原所持人カ最モ先ニ発送シ又ハ引渡シタル証券ヲ所持スル者他ノ所持人ニ先チテ其権利ヲ行フ
	第七百七十六条　第五百七十二条乃至第五百七十五条及ヒ第五百八十四条ノ規定ハ船荷証券ニ之ヲ準用ス （新第七百六十条から第七百六十四条までへ）
<u>（船荷証券が作成された場合の特則）</u> <u>第七百六十八条　船荷証券が作成された場合における前編第八章第二節の規定の適用については、第五百八十条中「荷送人」とあるのは、「船荷証券の所持人」とし、第五百八十一条、第五百八十二条</u>	（新設）

改　正　案	現　　行
第二項及び第五百八十七条ただし書の規定は、適用しない。 （複合運送証券） 第七百六十九条　運送人又は船長は、陸上運送及び海上運送を一の契約で引き受けたときは、荷送人の請求により、運送品の船積み後遅滞なく、船積みがあった旨を記載した複合運送証券の一通又は数通を交付しなければならない。運送品の船積み前においても、その受取後は、荷送人の請求により、受取があった旨を記載した複合運送証券の一通又は数通を交付しなければならない。 ２　第七百五十七条第二項及び第七百五十八条から前条までの規定は、複合運送証券について準用する。この場合において、第七百五十八条第一項中「除く。）」とあるのは、「除く。）並びに発送地及び到達地」と読み替えるものとする。 　　　　第四節　海上運送状 第七百七十条　運送人又は船長は、荷送人又は傭船者の請求により、運送品の船積み後遅滞なく、船積みがあった旨を記載した海上運送状を交付しなければならない。運送品の船積み前においても、その受取後は、荷送人又は傭船者の請求により、受取があった旨を記載した海上運送状を交付しなければならない。 ２　海上運送状には、次に掲げる事項を記載しなければならない。 　一　第七百五十八条第一項各号（第十一号を除く。）に掲げる事項（運送品の受取があった旨を記載した海上運送状にあっては、同項第七号及び第八号に掲げる事項を除く。）	（新設） （新設） （新設） （新設）

改正案	現行
<u>二　数通の海上運送状を作成したときは、その数</u> <u>3　第一項の運送人又は船長は、海上運送状の交付に代えて、法務省令で定めるところにより、荷送人又は傭船者の承諾を得て、海上運送状に記載すべき事項を電磁的方法により提供することができる。この場合において、当該運送人又は船長は、海上運送状を交付したものとみなす。</u> <u>4　前三項の規定は、運送品について現に船荷証券が交付されているときは、適用しない。</u> 　　　　　（削る） <u>第七百七十一条から第七百八十七条まで削除</u>	<u>　　　第二節　旅客運送</u> 第七百七十七条　<u>記名ノ乗船切符ハ之ヲ他人ニ譲渡スコトヲ得ス</u> 第七百七十八条　<u>旅客ノ航海中ノ食料ハ船舶所有者ノ負担トス</u> 第七百七十九条　<u>旅客カ契約ニ依リ船中ニ携帯スルコトヲ得ル手荷物ニ付テハ船舶所有者ハ特約アルニ非サレハ別ニ運送賃ヲ請求スルコトヲ得ス</u> 第七百八十条　<u>旅客カ乗船時期マテニ船舶ニ乗込マサルトキハ船長ハ発航ヲ為シ又ハ航海ヲ継続スルコトヲ得此場合ニ於テハ旅客ハ運送賃ノ全額ヲ支払フコトヲ要ス</u> 第七百八十一条　<u>発航前ニ於テハ旅客ハ運送賃ノ半額ヲ支払ヒテ契約ノ解除ヲ為スコトヲ得</u> <u>②発航後ニ於テハ旅客ハ運送賃ノ全額ヲ支払フニ非サレハ契約ノ解除ヲ為スコトヲ得ス</u>

改正案	現行
	第七百八十二条　旅客カ発航前ニ死亡、疾病其他一身ニ関スル不可抗力ニ因リテ航海ヲ為スコト能ハサルニ至リタルトキハ船舶所有者ハ運送賃ノ四分ノ一ヲ請求スルコトヲ得 ②前項ニ掲ケタル事由カ発航後ニ生シタルトキハ船舶所有者ハ其選択ニ従ヒ運送賃ノ四分ノ一ヲ請求シ又ハ運送ノ割合ニ応シテ運送賃ヲ請求スルコトヲ得 第七百八十三条　航海ノ途中ニ於テ船舶ヲ修繕スヘキトキハ船舶所有者ハ其修繕中旅客ニ相当ノ住居及ヒ食料ヲ供スルコトヲ要ス但旅客ノ権利ヲ害セサル範囲内ニ於テ他ノ船舶ヲ以テ上陸港マテ旅客ヲ運送スルコトヲ提供シタルトキハ此限ニ在ラス 第七百八十四条　旅客運送契約ハ第七百六十条第一項第一号乃至第三号ニ掲ケタル事由ニ因リテ終了ス若シ其事由カ航海中ニ生シタルトキハ旅客ハ運送ノ割合ニ応シテ運送賃ヲ支払フコトヲ要ス 第七百八十五条　旅客カ死亡シタルトキハ船長ハ最モ其相続人ノ利益ニ適スヘキ方法ニ依リテ其船中ニ在ル手荷物ノ処分ヲ為スコトヲ要ス 第七百八十六条　第五百九十条、第五百九十一条第一項、第五百九十二条、第七百三十八条、第七百三十九条、第七百六十一条及ヒ第七百六十五条ノ規定ハ海上ノ旅客運送ニ之ヲ準用ス ②第七百四十条及ヒ第七百六十四条ノ規定ハ旅客ノ手荷物ニ之ヲ準用ス

改正案	現行
	第七百八十七条　旅客運送ヲ為スタメ船舶ノ全部又ハ一部ヲ以テ運送契約ノ目的ト為シタル場合ニ於テハ船舶所有者ト傭船者トノ関係ニ付テハ前節第一款ノ規定ヲ準用ス 　　　第四章　海損 第七百八十八条　船長カ船舶及ヒ積荷ヲシテ共同ノ危険ヲ免レシムル為メ船舶又ハ積荷ニ付キ為シタル処分ニ因リテ生シタル損害及ヒ費用ハ之ヲ共同海損トス ②前項ノ規定ハ危険カ過失ニ因リテ生シタル場合ニ於テ利害関係人ノ過失者ニ対スル求償ヲ妨ケス （新第八百八条へ） 第七百八十九条　共同海損ハ之ニ因リテ保存スルコトヲ得タル船舶又ハ積荷ノ価格ト運送賃ノ半額ト共同海損タル損害ノ額トノ割合ニ応シテ各利害関係人之ヲ分担ス （新第八百十条第一項及び第三項へ） 第七百九十条　共同海損ノ分担額ニ付テハ船舶ノ価格ハ到達ノ地及ヒ時ニ於ケル価格トシ積荷ノ価格ハ陸揚ノ地及ヒ時ニ於ケル価格トス但積荷ニ付テハ其価格中ヨリ滅失ノ場合ニ於テ支払フコトヲ要セサル運送賃其他ノ費用ヲ控除スルコトヲ要ス （新第八百十条第一項へ） 第七百九十一条　前二条ノ規定ニ依リ共同海損ヲ分担スヘキ者ハ船舶ノ到達又ハ積荷ノ引渡ノ時ニ於テ現存スル価額ノ限度ニ於テノミ其責ニ任ス （新第八百十一条へ）

改正案	現行
（削る）	第七百九十二条　船舶ニ備附ケタル武器、船員ノ給料、船員及ヒ旅客ノ食料並ニ衣類ハ共同海損ノ分担ニ付キ其価額ヲ算入セス但此等ノ物ニ加ヘタル損害ハ他ノ利害関係人之ヲ分担ス （新第八百十条第一項柱書及び第三号へ） 第七百九十三条　船荷証券其他積荷ノ価格ヲ評定スルニ足ルヘキ書類ナクシテ船積シタル荷物又ハ属具目録ニ記載セサル属具ニ加ヘタル損害ハ利害関係人ニ於テ之ヲ分担スルコトヲ要セス ②甲板ニ積込ミタル荷物ニ加ヘタル損害亦同シ但沿岸ノ小航海ニ在リテハ此限ニ在ラス ③前二項ニ掲ケタル積荷ノ利害関係人ト雖モ共同海損ヲ分担スル責ヲ免ルルコトヲ得ス （第一項及び第二項は、新第八百九条第三項へ） 第七百九十四条　共同海損タル損害ノ額ハ到達ノ地及ヒ時ニ於ケル船舶ノ価格又ハ陸揚ノ地及ヒ時ニ於ケル積荷ノ価格ニ依リテ之ヲ定ム但積荷ニ付テハ其滅失又ハ毀損ノ為メ支払フコトヲ要セサリシ一切ノ費用ヲ控除スルコトヲ要ス ②第五百七十八条ノ規定ハ共同海損ノ場合ニ之ヲ準用ス （新第八百九条第一項及び第三項へ） 第七百九十五条　船荷証券其他積荷ノ価格ヲ評定スルニ足ルヘキ書類ニ積荷ノ実価ヨリ低キ価額ヲ記載シタルトキハ其積荷ニ加ヘタル損害ノ額ハ其記載シタル価額ニ依リテ之ヲ定ム ②積荷ノ実価ヨリ高キ価額ヲ記載シタルト

改正案	現行
	キハ其積荷ノ利害関係人ハ其記載シタル価額ニ応シテ共同海損ヲ分担ス ③前二項ノ規定ハ積荷ノ価格ニ影響ヲ及ホスヘキ事項ニ付キ虚偽ノ記載ヲ為シタル場合ニ之ヲ準用ス （新第八百九条第二項及び新第八百十条第四項へ）
（削る）	第七百九十六条　第七百八十九条ノ規定ニ依リテ利害関係人カ共同海損ヲ分担シタル後船舶、其属具若クハ積荷ノ全部又ハ一部カ其所有者ニ復シタルトキハ其所有者ハ償金中ヨリ救助料及ヒ一部滅失又ハ毀損ニ因リテ生シタル損害ノ額ヲ控除シタルモノヲ返還スルコトヲ要ス
第四章　船舶の衝突 （船舶所有者間の責任の分担） 第七百八十八条　船舶と他の船舶との衝突（次条において「船舶の衝突」という。）に係る事故が生じた場合において、衝突したいずれの船舶についてもその船舶所有者又は船員に過失があったときは、裁判所は、これらの過失の軽重を考慮して、各船舶所有者について、その衝突による損害賠償の責任及びその額を定める。この場合において、過失の軽重を定めることができないときは、損害賠償の責任及びその額は、各船舶所有者が等しい割合で負担する。	（新設） 第七百九十七条　船舶カ双方ノ船員ノ過失ニ因リテ衝突シタル場合ニ於テ双方ノ過失ノ軽重ヲ判定スルコト能ハサルトキハ其衝突ニ因リテ生シタル損害ハ各船舶ノ所有者平分シテ之ヲ負担ス
（船舶の衝突による損害賠償請求権の消滅時効） 第七百八十九条　船舶の衝突を原因とする不法行為による損害賠償請求権（財産権が侵害されたことによるものに限る。）は、不法行為の時から二年間行使しない	第七百九十八条　共同海損又ハ船舶ノ衝突ニ因リテ生シタル債権ハ一年ヲ経過シタルトキハ時効ニ因リテ消滅ス ②前項ノ期間ハ共同海損ニ付テハ其計算終

改正案	現行
ときは、時効によって消滅する。	了ノ時ヨリ之ヲ起算ス （共同海損に関する部分は、新第八百十二条へ）
（削る）	第七百九十九条　本章ノ規定ハ船舶カ不可抗力ニ因リ発航港又ハ航海ノ途中ニ於テ碇泊ヲ為スス為メニ要スル費用ニ之ヲ準用ス
（準衝突） 第七百九十条　前二条の規定は、船舶がその航行若しくは船舶の取扱いに関する行為又は船舶に関する法令に違反する行為により他の船舶に著しく接近し、当該他の船舶又は当該他の船舶内にある人若しくは物に損害を加えた事故について準用する。	（新設）
（非航海船との衝突等への準用） 第七百九十一条　前三条の規定は、船舶と非航海船との事故について準用する。	（新設）
第五章　海難救助 （救助料の支払の請求等） 第七百九十二条　船舶又は積荷その他の船舶内にある物（以下この編において「積荷等」という。）の全部又は一部が海難に遭遇した場合において、これを救助した者があるときは、その者（以下この章において「救助者」という。）は、契約に基づかないで救助したときであっても、その結果に対して救助料の支払を請求することができる。	第五章　海難救助 第八百条　船舶又ハ積荷ノ全部又ハ一部カ海難ニ遭遇セル場合ニ於テ義務ナクシテ之ヲ救助シタル者ハ其結果ニ対シテ相当ノ救助料ヲ請求スルコトヲ得
2　船舶所有者及び船長は、積荷等の所有者に代わってその救助に係る契約を締結する権限を有する。	（新設）

改　正　案	現　行
(救助料の額) 第七百九十三条　救助料につき特約がない場合において、その額につき争いがあるときは、裁判所は、危険の程度、救助の結果、救助のために要した労力及び費用(海洋の汚染の防止又は軽減のためのものを含む。)その他一切の事情を考慮して、これを定める。	第八百一条　救助料ニ付キ特約ナキ場合ニ於テ其額ニ付キ争アルトキハ危険ノ程度、救助ノ結果、救助ノ為メニ要シタル労力及ヒ費用其他一切ノ事情ヲ斟酌シテ裁判所之ヲ定ム
(救助料の増減の請求) 第七百九十四条　海難に際し契約で救助料を定めた場合において、その額が著しく不相当であるときは、当事者は、その増減を請求することができる。この場合においては、前条の規定を準用する。	第八百二条　海難ニ際シ契約ヲ以テ救助料ヲ定メタル場合ニ於テ其額カ著シク不相当ナルトキハ当事者ハ其増加又ハ減少ヲ請求スルコトヲ得此場合ニ於テハ前条ノ規定ヲ準用ス
(救助料の上限額) 第七百九十五条　救助料の額は、特約がないときは、救助された物の価額(救助された積荷の運送賃の額を含む。)の合計額を超えることができない。	第八百三条　救助料ノ額ハ特約ナキトキハ救助セラレタル物ノ価額ニ超ユルコトヲ得ス
(削る)	②先順位ノ先取特権アルトキハ救助料ノ額ハ先取特権者ノ債権額ヲ控除シタル残額ニ超ユルコトヲ得ス
(救助料の割合等) 第七百九十六条　数人が共同して救助した場合において、各救助者に支払うべき救助料の割合については、第七百九十三条の規定を準用する。 ２　第七百九十二条第一項に規定する場合において、人命の救助に従事した者があるときは、その者も、前項の規定に従って救助料の支払を受けることができる。	第八百四条　数人カ共同シテ救助ヲ為シタル場合ニ於テ救助料分配ノ割合ニ付テハ第八百一条ノ規定ヲ準用ス ②人命ノ救助ニ従事シタル者モ亦前項ノ規定ニ従ヒテ救助料ノ分配ヲ受クルコトヲ得
第七百九十七条　救助に従事した船舶に係る救助料については、その三分の二を船	第八百五条　救助ニ従事シタル船舶カ汽船ナルトキハ救助料ノ三分ノ二、帆船ナル

改正案	現行
舶所有者に支払い、その三分の一を船員に支払わなければならない。 2　前項の規定に反する特約で船員に不利なものは、無効とする。 3　前二項の規定にかかわらず、救助料の割合が著しく不相当であるときは、船舶所有者又は船員の一方は、他の一方に対し、その増減を請求することができる。この場合においては、第七百九十三条の規定を準用する。 4　各船員に支払うべき救助料の割合は、救助に従事した船舶の船舶所有者が決定する。この場合においては、前条の規定を準用する。 5　救助者が救助することを業とする者であるときは、前各項の規定にかかわらず、救助料の全額をその救助者に支払わなければならない。	トキハ其二分ノ一ヲ船舶所有者ニ支払ヒ其残額ハ折半シテ之ヲ船長及ヒ海員ニ支払フコトヲ要ス ②前項ノ規定ニ依リテ海員ニ支払フヘキ金額ノ分配ハ船長之ヲ行フ此場合ニ於テハ前条ノ規定ヲ準用ス ③前二項ノ規定ニ反スル契約ハ無効トス
（救助料の割合の案） 第七百九十八条　船舶所有者が前条第四項の規定により救助料の割合を決定するには、航海を終了するまでにその案を作成し、これを船員に示さなければならない。	第八百六条　船長カ前条第二項ノ規定ニ依リ救助料ノ分配ヲ為スニハ航海ヲ終ハルマテニ分配案ヲ作リ之ヲ海員ニ告示スルコトヲ要ス
第七百九十九条　船員は、前条の案に対し、異議の申立てをすることができる。この場合において、当該異議の申立ては、その案が示された後、当該異議の申立てをすることができる最初の港の管海官庁にしなければならない。 2　管海官庁は、前項の規定による異議の申立てを理由があると認めるときは、前条の案を更正することができる。 3　船舶所有者は、第一項の規定による異議の申立てについての管海官庁の決定があるまでは、船員に対し、救助料の支払	第八百七条　海員カ前条ノ分配案ニ対シテ異議ノ申立ヲ為サントスルトキハ其告示アリタル後異議ノ申立ヲ為スコトヲ得最初ノ港ノ管海官庁ニ之ヲ為スコトヲ要ス ②管海官庁ハ異議ヲ理由アリトスルトキハ分配案ヲ更正スルコトヲ得 ③船長ハ異議ノ落著前ニハ救助料ノ支払ヲ為スコトヲ得ス

改正案	現行
をすることができない。	
第八百条　船舶所有者が第七百九十八条の案の作成を怠ったときは、管海官庁は、船員の請求により、船舶所有者に対し、その案の作成を命ずることができる。 2　船舶所有者が前項の規定による命令に従わないときは、管海官庁は、自ら第七百九十七条第四項の規定による決定をすることができる。	第八百八条　船長カ分配案ノ作成ヲ怠リタルトキハ管海官庁ハ海員ノ請求ニ因リ船長ニ対シテ分配案ノ作成ヲ命スルコトヲ得 ②船長カ前項ノ命令ニ従ハサルトキハ管海官庁ハ分配案ヲ作ルコトヲ得
（救助料を請求することができない場合） 第八百一条　次に掲げる場合には、救助者は、救助料を請求することができない。 一　故意に海難を発生させたとき。 二　正当な事由により救助を拒まれたにもかかわらず、救助したとき。 （削る）	第八百九条　左ノ場合ニ於テハ救助者ハ救助料ヲ請求スルコトヲ得ス 一　故意又ハ過失ニ因リテ海難ヲ惹起シタルトキ 二　正当ノ事由ニ因リテ救助ヲ拒マレタルニ拘ハラス強ヒテ之ニ従事シタルトキ 三　救助シタル物品ヲ隠匿シ又ハ濫ニ之ヲ処分シタルトキ
（積荷等についての先取特権） 第八百二条　救助料に係る債権を有する者は、救助された積荷等について先取特権を有する。 2　前項の先取特権については、第八百四十三条第二項、第八百四十四条及び第八百四十六条の規定を準用する。	第八百十条　救助者ハ其債権ニ付キ救助シタル積荷ノ上ニ先取特権ヲ有ス ②前項ノ先取特権ニハ船舶債権者ノ先取特権ニ関スル規定ヲ準用ス
（救助料の支払等に係る船長の権限） 第八百三条　救助された船舶の船長は、救助料の債務者に代わってその支払に関する一切の裁判上又は裁判外の行為をする権限を有する。 2　救助された船舶の船長は、救助料に関し、救助料の債務者のために、原告又は	第八百十一条　船長ハ救助料ノ債務者ニ代ハリテ其支払ニ関スル一切ノ裁判上又ハ裁判外ノ行為ヲ為ス権限ヲ有ス ②救助料ニ関スル訴ニ於テハ船長ハ自ラ原告又ハ被告ト為ルコトヲ得但其訴ニ付キ

改 正 案	現　　行
被告となることができる。	言渡シタル判決ハ救助料ノ債務者ニ対シテモ其効力ヲ有ス
3　前二項の規定は、救助に従事した船舶の船長について準用する。この場合において、これらの規定中「債務者」とあるのは、「債権者（当該船舶の船舶所有者及び海員に限る。）」と読み替えるものとする。	（新設）
4　前三項の規定は、契約に基づく救助については、適用しない。	（新設）
（積荷等の所有者の責任） 第八百四条　積荷等の全部又は一部が救助されたときは、当該積荷等の所有者は、当該積荷等をもって救助料に係る債務を弁済する責任を負う。	第八百十二条　積荷ノ所有者ハ救助セラレタル物ヲ以テ救助料ヲ支払フ義務ヲ負フ
（削る）	第八百十三条　積荷ノ上ニ存スル先取特権ハ債務者カ其積荷ヲ第三取得者ニ引渡シタル後ハ其積荷ニ付キ之ヲ行フコトヲ得ス
（特別補償料） 第八百五条　海難に遭遇した船舶から排出された油その他の物により海洋が汚染され、当該汚染が広範囲の沿岸海域において海洋環境の保全に著しい障害を及ぼし、若しくは人の健康を害し、又はこれらの障害を及ぼすおそれがある場合において、当該船舶の救助に従事した者が当該障害の防止又は軽減のための措置をとったときは、その者（以下この条において「汚染対処船舶救助従事者」という。）は、特約があるときを除き、船舶所有者に対し、特別補償料の支払を請求することができる。 2　特別補償料の額は、前項に規定する措	（新設）

改正案	現行
<u>置として必要又は有益であった費用に相当する額とする。</u> <u>3 汚染対処船舶救助従事者がその措置により第一項に規定する障害を防止し、又は軽減したときは、特別補償料は、当事者の請求により、前項に規定する費用に相当する額以上当該額に百分の三十（当該額が当該障害の防止又は軽減の結果に比して著しく少ないことその他の特別の事情がある場合にあっては、百分の百）を乗じて得た額を加算した額以下の範囲内において、裁判所がこれを定める。この場合においては、第七百九十三条の規定を準用する。</u> <u>4 汚染対処船舶救助従事者が同一の海難につき救助料に係る債権を有するときは、特別補償料の額は、当該救助料の額を控除した額とする。</u> <u>5 汚染対処船舶救助従事者の過失によって第一項に規定する障害を防止し、又は軽減することができなかったときは、裁判所は、これを考慮して、特別補償料の額を定めることができる。</u> <u>（救助料に係る債権等の消滅時効）</u> 第八百六条 <u>救助料又は特別補償料に係る債権は、救助の作業が終了した時から二年間行使しないときは、時効によって消滅する。</u> <u>（非航海船の救助への準用）</u> <u>第八百七条 この章の規定は、非航海船又は非航海船内にある積荷その他の物を救助する場合について準用する。</u> 　　　　第六章　共同海損 （共同海損の成立）	第八百十四条　救助料ノ請求権ハ救助ヲ為シタル時ヨリ一年ヲ経過シタルトキハ時効ニ因リテ消滅ス （新設） （新設）

改　正　案	現　　　行
<u>第八百八条　船舶及び積荷等に対する共同の危険を避けるために船舶又は積荷等について処分がされたときは、当該処分（以下この章において「共同危険回避処分」という。）によって生じた損害及び費用は、共同海損とする。</u>	第七百八十八条　船長カ船舶及ヒ積荷ヲシテ共同ノ危険ヲ免レシムル為メ船舶又ハ積荷ニ付キ為シタル処分ニ因リテ生シタル損害及ヒ費用ハ之ヲ共同海損トス
<u>2　前項の規定は、同項の危険が過失によって生じた場合における利害関係人から当該過失のある者に対する求償権の行使を妨げない。</u>	②前項ノ規定ハ危険カ過失ニ因リテ生シタル場合ニ於テ利害関係人ノ過失者ニ対スル求償ヲ妨ケス
<u>（共同海損となる損害又は費用）</u> <u>第八百九条　共同海損となる損害の額は、次の各号に掲げる区分に応じ、当該各号に定める額によって算定する。ただし、第二号及び第四号に定める額については、積荷の滅失又は損傷のために支払うことを要しなくなった一切の費用の額を控除するものとする。</u>	第七百九十四条　共同海損タル損害ノ額ハ到達ノ地及ヒ時ニ於ケル船舶ノ価格又ハ陸揚ノ地及ヒ時ニ於ケル積荷ノ価格ニ依リテ之ヲ定ム但積荷ニ付テハ其滅失又ハ毀損ノ為メ支払フコトヲ要セサリシ一切ノ費用ヲ控除スルコトヲ要ス
<u>一　船舶　到達の地及び時における当該船舶の価格</u>	
<u>二　積荷　陸揚げの地及び時における当該積荷の価格</u>	
<u>三　積荷以外の船内にある物　到達の地及び時における当該物の価格</u>	（新設）
<u>四　運送賃　陸揚げの地及び時において請求することができる運送賃の額</u>	（新設）
<u>2　船荷証券その他積荷の価格を評定するに足りる書類（以下この章において「価格評定書類」という。）に積荷の実価より低い価額を記載したときは、その積荷に加えた損害の額は、当該価格評定書類に記載された価額によって定める。積荷の価格に影響を及ぼす事項につき価格評定書類に虚偽の記載をした場合において、当該記載によることとすれば積荷の実価より低い価格が評定されることとな</u>	第七百九十五条　船荷証券其他積荷ノ価格ヲ評定スルニ足ルヘキ書類ニ積荷ノ実価ヨリ低キ価額ヲ記載シタルトキハ其積荷ニ加ヘタル損害ノ額ハ其記載シタル価額ニ依リテ之ヲ定ム
	②　（略）
	③前二項ノ規定ハ積荷ノ価格ニ影響ヲ及ホスヘキ事項ニ付キ虚偽ノ記載ヲ為シタル場合ニ之ヲ準用ス

改正案	現行
るときも、同様とする。 3 次に掲げる損害又は費用は、利害関係人が分担することを要しない。 　一　次に掲げる物に加えた損害。ただし、次のハに掲げる物にあっては第五百七十七条第二項第一号に掲げる場合を、次のニに掲げる物にあっては甲板積みをする商慣習がある場合を除く。 　　イ　船舶所有者に無断で船積みがされた積荷 　　ロ　船積みに際して故意に虚偽の申告がされた積荷 　　ハ　高価品である積荷であって、荷送人又は傭船者が運送を委託するに当たりその種類及び価額を通知していないもの 　　ニ　甲板上の積荷 　　ホ　属具目録に記載がない属具 　二　特別補償料 （共同海損の分担額） 第八十条　共同海損は、次の各号に掲げる者（船員及び旅客を除く。）が当該各号に定める額の割合に応じて分担する。 　一　船舶の利害関係人　到達の地及び時における当該船舶の価格 　二　積荷の利害関係人　次のイに掲げる額から次のロに掲げる額を控除した額 　　イ　陸揚げの地及び時における当該積荷の価格 　　ロ　共同危険回避処分の時においてイに規定する積荷の全部が滅失したとした場合に当該積荷の利害関係人が支払うことを要しないこととなる運送賃その他の費用の額	第七百九十三条　船荷証券其他積荷ノ価格ヲ評定スルニ足ルヘキ書類ナクシテ船積シタル荷物又ハ属具目録ニ記載セサル属具ニ加ヘタル損害ハ利害関係人ニ於テ之ヲ分担スルコトヲ要セス ②甲板ニ積込ミタル荷物ニ加ヘタル損害亦同シ但沿岸ノ小航海ニ在リテハ此限ニ在ラス 第七百九十四条　（略） ②第五百七十八条ノ規定ハ共同海損ノ場合ニ之ヲ準用ス （新設） 第七百八十九条　共同海損ハ之ニ因リテ保存スルコトヲ得タル船舶又ハ積荷ノ価格ト運送賃ノ半額ト共同海損タル損害ノ額トノ割合ニ応シテ各利害関係人之ヲ分担ス 第七百九十条　共同海損ノ分担額ニ付テハ船舶ノ価格ハ到達ノ地及ヒ時ニ於ケル価格トシ積荷ノ価格ハ陸揚ノ地及ヒ時ニ於ケル価格トス但積荷ニ付テハ其価格中ヨリ滅失ノ場合ニ於テ支払フコトヲ要セサル運送賃其他ノ費用ヲ控除スルコトヲ要ス 第七百九十二条　船舶ニ備附ケタル武器、船員ノ給料、船員及ヒ旅客ノ食料並ニ衣類ハ共同海損ノ分担ニ付キ其価額ヲ算入セス但此等ノ物ニ加ヘタル損害ハ他ノ利

改正案	現行
<u>三　積荷以外の船舶内にある物（船舶に備え付けた武器を除く。）の利害関係人　到達の地及び時における当該物の価格</u> <u>四　運送人　次のイに掲げる額から次のロに掲げる額を控除した額</u> 　　<u>イ　第二号ロに規定する運送賃のうち、陸揚げの地及び時において現に存する債権の額</u> 　　<u>ロ　船員の給料その他の航海に必要な費用（共同海損となる費用を除く。）のうち、共同危険回避処分の時に船舶及び第二号イに規定する積荷の全部が滅失したとした場合に運送人が支払うことを要しないこととなる額</u> <u>2　共同危険回避処分の後、到達又は陸揚げ前に船舶又は積荷等について必要費又は有益費を支出したときは、当該船舶又は積荷等については、前項第一号から第三号までに定める額は、その費用（共同海損となる費用を除く。）の額を控除した額とする。</u> <u>3　第一項に規定する者が共同危険回避処分によりその財産につき損害を受けたときは、その者については、同項各号に定める額は、その損害の額（当該財産について前項に規定する必要費又は有益費を支出した場合にあっては、その費用（共同海損となる費用に限る。）の額を超える部分の額に限る。）を加算した額とする。</u> <u>4　価格評定書類に積荷の実価を超える価額を記載したときは、その積荷の利害関係人は、当該価格評定書類に記載された価額に応じて共同海損を分担する。積荷の価格に影響を及ぼす事項につき価格評</u>	害関係人之ヲ分担ス （新設） （新設） 第七百八十九条　共同海損ハ之ニ因リテ保存スルコトヲ得タル船舶又ハ積荷ノ価格ト運送賃ノ半額ト共同海損タル損害ノ額トノ割合ニ応シテ各利害関係人之ヲ分担ス 第七百九十五条　（略） ②積荷ノ実価ヨリ高キ価額ヲ記載シタルトキハ其積荷ノ利害関係人ハ其記載シタル価額ニ応シテ共同海損ヲ分担ス ③前二項ノ規定ハ積荷ノ価格ニ影響ヲ及ホ

改正案	現行
定書類に虚偽の記載をした場合において、当該記載によることとすれば積荷の実価を超える価格が評定されることとなるときも、同様とする。 （共同海損を分担すべき者の責任） 第八百十一条　前条の規定により共同海損を分担すべき者は、船舶の到達（同条第一項第二号又は第四号に掲げる者にあっては、積荷の陸揚げ）の時に現存する価額の限度においてのみ、その責任を負う。 （共同海損の分担に基づく債権の消滅時効） 第八百十二条　共同海損の分担に基づく債権は、その計算が終了した時から一年間行使しないときは、時効によって消滅する。 第八百十三条及び第八百十四条　削除 　　　第七章　海上保険 （定義等） 第八百十五条　この章において「海上保険契約」とは、損害保険契約のうち、保険者（営業として保険の引受けを行うものに限る。以下この章において同じ。）が航海に関する事故によって生ずることのある損害を填補することを約するものをいう。 ２　海上保険契約については、この章に別段の定めがある場合を除き、保険法（平成二十年法律第五十六号）第二章第一節から第四節まで及び第六節並びに第五章の規定を適用する。	スヘキ事項ニ付キ虚偽ノ記載ヲ為シタル場合ニ之ヲ準用ス 第七百九十一条　前二条ノ規定ニ依リ共同海損ヲ分担スヘキ者ハ船舶ノ到達又ハ積荷ノ引渡ノ時ニ於テ現存スル価額ノ限度ニ於テノミ其責ニ任ス 第七百九十八条　共同海損又ハ船舶ノ衝突ニ因リテ生シタル債権ハ一年ヲ経過シタルトキハ時効ニ因リテ消滅ス ②前項ノ期間ハ共同海損ニ付テハ其計算終了ノ時ヨリ之ヲ起算ス 　　　第六章　保険 第八百十五条　海上保険契約ハ航海ニ関スル事故ニ因リテ生スルコトアルヘキ損害ノ填補ヲ以テ其目的トス ②海上保険契約ニハ本章ニ別段ノ定アル場合ヲ除ク外保険法（平成二十年法律第五十六号）第二章第一節乃至第四節及ビ第六節並ニ第五章ノ規定ヲ適用ス

改 正 案	現 行
(保険者の塡補責任) 第八百十六条　保険者は、この章又は海上保険契約に別段の定めがある場合を除き、保険の目的について、保険期間内に発生した航海に関する事故によって生じた一切の損害を塡補する責任を負う。	第八百十六条　保険者ハ本章又ハ保険契約ニ別段ノ定アル場合ヲ除ク外保険期間中保険ノ目的ニ付キ航海ニ関スル事故ニ因リテ生シタル一切ノ損害ヲ塡補スル責ニ任ス
第八百十七条　保険者は、海難の救助又は共同海損の分担のため被保険者が支払うべき金額を塡補する責任を負う。 2　保険法第十九条の規定は、前項に規定する金額について準用する。この場合において、同条中「てん補損害額」とあるのは、「商法（明治三十二年法律第四十八号）第八百十七条第一項に規定する金額」と読み替えるものとする。	第八百十七条　保険者ハ被保険者カ支払フヘキ共同海損ノ分担額ヲ塡補スル責ニ任ス但保険価額ノ一部ヲ保険ニ付シタル場合ニ於テハ保険者ノ負担ハ保険金額ノ保険価額ニ対スル割合ニ依リテ之ヲ定ム
(船舶保険の保険価額) 第八百十八条　船舶を保険の目的物とする海上保険契約（以下この章において「船舶保険契約」という。）については、保険期間の始期における当該船舶の価額を保険価額とする。	第八百十八条　船舶ノ保険ニ付テハ保険者ノ責任カ始マル時ニ於ケル其価額ヲ以テ保険価額トス
(貨物保険の保険価額) 第八百十九条　貨物を保険の目的物とする海上保険契約（以下この章において「貨物保険契約」という。）については、その船積みがされた地及び時における当該貨物の価額、運送賃並びに保険に関する費用の合計額を保険価額とする。	第八百十九条　積荷ノ保険ニ付テハ其船積ノ地及ヒ時ニ於ケル其価額及ヒ船積並ニ保険ニ関スル費用ヲ以テ保険価額トス
(告知義務) 第八百二十条　保険契約者又は被保険者になる者は、海上保険契約の締結に際し、海上保険契約により塡補することとされる損害の発生の可能性（以下この章にお	(新設)

改正案	現行
いて「危険」という。）に関する重要な事項について、事実の告知をしなければならない。	
（削る）	第八百二十条　積荷ノ到達ニ因リテ得ヘキ利益又ハ報酬ノ保険ニ付テハ契約ヲ以テ保険価額ヲ定メサリシトキハ保険金額ヲ以テ保険価額トシタルモノト推定ス
（削る）	第八百二十一条　一航海ニ付キ船舶ヲ保険ニ付シタル場合ニ於テハ保険者ノ責任ハ荷物又ハ底荷ノ船積ニ著手シタル時ヲ以テ始マル ②荷物又ハ底荷ノ船積ヲ為シタル後船舶ヲ保険ニ付シタルトキハ保険者ノ責任ハ契約成立ノ時ヲ以テ始マル ③前二項ノ場合ニ於テ保険者ノ責任ハ到達港ニ於テ荷物又ハ底荷ノ陸揚カ終了シタル時ヲ以テ終ハル但其陸揚カ不可抗力ニ因ラスシテ遅延シタルトキハ其終了スヘカリシ時ヲ以テ終ハル
（削る）	第八百二十二条　積荷ヲ保険ニ付シ又ハ積荷ノ到達ニ因リテ得ヘキ利益若クハ報酬ヲ保険ニ付シタル場合ニ於テハ保険者ノ責任ハ其積荷カ陸地ヲ離レタル時ヲ以テ始マリ陸揚港ニ於テ其陸揚カ終了シタル時ヲ以テ終ハル ②前条第三項但書ノ規定ハ前項ノ場合ニ之ヲ準用ス
(契約締結時に交付すべき書面の記載事項) 第八百二十一条　保険者が海上保険契約を締結した場合においては、保険法第六条第一項に規定する書面には、同項各号に掲げる事項のほか、次の各号に掲げる場	第八百二十三条　海上保険証券ニハ保険法第六条第一項ニ掲ケタル事項ノ外左ノ事項ヲ記載スルコトヲ要ス

改 正 案	現 行
合の区分に応じ、当該各号に定める事項を記載しなければならない。	
二　船舶保険契約を締結した場合　船舶の名称、国籍、種類、船質、総トン数、建造の年及び航行区域（一の航海について船舶保険契約を締結した場合にあっては、発航港及び到達港（寄航港の定めがあるときは、その港を含む。））並びに船舶所有者の氏名又は名称	二　船舶ヲ保険ニ付シタル場合ニ於テハ其船舶ノ名称、国籍並ニ種類、船長ノ氏名及ヒ発航港、到達港又ハ寄航港ノ定アルトキハ其港名
二　貨物保険契約を締結した場合　船舶の名称並びに貨物の発送地、船積港、陸揚港及び到達地	二　積荷ヲ保険ニ付シ又ハ積荷ノ到達ニ因リテ得ヘキ利益若クハ報酬ヲ保険ニ付シタル場合ニ於テハ船舶ノ名称、国籍並ニ種類、船積港及ヒ陸揚港
（航海の変更） 第八百二十二条　保険期間の始期の到来前に航海の変更をしたときは、海上保険契約は、その効力を失う。	第八百二十四条　保険者ノ責任カ始マル前ニ於テ航海ヲ変更シタルトキハ保険契約ハ其効力ヲ失フ
2　保険期間内に航海の変更をしたときは、保険者は、その変更以後に発生した事故によって生じた損害を塡補する責任を負わない。ただし、その変更が保険契約者又は被保険者の責めに帰することができない事由によるものであるときは、この限りでない。	②保険者ノ責任カ始マリタル後航海ヲ変更シタルトキハ保険者ハ其変更後ノ事故ニ付キ責任ヲ負フコトナシ但其変更カ保険契約者又ハ被保険者ノ責ニ帰スヘカラサル事由ニ因リタルトキハ此限ニ在ラス
3　到達港を変更し、その実行に着手した場合においては、海上保険契約で定める航路を離れないときであっても、航海の変更をしたものとみなす。	③到達港ヲ変更シ其実行ニ著手シタルトキハ保険シタル航路ヲ離レサルトキト雖モ航海ヲ変更シタルモノト看做ス
（著しい危険の増加） 第八百二十三条　次に掲げる場合には、保険者は、その事実が生じた時以後に発生した事故によって生じた損害を塡補する責任を負わない。ただし、当該事実が当該事故の発生に影響を及ぼさなかったと	第八百二十五条　被保険者カ発航ヲ為シ若クハ航海ヲ継続スルコトヲ怠リ又ハ航路ヲ変更シ其他著シク危険ヲ変更若クハ増加シタルトキハ保険者ハ其変更又ハ増加以後ノ事故ニ付キ責任ヲ負フコトナシ但

改正案	現行
き、又は保険契約者若しくは被保険者の責めに帰することができない事由によるものであるときは、この限りでない。 二　被保険者が発航又は航海の継続を怠ったとき。 二　被保険者が航路を変更したとき。 三　前二号に掲げるもののほか、保険契約者又は被保険者が危険を著しく増加させたとき。	其変更又ハ増加カ事故ノ発生ニ影響ヲ及ホササリシトキ又ハ保険者ノ負担ニ帰スヘキ不可抗力若クハ正当ノ理由ニ因リテ生シタルトキハ此限ニ在ラス
（削る）	第八百二十六条　保険契約中ニ船長ヲ指定シタルトキト雖モ船長ノ変更ハ契約ノ効力ニ影響ヲ及ホサス
（船舶の変更） 第八百二十四条　貨物保険契約で定める船舶を変更したときは、保険者は、その変更以後に発生した事故によって生じた損害を塡補する責任を負わない。ただし、その変更が保険契約者又は被保険者の責めに帰することができない事由によるものであるときは、この限りでない。	第八百二十七条　積荷ヲ保険ニ付シ又ハ積荷ノ到達ニ因リテ得ヘキ利益若クハ報酬ヲ保険ニ付シタル場合ニ於テ船舶ヲ変更シタルトキハ保険者ハ其変更以後ノ事故ニ付キ責任ヲ負フコトナシ但其変更カ保険契約者又ハ被保険者ノ責ニ帰スヘカラサル事由ニ因リタルトキハ此限ニ在ラス
（予定保険） 第八百二十五条　貨物保険契約において、保険期間、保険金額、保険の目的物、約定保険価額、保険料若しくはその支払の方法、船舶の名称又は貨物の発送地、船積港、陸揚港若しくは到達地（以下この条において「保険期間等」という。）につきその決定の方法を定めたときは、保険法第六条第一項に規定する書面には、保険期間等を記載することを要しない。	第八百二十八条　（新設）
2　保険契約者又は被保険者は、前項に規定する場合において、保険期間等が確定したことを知ったときは、遅滞なく、保険者に対し、その旨の通知を発しなけれ	保険契約ヲ為スニ当タリ荷物ヲ積込ムヘキ船舶ヲ定メサリシ場合ニ於テ保険契約者又ハ被保険者カ其荷物ヲ船積シタルコトヲ知リタルトキハ遅滞ナク保険者ニ対

改 正 案	現　　行
ばならない。 3　保険契約者又は被保険者が故意又は重大な過失により遅滞なく前項の通知をしなかったときは、貨物保険契約は、その効力を失う。 （保険者の免責） 第八百二十六条　保険者は、次に掲げる損害を塡補する責任を負わない。ただし、第四号に掲げる損害にあっては、保険契約者又は被保険者が発航の当時同号に規定する事項について注意を怠らなかったことを証明したときは、この限りでない。 一　保険の目的物の性質若しくは瑕疵又はその通常の損耗によって生じた損害 二　保険契約者又は被保険者の故意又は重大な過失（責任保険契約にあっては、故意）によって生じた損害 三　戦争その他の変乱によって生じた損害 四　船舶保険契約にあっては、発航の当時第七百三十九条第一項各号（第七百七条及び第七百五十六条第一項において準用する場合を含む。）に掲げる事項を欠いたことにより生じた損害 五　貨物保険契約にあっては、貨物の荷造りの不完全によって生じた損害 （削る） （削る）	シテ船舶ノ名称及ヒ国籍ノ通知ヲ発スルコトヲ要ス ②保険契約者又ハ被保険者カ前項ノ通知ヲ怠リタルトキハ保険契約ハ其効力ヲ失フ 第八百二十九条　保険者ハ左ニ掲ケタル損害又ハ費用ヲ塡補スル責ニ任セス 一　保険ノ目的ノ性質若クハ瑕疵、其自然ノ消耗又ハ保険契約者若クハ被保険者ノ悪意若クハ重大ナル過失ニ因リテ生シタル損害 （新設） 二　船舶又ハ運送賃ヲ保険ニ付シタル場合ニ於テ発航ノ当時安全ニ航海ヲ為スニ必要ナル準備ヲ為サス又ハ必要ナル書類ヲ備ヘサルニ因リテ生シタル損害 （新設） 三　積荷ヲ保険ニ付シ又ハ積荷ノ到達ニ因リテ得ヘキ利益若クハ報酬ヲ保険ニ付シタル場合ニ於テ備船者、荷送人又ハ荷受人ノ悪意若クハ重大ナル過失ニ因リテ生シタル損害 四　水先案内料、入港料、燈台料、検疫料其他船舶又ハ積荷ニ付キ航海ノ為メニ出タシタル通常ノ費用

改正案	現行
（削る）	第八百三十条　共同海損ニ非サル損害又ハ費用カ其計算ニ関スル費用ヲ算入セスシテ保険価額ノ百分ノ二ヲ超エサルトキハ保険者ハ之ヲ填補スル責ニ任セス ②右ノ損害又ハ費用カ保険価額ノ百分ノ二ヲ超エタルトキハ保険者ハ其全額ヲ支払フコトヲ要ス ③前二項ノ規定ハ当事者カ契約ヲ以テ保険者ノ負担セサル損害又ハ費用ノ割合ヲ定メタル場合ニ之ヲ準用ス ④前三項ニ定メタル割合ハ各航海ニ付キ之ヲ計算ス
<u>（貨物の損傷等の場合の填補責任）</u> <u>第八百二十七条　保険の目的物である貨物が損傷し、又はその一部が滅失して到達地に到着したときは、保険者は、第一号に掲げる額の第二号に掲げる額に対する割合を保険価額（約定保険価額があるときは、当該約定保険価額）に乗じて得た額を填補する責任を負う。</u> <u>一　当該貨物に損傷又は一部滅失がなかったとした場合の当該貨物の価額から損傷又は一部滅失後の当該貨物の価額を控除した額</u> <u>二　当該貨物に損傷又は一部滅失がなかったとした場合の当該貨物の価額</u>	第八百三十一条　保険ノ目的タル積荷カ毀損シテ陸揚港ニ到達シタルトキハ保険者ハ其積荷カ毀損シタル状況ニ於ケル価額ノ毀損セサル状況ニ於テ有スヘカリシ価額ニ対スル割合ヲ以テ保険価額ノ一部ヲ填補スル責ニ任ス
<u>（不可抗力による貨物の売却の場合の填補責任）</u> <u>第八百二十八条　航海の途中において不可抗力により保険の目的物である貨物が売却されたときは、保険者は、第一号に掲げる額から第二号に掲げる額を控除した額を填補する責任を負う。</u> <u>一　保険価額（約定保険価額があるときは、当該約定保険価額）</u>	第八百三十二条　航海ノ途中ニ於テ不可抗力ニ因リ保険ノ目的タル積荷ヲ売却シタルトキハ其売却ニ依リテ得タル代価ノ中ヨリ運送賃其他ノ費用ヲ控除シタルモノト保険価額トノ差ヲ以テ保険者ノ負担トス但保険価額ノ一部ヲ保険ニ付シタル場合ニ於テ保険法第十九条ノ適用ヲ妨ケス

改正案	現行
二　当該貨物の売却によって得た代価から運送賃その他の費用を控除した額 （削る）	②前項ノ場合ニ於テ買主カ代価ヲ支払ハサルトキハ保険者ハ其支払ヲ為スコトヲ要ス但其支払ヲ為シタルトキハ被保険者ノ買主ニ対シテ有セル権利ヲ取得ス
（告知義務違反による解除） 第八百二十九条　保険者は、保険契約者又は被保険者が、危険に関する重要な事項について、故意又は重大な過失により事実の告知をせず、又は不実の告知をしたときは、海上保険契約を解除することができる。この場合においては、保険法第二十八条第二項（第一号に係る部分に限る。）及び第四項並びに第三十一条第二項（第一号に係る部分に限る。）の規定を準用する。	（新設）
（削る）	第八百三十三条　左ノ場合ニ於テハ被保険者ハ保険ノ目的ヲ保険者ニ委付シテ保険金額ノ全部ヲ請求スルコトヲ得 　一　船舶カ沈没シタルトキ 　二　船舶ノ行方カ知レサルトキ 　三　船舶カ修繕スルコト能ハサルニ至リタルトキ 　四　船舶又ハ積荷カ捕獲セラレタルトキ 　五　船舶又ハ積荷カ官ノ処分ニ依リテ押収セラレ六个月間解放セラレサルトキ
（削る）	第八百三十四条　船舶ノ存否カ六个月間分明ナラサルトキハ其船舶ハ行方ノ知レサルモノトス ②保険期間ノ定アル場合ニ於テ其期間カ前項ノ期間内ニ経過シタルトキト雖モ被保険者ハ委付ヲ為スコトヲ得但船舶カ保険期間内ニ滅失セサリシコトノ証明アリタ

改正案	現　行
	ルトキハ其委付ハ無効トス
（削る）	第八百三十五条　第八百三十三条第三号ノ場合ニ於テ船長カ遅滞ナク他ノ船舶ヲ以テ積荷ノ運送ヲ継続シタルトキハ被保険者ハ其積荷ヲ委付スルコトヲ得ス
（削る）	第八百三十六条　被保険者カ委付ヲ為サント欲スルトキハ三个月内ニ保険者ニ対シテ其通知ヲ発スルコトヲ要ス ②前項ノ期間ハ第八百三十三条第一号、第三号及ヒ第四号ノ場合ニ於テハ被保険者カ其事由ヲ知リタル時ヨリ之ヲ起算ス ③再保険ノ場合ニ於テハ第一項ノ期間ハ其被保険者カ自己ノ被保険者ヨリ委付ノ通知ヲ受ケタル時ヨリ之ヲ起算ス
（削る）	第八百三十七条　委付ハ単純ナルコトヲ要ス ②委付ハ保険ノ目的ノ全部ニ付テ之ヲ為スコトヲ要ス但委付ノ原因カ其一部ニ付テ生シタルトキハ其部分ニ付テノミ之ヲ為スコトヲ得 ③保険価額ノ一部ヲ保険ニ付シタル場合ニ於テハ委付ハ保険金額ノ保険価額ニ対スル割合ニ応シテ之ヲ為スコトヲ得
（削る）	第八百三十八条　保険者カ委付ヲ承認シタルトキハ後日其委付ニ対シテ異議ヲ述フルコトヲ得ス
（削る）	第八百三十九条　保険者ハ委付ニ因リ被保険者カ保険ノ目的ニ付キ有セル一切ノ権利ヲ取得ス ②被保険者カ委付ヲ為シタルトキハ保険ノ目的ニ関スル証書ヲ保険者ニ交付スルコトヲ要ス

改　正　案	現　　行
（削る）	第八百四十条　被保険者ハ委付ヲ為スニ当タリ保険者ニ対シ保険ノ目的ニ関スル他ノ保険契約並ニ其負担ニ属スル債務ノ有無及ヒ其種類ヲ通知スルコトヲ要ス ②保険者ハ前項ノ通知ヲ受クルマテハ保険金額ノ支払ヲ為スコトヲ要セス ③保険金額ノ支払ニ付キ期間ノ定アルトキハ其期間ハ保険者カ第一項ノ通知ヲ受ケタル時ヨリ之ヲ起算ス
（削る）	第八百四十一条　保険者カ委付ヲ承認セサルトキハ被保険者ハ委付ノ原因ヲ証明シタル後ニ非サレハ保険金額ノ支払ヲ請求スルコトヲ得ス
（相互保険への準用） 第八百三十条　この章の規定は、相互保険について準用する。ただし、その性質がこれを許さないときは、この限りでない。	第八百四十一条ノ二　本章ノ規定ハ相互保険ニ之ヲ準用ス但其性質ガ之ヲ許サザルトキハ此限ニ在ラズ
第八百三十一条から第八百四十一条まで削除	
第八章　船舶先取特権及び船舶抵当権	第七章　船舶債権者
（船舶先取特権） 第八百四十二条　次に掲げる債権を有する者は、船舶及びその属具について先取特権を有する。	第八百四十二条　左ニ掲ケタル債権ヲ有スル者ハ船舶、其属具及ヒ未タ受取ラサル運送賃ノ上ニ先取特権ヲ有ス
（削る）	一　船舶並ニ其属具ノ競売ニ関スル費用及ヒ競売手続開始後ノ保存費
（削る）	二　最後ノ港ニ於ケル船舶及ヒ其属具ノ保存費
	（新設）
一　船舶の運航に直接関連して生じた人の生命又は身体の侵害による損害賠償請求権	
二　救助料に係る債権又は船舶の負担に	五　救助料及ヒ船舶ノ負担ニ属スル共同

改　正　案	現　　行
属する共同海損の分担に基づく債権 三　国税徴収法（昭和三十四年法律第百四十七号）若しくは国税徴収の例によって徴収することのできる請求権であって船舶の入港、港湾の利用その他船舶の航海に関して生じたもの又は水先料若しくは引き船料に係る債権 四　航海を継続するために必要な費用に係る債権 五　雇用契約によって生じた船長その他の船員の債権 （削る）	海損 三　航海ニ関シ船舶ニ課シタル諸税 四　水先案内料及ヒ挽船料 六　航海継続ノ必要ニ因リテ生シタル債権 七　雇傭契約ニ因リテ生シタル船長其他ノ船員ノ債権 八　船舶カ其売買又ハ製造後未タ航海ヲ為ササル場合ニ於テ其売買又ハ製造並ニ艤装ニ因リテ生シタル債権及ヒ最後ノ航海ノ為メニスル船舶ノ艤装、食料並ニ燃料ニ関スル債権
（削る）	第八百四十三条　船舶債権者ノ先取特権ハ運送賃ニ付テハ其先取特権ノ生シタル航海ニ於ケル運送賃ノ上ニノミ存在ス
（船舶先取特権の順位） 第八百四十三条　前条各号に掲げる債権に係る先取特権（以下この章において「船舶先取特権」という。）が互いに競合する場合には、その優先権の順位は、同条各号に掲げる順序に従う。ただし、同条第二号に掲げる債権（救助料に係るものに限る。）に係る船舶先取特権は、その発生の時において既に生じている他の船舶先取特権に優先する。 2　同一順位の船舶先取特権を有する者が数人あるときは、これらの者は、その債権額の割合に応じて弁済を受ける。ただし、前条第二号から第四号までに掲げる債権にあっては、同一順位の船舶先取特権が同時に生じたものでないときは、後	第八百四十四条　船舶債権者ノ先取特権カ互ニ競合スル場合ニ於テハ其優先権ノ順位ハ第八百四十二条ニ掲ケタル順序ニ従フ但同条第四号乃至第六号ノ債権間ニ在リテハ後ニ生シタルモノ前ニ生シタルモノニ先ツ ②同一順位ノ先取特権者数人アルトキハ各其債権額ノ割合ニ応シテ弁済ヲ受ク但第八百四十二条第四号乃至第六号ノ債権カ同時ニ生セサリシ場合ニ於テハ後ニ生シタルモノ前ニ生シタルモノニ先ツ

改 正 案	現 行
に生じた船舶先取特権が前に生じた船舶先取特権に優先する。 (削る)	③先取特権カ数回ノ航海ニ付テ生シタル場合ニ於テハ前二項ノ規定ニ拘ハラス後ノ航海ニ付テ生シタルモノ前ノ航海ニ付テ生シタルモノニ先ツ
(船舶先取特権と他の先取特権との競合) 第八百四十四条 船舶先取特権と他の先取特権とが競合する場合には、船舶先取特権は、他の先取特権に優先する。	第八百四十五条 船舶債権者ノ先取特権ト他ノ先取特権ト競合スル場合ニ於テハ船舶債権者ノ先取特権ハ他ノ先取特権ニ先ツ
(船舶先取特権と船舶の譲受人) 第八百四十五条 船舶所有者がその船舶を譲渡したときは、譲受人は、その登記をした後、船舶先取特権を有する者に対し、一定の期間内にその債権の申出をすべき旨を公告しなければならない。この場合において、その期間は、一箇月を下ることができない。 2 船舶先取特権を有する者が前項の期間内に同項の申出をしなかったときは、その船舶先取特権は、消滅する。	第八百四十六条 船舶所有者カ其船舶ヲ譲渡シタル場合ニ於テハ譲受人ハ其譲渡ヲ登記シタル後先取特権者ニ対シ一定ノ期間内ニ其債権ノ申出ヲ為スヘキ旨ヲ公告スルコトヲ要ス但其期間ハ一个月ヲ下ルコトヲ得ス ②先取特権者カ前項ノ期間内ニ其債権ノ申出ヲ為ササリシトキハ其先取特権ハ消滅ス
(船舶先取特権の消滅) 第八百四十六条 船舶先取特権は、その発生後一年を経過したときは、消滅する。 (削る)	第八百四十七条 船舶債権者ノ先取特権ハ其発生後一年ヲ経過シタルトキハ消滅ス ②第八百四十二条第八号ノ先取特権ハ船舶ノ発航ニ因リテ消滅ス
(船舶抵当権) 第八百四十七条 登記した船舶は、抵当権の目的とすることができる。 2 船舶の抵当権は、その属具に及ぶ。 3 船舶の抵当権には、不動産の抵当権に関する規定を準用する。この場合におい	第八百四十八条 登記シタル船舶ハ之ヲ以テ抵当権ノ目的ト為スコトヲ得 ②船舶ノ抵当権ハ其属具ニ及フ ③船舶ノ抵当権ニハ不動産抵当権ニ関スル規定ヲ準用ス此場合ニ於テハ民法第三

改正案	現行
て、民法第三百八十四条第一号中「抵当権を実行して競売の申立てをしないとき」とあるのは、「抵当権の実行としての競売の申立て若しくはその提供を承諾しない旨の第三取得者に対する通知をせず、又はその通知をした債権者が抵当権の実行としての競売の申立てをすることができるに至った後一週間以内にこれをしないとき」と読み替えるものとする。 （船舶抵当権と船舶先取特権等との競合） 第八百四十八条　船舶の抵当権と船舶先取特権とが競合する場合には、船舶先取特権は、船舶の抵当権に優先する。 2　船舶の抵当権と先取特権（船舶先取特権を除く。）とが競合する場合には、船舶の抵当権は、民法第三百三十条第一項に規定する第一順位の先取特権と同順位とする。 （質権設定の禁止） 第八百四十九条　登記した船舶は、質権の目的とすることができない。 （製造中の船舶への準用） 第八百五十条　この章の規定は、製造中の船舶について準用する。	百八十四条第一号中「抵当権を実行して競売の申立てをしないとき」トアルハ「抵当権の実行としての競売の申立て若しくはその提供を承諾しない旨の第三取得者に対する通知をせず、又はその通知をした債権者が抵当権の実行としての競売の申立てをすることができるに至った後一週間以内にこれをしないとき」ト読替フルモノトス 第八百四十九条　船舶ノ先取特権ハ抵当権ニ先チテ之ヲ行フコトヲ得 （新設） 第八百五十条　登記シタル船舶ハ之ヲ以テ質権ノ目的ト為スコトヲ得ス 第八百五十一条　本章ノ規定ハ製造中ノ船舶ニ之ヲ準用ス

2 国際海上物品運送法（昭和32年法律第172号）

（傍線部分は改正部分）

改　正　案	現　　行
（適用範囲） 第一条　この法律（第十六条を除く。）の規定は船舶による物品運送で船積港又は陸揚港が本邦外にあるものに、同条の規定は運送人及びその被用者の不法行為による損害賠償の責任に適用する。	（適用範囲） 第一条　この法律（第二十条の二を除く。）の規定は船舶による物品運送で船積港又は陸揚港が本邦外にあるものに、同条の規定は運送人及びその使用する者の不法行為による損害賠償の責任に適用する。
（定義） 第二条　この法律において「船舶」とは、商法（明治三十二年法律第四十八号）第六百八十四条に規定する船舶をいう。	（定義） 第二条　この法律において「船舶」とは、商法（明治三十二年法律第四十八号）第六百八十四条第一項に規定する船舶で、同条第二項の舟以外のものをいう。
2　この法律において「運送人」とは、前条の運送を引き受ける者をいう。	2　この法律において「運送人」とは、前条の運送をする船舶所有者、船舶賃借人及び傭船者をいう。
3　この法律において「荷送人」とは、前条の運送を委託する者をいう。	3　この法律において「荷送人」とは、前条の運送を委託する傭船者及び荷送人をいう。
4　この法律において「一計算単位」とは、国際通貨基金協定第三条第一項に規定する特別引出権による一特別引出権に相当する金額をいう。	4　（同左）
第四条　運送人は、前条の注意が尽されたことを証明しなければ、同条の責を免かれることができない。	第四条　（同左）
2　運送人は、次の事実があつたこと及び運送品に関する損害がその事実により通常生ずべきものであることを証明したときは、前項の規定にかかわらず、前条の責を免れる。ただし、同条の注意が尽されたならばその損害を避けることができたにかかわらず、その注意が尽されなかつたことの証明があつたときは、この限りでない。 一　海上その他可航水域に特有の危険	2　（同左）

改正案	現行
二　天災 三　戦争、暴動又は内乱 四　海賊行為その他これに準ずる行為 五　裁判上の差押、検疫上の制限その他公権力による処分 六　荷送人若しくは運送品の所有者又はその使用する者の行為 七　同盟罷業、怠業、作業所閉鎖その他の争議行為 八　海上における人命若しくは財産の救助行為又はそのためにする離路若しくはその他の正当な理由に基く離路 九　運送品の特殊な性質又は隠れた欠陥 十　運送品の荷造又は記号の表示の不完全 十一　起重機その他これに準ずる施設の隠れた欠陥 3　前項の規定は、<u>商法第七百六十条の規定</u>の適用を妨げない。 <u>（航海に堪える能力に関する注意義務）</u> <u>第五条　運送人は、発航の当時次に掲げる事項を欠いたことにより生じた運送品の滅失、損傷又は延着について、損害賠償の責任を負う。ただし、運送人が自己及びその使用する者がその当時当該事項について注意を怠らなかつたことを証明したときは、この限りでない。</u> <u>一　船舶を航海に堪える状態に置くこと。</u> <u>二　船員の乗組み、船舶の艤装及び需品の補給を適切に行うこと。</u> <u>三　船倉、冷蔵室その他運送品を積み込む場所を運送品の受入れ、運送及び保存に適する状態に置くこと。</u>	3　前項の規定は、<u>第九条の規定</u>の適用を妨げない。 <u>（航海に堪える能力に関する注意義務）</u> <u>第五条　運送人は、自己又はその使用する者が発航の当時次の事項につき注意を怠つたことにより生じた運送品の滅失、損傷又は延着について、損害賠償の責を負う。</u> <u>一　船舶を航海に堪える状態におくこと。</u> <u>二　船員を乗り組ませ、船舶を艤装し、及び需品を補給すること。</u> <u>三　船倉、冷蔵室その他運送品を積み込む場所を運送品の受入、運送及び保存に適する状態におくこと。</u> <u>2　運送人は、前項の注意が尽されたことを証明しなければ、同項の責を免れることができない。</u>

改正案	現行
（削る）	（船荷証券の交付義務） 第六条　運送人、船長又は運送人の代理人は、荷送人の請求により、運送品の船積後遅滞なく、船積があつた旨を記載した船荷証券（以下「船積船荷証券」という。）の一通又は数通を交付しなければならない。運送品の船積前においても、その受取後は、荷送人の請求により、受取があつた旨を記載した船荷証券（以下「受取船荷証券」という。）の一通又は数通を交付しなければならない。 2　受取船荷証券が交付された場合には、受取船荷証券の全部と引換でなければ、船積船荷証券の交付を請求することができない。
（削る）	（船荷証券の作成） 第七条　船荷証券には、次の事項（受取船荷証券については、第七号及び第八号の事項を除く。）を記載し、運送人、船長又は運送人の代理人が署名し、又は記名押印しなければならない。 一　運送品の種類 二　運送品の容積若しくは重量又は包若しくは個品の数及び運送品の記号 三　外部から認められる運送品の状態 四　荷送人の氏名又は商号 五　荷受人の氏名又は商号 六　運送人の氏名又は商号 七　船舶の名称及び国籍 八　船積港及び船積の年月日 九　陸揚港 十　運送賃 十一　数通の船荷証券を作つたときは、その数 十二　作成地及び作成の年月日 2　受取船荷証券と引換に船積船荷証券の

改　正　案	現　行
（削る）	交付の請求があつたときは、その受取船荷証券に船積があつた旨を記載し、かつ、署名し、又は記名押印して、船積船荷証券の作成に代えることができる。この場合には、前項第七号及び第八号の事項をも記載しなければならない。 （荷送人の通告） 第八条　前条第一項第一号及び第二号の事項は、その事項につき荷送人の書面による通告があつたときは、その通告に従つて記載しなければならない。 ２　前項の規定は、同項の通告が正確でないと信ずべき正当な理由がある場合及び同項の通告が正確であることを確認する適当な方法がない場合には、適用しない。運送品の記号について、運送品又はその容器若しくは包装に航海の終了の時まで判読に堪える表示がされていない場合も、また同様とする。 ３　荷送人は、運送人に対し、第一項の通告が正確であることを担保する。
（削る）	（船荷証券の不実記載） 第九条　運送人は、船荷証券の記載が事実と異なることをもつて善意の船荷証券所持人に対抗することができない。
（削る）	（準用規定） 第十条　商法第五百七十三条から第五百七十五条まで、第五百八十四条及び第七百七十条から第七百七十五条までの規定は、この法律による船荷証券に準用する。
（危険物の処分） 第六条　引火性、爆発性その他の危険性を有する運送品で、船積みの際運送人、船	（危険物の処分） 第十一条　引火性、爆発性その他の危険性を有する運送品で、船積の際運送人、船

改　正　案	現　行
長及び運送人の代理人がその性質を知らなかつたものは、いつでも、陸揚げし、破壊し、又は無害にすることができる。 2　前項の規定は、運送人の荷送人に対する損害賠償の請求を妨げない。 3　引火性、爆発性その他の危険性を有する運送品で、船積みの際運送人、船長又は運送人の代理人がその性質を知つていたものは、船舶又は積荷に危害を及ぼすおそれが生じたときは、陸揚げし、破壊し、又は無害にすることができる。 4　運送人は、第一項又は前項の処分により当該運送品につき生じた損害については、賠償の責任を負わない。 （荷受人等の通知義務） 第七条　荷受人又は船荷証券所持人は、運送品の一部滅失又は損傷があつたときは、受取の際運送人に対しその滅失又は損傷の概況につき書面による通知を発しなければならない。ただし、その滅失又は損傷が直ちに発見することができないものであるときは、受取の日から三日以内にその通知を発すれば足りる。 2　前項の通知がなかつたときは、運送品は、滅失及び損傷がなく引き渡されたものと推定する。 3　前二項の規定は、運送品の状態が引渡しの際当事者の立会いによつて確認された場合には、適用しない。 4　運送品につき滅失又は損傷が生じている疑いがあるときは、運送人と荷受人又は船荷証券所持人とは、相互に、運送品の点検のため必要な便宜を与えなければならない。 （損害賠償の額）	長及び運送人の代理人がその性質を知らなかつたものは、何時でも、陸揚し、破壊し、又は無害にすることができる。 2　（同左） 3　引火性、爆発性その他の危険性を有する運送品で、船積の際運送人、船長又は運送人の代理人がその性質を知つていたものは、船舶又は積荷に危害を及ぼすおそれが生じたときは、陸揚し、破壊し、又は無害にすることができる。 4　運送人は、第一項又は前項の処分により当該運送品につき生じた損害については、賠償の責を負わない。 （荷受人等の通知義務） 第十二条　（同左） 2　（同左） 3　前二項の規定は、運送品の状態が引渡の際当事者の立会によつて確認された場合には、適用しない。 4　運送品につき滅失又は損傷が生じている疑があるときは、運送人と荷受人又は船荷証券所持人とは、相互に、運送品の点検のため必要な便宜を与えなければならない。 （損害賠償の額）

改正案	現行
第八条　運送品に関する損害賠償の額は、荷揚げされるべき地及び時における運送品の市場価格(取引所の相場がある物品については、その相場)によって定める。ただし、市場価格がないときは、その地及び時における同種類で同一の品質の物品の正常な価格によつて定める。 2　商法第五百七十六条第二項の規定は、前項の場合に準用する。 (責任の限度) 第九条　運送品に関する運送人の責任は、次に掲げる金額のうちいずれか多い金額を限度とする。 一　滅失、損傷又は延着に係る運送品の包又は単位の数に一計算単位の六百六十六・六七倍を乗じて得た金額 二　前号の運送品の総重量について一キログラムにつき一計算単位の二倍を乗じて得た金額 2　前項各号の一計算単位は、運送人が運送品に関する損害を賠償する日において公表されている最終のものとする。 3　運送品がコンテナー、パレットその他これらに類する輸送用器具(以下この項において「コンテナー等」という。)を用いて運送される場合における第一項の規定の適用については、その運送品の包若しくは個品の数又は容積若しくは重量が船荷証券又は海上運送状に記載されているときを除き、コンテナー等の数を包又は単位の数とみなす。 4　運送品に関する運送人の被用者の責任が、第十六条第三項の規定により、同条第一項において準用する前三項の規定に	第十二条の二　運送品に関する損害賠償の額は、荷揚げされるべき地及び時における運送品の市場価格(商品取引所の相場のある物品については、その相場)によつて定める。ただし、市場価格がないときは、その地及び時における同種類で同一の品質の物品の正常な価格によつて定める。 2　商法第五百八十条第三項の規定は、前項の場合に準用する。 (責任の限度) 第十三条　運送品に関する運送人の責任は、一包又は一単位につき、次に掲げる金額のうちいずれか多い金額を限度とする。 一　一計算単位の六百六十六・六七倍の金額 二　滅失、損傷又は延着に係る運送品の総重量について一キログラムにつき一計算単位の二倍を乗じて得た金額 2　(同左) 3　運送品がコンテナー、パレットその他これらに類する輸送用器具(以下この項において「コンテナー等」という。)を用いて運送される場合における第一項の規定の適用については、その運送品の包若しくは個品の数又は容積若しくは重量が船荷証券に記載されているときを除き、コンテナー等の数を包又は単位の数とみなす。 4　運送品に関する運送人の使用する者の責任が、第二十条の二第二項の規定により、同条第一項において準用する前三項

改　正　案	現　　行
より運送人の責任が軽減される限度で軽減される場合において、運送人の<u>被用者</u>が損害を賠償したときは、前三項の規定による運送品に関する運送人の責任は、運送人の<u>被用者</u>が賠償した金額の限度において、更に軽減される。	の規定により運送人の責任が軽減される限度で軽減される場合において、運送人の<u>使用する者</u>が損害を賠償したときは、前三項の規定による運送品に関する運送人の責任は、運送人の<u>使用する者</u>が賠償した金額の限度において、更に軽減される。
5　前各項の規定は、運送品の種類及び価額が、運送の委託の際荷送人により通告され、かつ、船荷証券が交付されるときは、船荷証券に記載されている場合には、適用しない。	5　（同左）
6　前項の場合において、荷送人が実価を著しく<u>超える</u>価額を故意に通告したときは、運送人は、運送品に関する損害については、賠償の<u>責任</u>を負わない。	6　前項の場合において、荷送人が実価を著しく<u>こえる</u>価額を故意に通告したときは、運送人は、運送品に関する損害については、賠償の<u>責</u>を負わない。
7　第五項の場合において、荷送人が実価より著しく低い価額を故意に通告したときは、その価額は、運送品に関する損害については、運送品の価額とみなす。	7・8　（同左）
8　前二項の規定は、運送人に悪意があつた場合には、適用しない。	
（損害賠償の額及び責任の限度の特例）	（損害賠償の額及び責任の限度の特例）
<u>第十条</u>　運送人は、運送品に関する損害が、自己の故意により、又は損害の発生のおそれがあることを認識しながらした自己の無謀な行為により生じたものであるときは、<u>第八条及び前条第一項から第四項まで</u>の規定にかかわらず、一切の損害を賠償する<u>責任</u>を負う。	<u>第十三条の二</u>　運送人は、運送品に関する損害が、自己の故意により、又は損害の発生のおそれがあることを認識しながらした自己の無謀な行為により生じたものであるときは、<u>第十二条の二</u>及び前条第一項から第四項までの規定にかかわらず、一切の損害を賠償する<u>責め</u>を負う。
（削る）	<u>（責任の消滅）</u> <u>第十四条</u>　運送品に関する運送人の責任は、運送品が引き渡された日（全部滅失の場合には、引き渡されるべき日）から一年以内に裁判上の請求がされないとき

改正案	現行
	は、消滅する。
	2　前項の期間は、運送品に関する損害が発生した後に限り、合意により、延長することができる。
	3　運送人が更に第三者に対して運送を委託した場合における運送品に関する第三者の責任は、運送人が、第一項の期間内に、損害を賠償し、又は裁判上の請求をされた場合においては、同項の期間（前項の規定により第一項の期間が運送人と当該第三者との合意により延長された場合にあつては、その延長後の期間）が満了した後にあつても、運送人が損害を賠償し、又は裁判上の請求をされた日から三月を経過する日までは、消滅しない。
（特約禁止）	（特約禁止）
第十一条　第三条から第五条まで若しくは第七条から前条まで又は商法第五百八十五条、第七百五十九条若しくは第七百六十条の規定に反する特約で、荷送人、荷受人又は船荷証券所持人に不利益なものは、無効とする。運送品の保険契約によつて生ずる権利を運送人に譲渡する契約その他これに類する契約も、同様とする。	第十五条　第三条から第五条まで、第八条、第九条又は第十二条から前条までの規定に反する特約で、荷送人、荷受人又は船荷証券所持人に不利益なものは、無効とする。運送品の保険契約によつて生ずる権利を運送人に譲渡する契約その他これに類似する契約も、また同様とする。
2　前項の規定は、運送人に不利益な特約をすることを妨げない。この場合には、荷送人は、船荷証券にその特約を記載すべきことを請求することができる。	2　（同左）
3　第一項の規定は、運送品の船積み前又は荷揚げ後の事実により生じた損害には、適用しない。	3　第一項の規定は、運送品の船積前又は荷揚後の事実により生じた損害には、適用しない。
4　前項の損害につき第一項の特約がされた場合において、その特約が船荷証券に記載されていないときは、運送人は、その特約をもつて船荷証券所持人に対抗す	4　（同左）

改　正　案	現　　行
ることができない。 (特約禁止の特例) 第十二条　前条第一項の規定は、船舶の全部又は一部を運送契約の目的とする場合には、適用しない。ただし、運送人と船荷証券所持人との関係については、この限りでない。 第十三条　前条の規定は、運送品の特殊な性質若しくは状態又は運送が行われる特殊な事情により、運送品に関する運送人の責任を免除し、又は軽減することが相当と認められる運送に準用する。 第十四条　第十一条第一項の規定は、生動物の運送及び甲板積みの運送には、適用しない。 2　前項の運送につき第十一条第一項の特約がされた場合において、その特約が船荷証券に記載されていないときは、運送人は、その特約をもって船荷証券所持人に対抗することができない。甲板積みの運送につきその旨が船荷証券に記載されていないときも、同様とする。 (商法の適用) 第十五条　第一条の運送には、商法第五百七十五条、第五百七十六条、第五百八十四条、第五百八十七条、第五百八十八条、第七百三十九条第一項（同法第七百五十六条第一項において準用する場合を含む。）及び第二項、第七百五十六条第二項並びに第七百六十九条の規定を除き、同法第二編第八章第二節及び第三編第三章の規定を適用する。	(特約禁止の特例) 第十六条　（同左） 第十七条　（同左） 第十八条　第十五条第一項の規定は、生動物の運送及び甲板積の運送には、適用しない。 2　前項の運送につき第十五条第一項の特約がされた場合において、その特約が船荷証券に記載されていないときは、運送人は、その特約をもって船荷証券所持人に対抗することができない。甲板積の運送につきその旨が船荷証券に記載されていないときも、また同様とする。 (新設)

改正案	現行
（削る）	（船舶先取特権） 第十九条　船舶の全部又は一部を運送契約の目的とした場合において、傭船者が更に第三者と運送契約をしたときは、運送品に関する損害で、船長の職務に属する範囲内において生じたものについて、賠償を請求することができる者は、その債権につき船舶及びその属具の上に先取特権を有する。 2　前項の先取特権は、商法第八百四十二条第八号の先取特権に次ぐ。 3　商法第八百四十四条第二項及び第三項、第八百四十五条、第八百四十六条、第八百四十七条第一項並びに第八百四十九条の規定は、第一項の先取特権に準用する。
（削る）	（商法の適用等） 第二十条　第一条の運送には、商法第七百三十八条、第七百三十九条、第七百五十九条及び第七百六十六条から第七百七十六条までの規定を除く外、同法を適用する。 2　商法第五百七十六条、第五百七十八条、第五百七十九条、第五百八十二条及び第五百八十三条の規定は、第一条の運送に準用する。
（運送人等の不法行為責任） 第十六条　第三条第二項、第六条第四項及び第八条から第十条まで並びに商法第五百七十七条及び第五百八十五条の規定は、運送品に関する運送人の荷送人、荷受人又は船荷証券所持人に対する不法行為による損害賠償の責任に準用する。この場合において、第三条第二項中「前項」とあるのは、「民法（明治二十九年	（運送人等の不法行為責任） 第二十条の二　第三条第二項、第十一条第四項及び第十二条の二から第十四条まで並びに前条第二項において準用する商法第五百七十八条の規定は、運送品に関する運送人の荷送人、荷受人又は船荷証券所持人に対する不法行為による損害賠償の責任に準用する。この場合において、第三条第二項中「前項」とあるのは、

改　正　案	現　　行
法律第八十九号）第七百五十五条第一項本文及び商法第六百九十条（同法第七百三条第一項の規定により船舶賃借人が船舶所有者と同一の権利義務を有することとされる場合を含む。）」と読み替えるものとする。	「民法（明治二十九年法律第八十九号）第七百五十五条第一項本文及び商法第六百九十条（同法第七百四条第一項の規定により船舶賃借人が船舶所有者と同一の権利義務を有することとされる場合を含む。）」と読み替えるものとする。
2　前項の規定は、荷受人があらかじめ荷送人の委託による運送を拒んでいたにもかかわらず荷送人から運送を引き受けた運送人の荷受人に対する責任には、適用しない。	（新設）
3　第一項の規定により運送品に関する運送人の責任が免除され、又は軽減される場合には、その責任が免除され、又は軽減される限度において、当該運送品に関する運送人の被用者の荷送人、荷受人又は船荷証券所持人に対する不法行為による損害賠償の責任も、免除され、又は軽減される。	2　前項の規定により運送品に関する運送人の責任が免除され、又は軽減される場合には、その責任が免除され、又は軽減される限度において、当該運送品に関する運送人の使用する者の荷送人、荷受人又は船荷証券所持人に対する不法行為による損害賠償の責任も、免除され、又は軽減される。
（削る）	3　第四条第二項及び第三項の規定は、運送品に関する運送人の使用する船長の荷送人、荷受人又は船荷証券所持人に対する不法行為による損害賠償の責任について商法第七百五条の規定の適用がある場合に準用する。この場合において、第四条第二項中「運送人」とあるのは「船長」と、「前項」とあるのは「商法第七百五条」と、「前条」とあるのは「同条」と読み替えるものとする。
4　第九条第四項の規定は、運送品に関する運送人の責任が同条第一項から第三項までの規定（第一項において準用する場合を含む。）により軽減される場合において、運送人が損害を賠償したときの、運送品に関する運送人の被用者の責任に準用する。	4　第十三条第四項の規定は、運送品に関する運送人の責任が同条第一項から第三項までの規定（第一項において準用する場合を含む。）により軽減される場合において、運送人が損害を賠償したときの、運送品に関する運送人の使用する者の責任に準用する。
5　前二項の規定は、運送品に関する損	5　前三項の規定は、運送品に関する損

改　正　案	現　　行
が、運送人の被用者の故意により、又は損害の発生のおそれがあることを認識しながらしたその者の無謀な行為により生じたものであるときには、適用しない。 （郵便物の運送） 第十七条　この法律は、郵便物の運送には、適用しない。	が、運送人の使用する者の故意により、又は損害の発生のおそれがあることを認識しながらしたその者の無謀な行為により生じたものであるときには、適用しない。 （郵便物の運送） 第二十一条　（同左）

●事項索引

◆ あ行

悪意 ……………………………………………… 39
預証券 ………………………………………… 213
安全港担保義務 ……………………………… 82
一部保険 ……………………………………… 185
受戻証券性 ……………………………… 25, 127
裏書 …………………………………………… 123
運送状→送り状
運送賃 ……………… 19, 26, 39, 55, 103〜105, 109,
139, 144, 156, 161, 165, 189, 190
運送取扱営業 …………………………… 8, 211, 212
運送取扱人 ……………………………… 211, 212
運送人
　——の使用する者 ……………………… 209
　——の責任 ……… 3, 18, 41, 46, 49, 52, 53
　——の不法行為責任 … 43, 54, 202, 207, 209
運送品
　——の延着 ……………………………… 30
　——の供託 ……………………… 38, 124, 125
　——の滅失等 ………… 11, 18, 28, 29, 32, 34,
39, 41, 45, 211
送り状（運送状）………………… 18, 20, 24

◆ か行

海員 ………………………… 84, 85, 87, 146, 148
海上運送 …………………… 3, 12〜16, 27, 35,
38, 92, 110, 204
海上運送状 …………………… 115, 117, 127, 206
海上物品運送（契約）…………………… 8, 91, 107
海上保険 …………… 171, 174〜178, 181, 187, 215
海上保険証券 …………………… 171, 178, 180
海上旅客運送 ……………………… 46, 49, 55, 128
海難救助 ………… 3, 131, 139, 141, 155, 173, 215
海難ニ於ケル救援救助ニ付テノ規定ノ統一
　ニ関スル条約（10年救助条約）
　………………………… 140, 141, 144, 145, 147, 155
貨物引換証 ……………………………… 18, 25
貨物保険 ……………… 176〜178, 180, 181, 184, 188
管海官庁 ………………………………………… 89

危険物に関する通知義務
　………………… 18, 21〜24, 69, 79, 101, 211, 212
寄託 ……………………………………… 2, 213
希望利益保険 ………………………… 171, 176, 177
93年条約→船舶の先取特権及び抵当権に
　関する1993年の国際条約
救助料 ………………… 139, 143〜148, 150, 154,
161, 173, 189, 194, 199
共同海損 ……………… 131, 156〜171, 173, 194, 215
共同危険回避処分
　………………………… 109, 156, 158, 160, 161, 165
共同の危険 ………………… 156, 158, 159, 170
倉荷証券 ……………………………………… 213
携帯手荷物 ……………………………… 46, 53
契約救助 ………………………………… 139, 141, 142
航海上の過失免責 ……………………… 98〜100, 133
航海船 ……………………………… 57, 132, 138, 155
航海傭船 ……………………… 16, 76, 91, 93, 95, 97,
106, 111〜114, 202, 208
　一部—— ………………………………… 105
　全部—— ………………………………… 105, 107
高価品 ……………………… 18, 31, 43, 54, 163, 211
航空運送 ……………………… 3, 12〜14, 17, 35, 126
航空機 ………………………………………… 14, 17
　無人—— …………………………………… 14, 17
航空旅客運送 ……………………………… 46, 55
告知義務 ………………………………… 174, 175
個品運送（契約）……………………… 91, 93, 95, 99,
100, 102, 103, 105, 110

◆ さ行

再運送契約 ……………………………… 114, 202, 208
再保険 ……………………………………… 174
先取特権 ……… 65, 67, 68, 80, 145, 149, 201, 217
下請運送人 ……………………………… 13, 39, 41, 54
質入証券 ……………………………………… 213
質問応答義務 ……………………………… 171, 174, 175
自発的申告義務 ………………………… 171, 174
10年救助条約→海難ニ於ケル救援救助ニ
　付テノ規定ノ統一ニ関スル条約

受託手荷物 ·· 52
準共同海損 ··································· 156, 170
場屋営業 ··· 213
商行為船 ··· 57
衝突条約→船舶衝突ニ付テノ規定ノ統一ニ
　関スル条約
消滅時効 ······························ 41, 81, 135
　　短期—— ····················· 135, 138, 154
除斥期間 ········ 18, 43, 46, 52, 53, 202, 207, 211
署名 ··· 20, 210
制限債権 ··· 193
責任限度額 ···················· 34, 100, 202, 205〜207
船員 ································· 83, 98, 146, 196
船籍港 ································ 84, 86, 87, 89
1924年船荷証券統一条約 ··········· 94, 98, 116
船長 ········· 38, 69, 77, 84〜90, 93, 109, 112,
　　117, 121, 124, 127, 129, 142, 158, 179
　　——の代理権 ···················· 86, 148, 215
船舶 ························· 14, 56〜84, 86, 89,
　　99, 107, 129, 158〜161, 165
　　——の国籍 ·························· 59, 119, 178
　　——の準衝突 ························ 132, 137, 138
　　——の衝突
　　　　················· 11, 83, 131〜133, 135, 138, 215
船舶管理人 ····································· 61〜63
船舶共有者 ·· 61, 63
船舶所有者 ···· 13, 65, 67〜69, 78〜80, 90〜92,
　　104, 112, 114, 128, 146, 204, 208
船舶衝突ニ付テノ規定ノ統一ニ関スル条約
　　（衝突条約） ···················· 132, 133, 137, 138
船舶先取特権 ············· 3, 11, 65, 67, 68,
　　189〜202, 208, 215, 217
船舶賃借人 ········ 56, 64, 65, 67, 68, 80, 85, 204
船舶賃貸借（裸傭船） ········ 64, 68, 76, 83, 215
船舶抵当権 ·················· 11, 84, 86, 200, 201
船舶の先取特権及び抵当権に関する1993
　年の国際条約（93年条約）
　　················ 190〜192, 194〜196, 198〜200
船舶保険 ······························· 177, 178, 181
1989年の海難救助に関する条約（89年救助
　条約） ····················· 141〜145, 147, 150〜154
倉庫営業 ··· 213
相次運送人 ·· 35

属具 ····························· 88, 163, 168, 190〜192
損害賠償額の定額化
　　······················· 18, 29, 43, 46, 52, 53, 202, 207

◆　た行

滞船料→停泊料
単券主義 ··· 213
堪航能力担保義務
　　··············· 3, 14, 16, 69, 79, 91, 94, 97, 99, 181
単独海損 ····································· 131, 156
中品 ·· 206
定期傭船 ··················· 56, 69〜83, 92, 159, 215
　　ワントリップ—— ··································· 75
停泊料（滞船料） ····························· 102, 105
特別補償料 ··················· 139, 150〜154, 163, 173

◆　な行

荷受人の権利 ······································· 36
任意救助 ································ 139, 141, 151

◆　は行

裸傭船→船舶賃貸借
89年救助条約→1989年の海難救助に関す
　る条約
非航海船 ··············· 14, 16, 110, 132, 138, 140, 155
非商行為船 ·· 57
被保険者 ······························ 173, 174, 186〜188
被用者 ······························· 45, 52, 53, 209, 211
複券主義 ··· 213
複合運送 ··························· 3, 12, 18, 32, 34, 126
複合運送証券 ································ 115, 126
不成功無報酬の原則 ························ 139, 150
船積み ······························ 79, 93, 112, 117〜119, 126
　　——期間 ································ 106, 113
　　——港 ···································· 119, 180
船荷証券 ············ 36, 97, 115〜125, 127, 203, 206
　　受取—— ································· 115〜119
　　船積—— ································· 115〜119
船荷証券所持人 ···································· 207
船荷証券統一条約 ································ 205
平水区域 ··· 14, 57
法律上当然の指図証券 ························ 123
保険委付 ···································· 172, 187

事項索引 321

保険価額 …………………… 176, 180, 183〜186
保険期間 …………………………………… 177, 180
保険契約者 …………… 174, 175, 178, 180, 181
保険者 ……… 173, 174, 178, 180, 181, 183〜188
保険法 ………………………… 171, 175, 181, 185

◆ ま行

身の回り品 …………………………………………… 53
文言証券性 ………………………… 25, 120, 122

◆ や行

傭船契約 ………………………………………… 75, 128
傭船者
　……… 85, 93, 105, 108, 112, 114, 202, 204, 208
傭船料 ……………………………… 69, 72, 73, 75, 81

ヨーク・アントワープ規則
　………………………… 156, 158〜161, 163, 166
予定保険 …………………………………………… 180

◆ ら行

陸揚げ …………………… 79, 93, 112, 156, 161, 165
　——期間 ……………………………………… 113
　——港 …………………………… 125, 180, 184
陸上運送 ……………………… 3, 12, 14, 27, 35, 38
陸上旅客運送 …………………………… 46, 49, 55, 129
留置権 …………………………………………………… 27
利用運送（人）…………………………… 23, 24, 92
旅客 …………………………………………… 166, 168
旅客運送（契約）………… 46, 47, 49, 128, 216

一問一答 平成 30 年商法改正

2018年12月5日 初版第1刷発行

編著者 　松　井　信　憲
　　　　　大　野　晃　宏

発行者 　小　宮　慶　太

発行所 　㈱商　事　法　務
〒103-0025 東京都中央区日本橋茅場町 3-9-10
TEL 03-5614-5643・FAX 03-3664-8844〔営業部〕
TEL 03-5614-5649〔書籍出版部〕
http://www.shojihomu.co.jp/

落丁・乱丁本はお取り替えいたします。　　印刷／広研印刷㈱
© 2018 Nobukazu Matsui, Akihiro Oono　　Printed in Japan
Shojihomu Co., Ltd.
ISBN978-4-7857-2678-2
＊定価はカバーに表示してあります。

JCOPY ＜出版者著作権管理機構　委託出版物＞
本書の無断複製は著作権法上での例外を除き禁じられています。
複製される場合は、そのつど事前に、出版者著作権管理機構
（電話 03-3513-6969、FAX 03-3513-6979、e-mail: info@jcopy.or.jp）
の許諾を得てください。